攝影著作之合理使用

臺灣實務研究

郭玉健 ——— 著

▌序文

　　身處現今之時代，科技之急遽變化與科技融入為生活不可或缺的一部份，已對每個人造成極深遠之影響，此一法律、科技、生活密不可分之景象，實可自人手一機，隨時隨地滑一下，即能輕鬆地重製、公開傳輸至Facebook、Instagram、Line、WeChat、YouTube等情觀之足明。正因此等社群網站、通訊軟體、影片分享網站充斥著極多照片、圖片、影片，已致使作者心生該等行為難道不會構成著作權侵權之疑慮，再加上，2019年中央研究院發表了史上首張超大黑洞及黑洞陰影之視覺影像，與這幾年方興未艾之AI議題，益增併予研究黑洞視覺影像、AI之獨立創作是否能受到著作權保護等法律議題之想法。於是乎，閱讀了大量關於攝影作品之臺灣裁判，發現實務上常常出現不同之見解，諸如：原創性要如何認定？照片要如何拍，才屬於攝影著作？如何之利用行為，才能構成合理使用？目前多佐以數位教學平台、同步或不同步之遠距教學方式，於未經著作權人同意或授權之下載、引用、上傳行為，能否成立合理使用？哪些合理使用規範，需再依著作權法第65條第2項規定為審酌？第65條第2項各款判斷基準，究係如何判斷？若法院未逐一審酌上開4款判斷基準，是否屬一判決不備理由之違背法令判決？

未經授權之改作，是否能成為衍生著作，有無成立合理使用之空間？明示出處與否，是否會影響合理使用之成立？等等，……為了找答案，才有了這篇文章。

本書原為東吳大學法學院法律學系碩士在職專班科技法律組碩士論文，本論文之完成，衷心感謝指導教授熊誦梅博士豐富的實務經驗讓自己能有多面向的思考、口試委員余啟民博士將本論文稱為「教戰手冊」並細心的指點，亦讓作者對作品充滿著無比信心、口試委員王偉霖博士提供的寶貴意見，不僅增添了本論文之價值，更讓本論文生動不少。

最應感謝的，就是我最敬愛的父親郭嵩山律師與母親郭黃素貞，我人生中最大的幸福，就是因為有您們，沒有您們的培育與無微不至的照顧，就不會有現在的我。此外，我的兩位妹妹兼事業夥伴～法來聯合法律事務所郭玉誼律師、郭玉瑾律師，因為有妳們扛下工作上的重擔，才能讓我行有餘力的邊工作邊完成本論文。一路走來，受到諸位前後輩及同學之提攜與栽培，礙於篇幅無法一一詳列，請容將感謝之意銘記在心。

承蒙秀威資訊科技股份有限公司精心規劃，使本論文得以順利出版，謹此致謝。

您們是本書的推手！

郭玉健

二〇二〇年十月

中文摘要

　　關於產品照片、商品型錄中之照片、網拍商品照片、雖使用科技產品但未展現特殊技術所拍攝之照片、人像照片、證件大頭照、新聞現場或瞬間拍攝或跟拍之照片、對已落入公共領域而不受著作權保護之歷史文物為攝影之照片，是否具原創性而為著作權法所保護之攝影著作，臺灣實務之見解尚有歧異之情，故本論文第二章乃在探討著作權之保護要件、如何之攝影始屬具原創性之攝影著作而應受著作權法保護，並探討於2019年4月10日發表史上首張超大黑洞及黑洞陰影之視覺影像、未來人工智慧自行完成攝影之成果，是否為人類所為之精神創作，而應受著作權法保護。

　　另，因現今科技之急遽發展，於人手一機之情況下，以通訊軟體、社群網站、影片分享網站上傳或下載圖片、照片、影片等，或以電子郵件轉寄，更係彈指之間即可完成且習以為常之事，惟此等看似平凡不過之利用行為，已有眾多利用人無法通過合理使用之檢驗而構成著作權之侵害，故為瞭解具衡平概念之合理使用規範之真諦，並據以內化為適合我國國情之衡酌基準，除於第三章探討合理使用之緣起、意義、法律性質、立法沿革及近期之修正草案、我國與美國所規定之合理使用判斷基準、美國法相關案例，亦於第四章以

數則我國民、刑事著作權侵權訴訟之裁判，探討臺灣實務究係如何認定利用他人攝影著作之行為是否構成合理使用、法院就合理使用之判斷，有無一致性之認定標準？是否會因利用人之不同利用情形(諸如：為報導、教學、評論、研究或其他正當目的而利用，或不符合著作權法第44條至第63條所定情形之利用)，而適用不同之規定？並將第三章之研究結果，用以評析該等裁判，期許於個案判斷之情形下，仍能有一致性之認定標準，進而提升法的預測可能性與安定性。此外，鑑於目前之各級學校為擴大教學效果，其教學型態已不再侷限於傳統之現場課堂教學模式，而多佐以數位教學平台、同步或不同步之遠距教學方式為之，亦會於第四章一併探討近期之著作權法修正草案究係如何衡平教學公共利益與著作權人之權益。最後，再於第五章探討衍生著作、明示出處與合理使用之關係，並試著總結前五章之研究結果，於第六章做成結論與建議。

關鍵字：原創性、攝影著作、合理使用、衍生著作、明示
　　　　出處

Abstract

Taiwan's practical views differ on whether product photos, product catalog photos, Internet product photos, photos taken with technological products but without special techniques, portrait photos, headshots of identity documents, photos taken at news scenes or instantaneously or as a follow-up, or photos of historical artifacts that are in the public domain and not protected by copyright are original and protected by the Copyright Act. The second chapter of this thesis therefore discusses the elements of copyright protection and how photography is an original work of authorship and should be protected by the Copyright Act. Besides, the release of the first ever visual image of a supermassive black hole and its shadow on April 10, 2019 and the results of future artificial intelligence taking the image itself are discussed to see if they are spiritual creations created by humans and should be protected by the Copyright Act.

Due to the rapid development of technology, it is common to upload or download pictures, photos and videos on communication software, social networking sites, video sharing sites, or forward them by email in a fraction of a second, but there are many users who fail to pass the fair use test and constitute copyright infringement. Therefore, in order to understand the essence of fair use regulations with the concept of equity, and to internalize them as the appropriate equitable standards for Taiwan, Chapter 3 discusses the origin, meaning, legal nature, legislative history, and recent draft amendments of fair use, the fair use judgment standards between Taiwan and the US, and relevant US law cases. In Chapter 4, several Taiwan civil and criminal copyright infringement lawsuits are discussed to determine whether the use of others' photographic works constitutes fair use, and whether there is a consistent standard for the court's determination of fair use. Are different rules applicable to different users depending on the circumstances of their use (e.g., for the purpose of reporting, teaching, commenting, researching, or other legitimate purposes, or in a manner inconsistent with Articles 44 to 63 of the Copyright Act)? The findings in Chapter 3 are used to evaluate these decisions, in the hope that there will be a consistent standard of recognition in the judgment of cases, thus enhancing the prediction possibility and stability of the law. In addition, in order to enhance the effectiveness of teaching and learning, schools at all levels are no longer confined to the traditional live classroom mode of teaching and learning, but are now using digital teaching platforms and synchronous or asynchronous distance teaching methods. Chapter 4 also discusses how to balance the public interest in teaching and the rights of copyright owners in the recent draft amendments to the Copyright Act. Finally, in Chapter 5, the relationship between derivative works, explicit citation and fair use is discussed. The findings of the previous five chapters are summarized, and conclusions and recommendations are made in Chapter 6.

Keywords: originality, photographic works, fair use, derivative works, explicit citation

目次

序文　　　　　　　　　　　　　　　　　　　　　003

中文摘要　　　　　　　　　　　　　　　　　　005

Abstract　　　　　　　　　　　　　　　　　　007

第一章　緒論　　　　　　　　　　　　　　　　017

第二章　著作權之保護要件　　　　　　　　　　029
　第一節　須屬人類精神上之創作　　　　　　　029
　　第一項　現行法暨實務見解　　　　　　　　029
　　第二項　人工智慧生成作品之著作權保護　　033
　第二節　須具有原創性　　　　　　　　　　　036
　　第一項　產品照片　　　　　　　　　　　　044
　　第二項　商品型錄中之照片　　　　　　　　044
　　第三項　網拍商品照片　　　　　　　　　　045
　　第四項　雖使用科技產品但未展現特殊技術所攝影之
　　　　　　照片　　　　　　　　　　　　　　046
　　第五項　人像照片、證件用大頭照　　　　　048
　　第六項　新聞現場、瞬間拍攝或跟拍之照片　049
　　第七項　對已落入公共所有而不受著作權保護之歷史
　　　　　　文物為攝影之照片　　　　　　　　050
　　第八項　小結　　　　　　　　　　　　　　051
　第三節　須著作完成且具有一定之外部表現形式　057
　　第一項　著作人於完成時享有著作權　　　　057

第二項　構想與表達二分理論　058

第四節　須屬於文學、科學、藝術或其他學術範圍之創作 065

第五節　須非屬著作權法第9條各款不得為著作之標的 067

第三章　著作權合理使用概述　073

第一節　合理使用之緣起　073

第二節　合理使用之意義與法律性質　077

第一項　合理使用之意義　077

第二項　合理使用之法律性質　080

第三節　合理使用之判斷基準　083

第一項　著作權法合理使用規定之立法沿革及近期之
　　　　修正草案　083

第二項　著作權法第65條第2項所定之合理使用判斷
　　　　基準　088

第四章　臺灣實務就攝影著作合理使用之認定　113

第一節　為報導而利用者　113

第一項　最高法院92年度台上字第205號刑事判決及
　　　　本案之終審最高法院92年度台上字第3344號
　　　　刑事判決～報社記者重製他報之攝影著作，
　　　　用以搭配該記者所撰寫之文章　113

第二項　智慧財產法院99年度民著上易字第1號民事
　　　　判決及其原審智慧財產法院98年度民著訴
　　　　字第45號民事判決～以部落格文章，引用
　　　　他人之攝影著作為時事評論報導　117

第三項　智慧財產法院100年度民著上易字第1號民事
　　　　判決～電視製播人員重製他人之攝影著作，
　　　　於電視新聞特輯公開播送　121

第四項　智慧財產法院100年度民著上字第9號民事
　　　　判決～報社記者重製他人之人像照片於新聞
　　　　報導中　　　　　　　　　　　　　　　　124

第五項　智慧財產法院101年度刑智上訴字第7號刑事
　　　　判決～報社記者重製他報社之攝影著作於
　　　　新聞報導中　　　　　　　　　　　　　　126

第六項　智慧財產法院101年度民著訴字第26號民事
　　　　判決及本事件之更審103年度民著上
　　　　更（一）字第2號民事判決～報社重製他報
　　　　之攝影著作於新聞報導中　　　　　　　　129

第七項　智慧財產法院103年度民著訴字第57號民事
　　　　判決～電子報員工重製他人之攝影著作於該
　　　　電子報之報導中　　　　　　　　　　　　132

第八項　智慧財產法院105年度民著上易字第2號民事
　　　　判決～新聞媒體之記者重製他人之攝影著作
　　　　於電視之專題報導中　　　　　　　　　　135

第九項　本文見解（代結論）　　　　　　　　　　137

第二節　為教學、評論、研究或其他正當目的之必要而
　　　　利用者　　　　　　　　　　　　　　　　142

第一項　智慧財產法院98年度民著訴字第5號民事
　　　　判決～大學助教重製並公開傳輸他人攝影
　　　　著作於任教大學之網頁　　　　　　　　　142

第二項　智慧財產法院99年度民著訴字第73號民事
　　　　判決～大學講師重製並公開傳輸他人攝影著
　　　　作於其個人之部落格　　　　　　　　　　145

第三項　智慧財產法院98年度民著上字第5號民事
　　　　判決～學校講師重製他人攝影著作於教學
　　　　網站　　　　　　　　　　　　　　　　　146

第四項　智慧財產法院98年度民著訴字第2號民事
　　　　判決～病媒防治服務公司重製他人攝影著作
　　　　於該公司營業用網頁　　　　　　　　　　148

第五項　智慧財產法院102年度民著訴字第54號民事
　　　　判決～醫院及其醫生重製並公開傳輸他人
　　　　攝影著作於該醫院網站　　　　　　　　　149

第六項　智慧財產法院103年度刑智上易字第33號
　　　　刑事判決～重製並公開傳輸同業之攝影著作
　　　　於部落格俾為評論　　　　　　　　　　　152

第七項　智慧財產法院106年度民著訴字第49號民事
　　　　判決～於電視購物節目中，使用他人之產品
　　　　文宣與自己之商品為比較　　　　　　　　154

第八項　智慧財產法院97年度民著上易字第4號民事
　　　　判決～觀光發展協會重製他人之攝影著作
　　　　於觀光導覽地圖看板　　　　　　　　　　156

第九項　智慧財產法院104年度刑智上易字第56號
　　　　刑事判決～重製並公開傳輸他人臉書社群
　　　　網站中之攝影著作於利用人之臉書社群網站158

第十項　本文見解（代結論）　　　　　　　　　　160

第三節　利用行為不符合著作權法第44條至第63條所定之
　　　　情形者　　　　　　　　　　　　　　　　　167

第一項　智慧財產法院98年度民著上易字第3號民事
　　　　判決與另案智慧財產法院98年度民著訴
　　　　字第44號民事判決～重製並公開傳輸他人
　　　　攝影著作於利用人之網頁　　　　　　　　167

第二項　智慧財產法院100年度民著訴字第31號民事
　　　　判決～重製並公開傳輸專屬被授權人之攝影
　　　　著作至利用人之網站　　　　　　　　　　168

第三項　智慧財產法院102年度刑智上易字第60號
　　　　刑事判決～重製並公開傳輸他人攝影著作
　　　　至利用人之部落格　　　　　　　　　　169

第四項　臺灣臺北地方法院104年度智易字第37號
　　　　刑事判決～重製並公開傳輸他人之攝影著作
　　　　至利用人之臉書社群網站，另供予記者用以
　　　　搭配電子媒體之報導　　　　　　　　　171

第五項　智慧財產法院104年度刑智上易字第60號
　　　　刑事判決～重製被授權人之圖庫系統內之
　　　　攝影著作，用以搭配刊載於某雜誌之官方
　　　　網站上之文章　　　　　　　　　　　173

第六項　臺灣士林地方法院107年度聲判字第78號
　　　　刑事裁定～重製並公開展示他人之攝影著
　　　　作用供評論　　　　　　　　　　　　174

第七項　臺灣新北地方法院108年度智易字第4號刑事
　　　　判決～重製並公開傳輸他人之商品圖片用以
　　　　販售網拍商品　　　　　　　　　　　176

第八項　臺灣士林地方法院108年度智易字第10號
　　　　刑事判決～重製並公開傳輸他人之商品圖片
　　　　用以販售網拍商品　　　　　　　　　177

第九項　本文見解（代結論）　　　　　　　179

第五章　衍生著作、明示出處與合理使用之關係　192
　第一節　衍生著作與合理使用之關係　　　　192
　　第一項　重製、改作、衍生著作、轉化性使用之定義192
　　第二項　重製、改作、衍生著作、轉化性使用之區別
　　　　　　及區別之實益　　　　　　　　　195
　　第三項　衍生著作之效果　　　　　　　　199

第四項　改作未經原著作權人之同意或授權，是否
　　　　仍能成為衍生著作而受到著作權法之保護　200

第五項　衍生著作與合理使用之關係　203

第二節　明示出處與合理使用之關係　206

第一項　明示出處之意義　206

第二項　明示出處與合理使用之關係　207

第三項　本文見解（代結論）　210

第六章　結論與建議　215

參考文獻及書目　229

第一章
緒論

第一節　研究動機

　　緣我國著作權法（以下簡稱本法）並非專為保護著作權人之權益而制定，其制定目的亦在調和社會公共利益與促進文化國家發展，此自本法第1條[1]觀之足明，是「著作權人權益之保護」與「本法第1條所定之立法目的」二者如何取得衡平，乃本法之重心與課題，而著作權人究有何權益？著作財產權之存續期間為何？著作財產權應如何讓與、行使？此等攸關著作權人權益之保護，本法第3條至第43條均定有明文而足資遵循，而為達上開立法目的，本法雖分別就「著作財產權之限制」、「著作利用之強制授權」，明定於本法第三章第四節第四款第44條至第66條[2]、同章節第五款第69條至第71條，亦即前者為允許他人得於一定之情形合理使用著作權人之著作（通稱「合理使用」）之相關規定、後者為

---

[1]　本法第1條：「為保障著作人著作權益，調和社會公共利益，促進文化國家發展，特制定本法。本法未規定者，適用其他法律之規定。」。

[2]　本法第59條之1及第60條之規定，性質上為著作權之權利耗盡原則，而非著作權之合理使用規範。

「錄有音樂之銷售用錄音著作」之強制授權規定，惟因上開「合理使用」規定存在著不確定法律概念（諸如：第44至47條、第50至52條規定中訂有「在合理範圍內」字樣；第65條第2項訂有「其他合理使用之情形」字樣），致使利用人無法藉由上開規定明確地判斷其利用行為是否合法，往往於爭議發生時，著作權人尚須透過司法機關方能解決紛爭；亦正因科技之急遽發展，於人手一機之情況下，以通訊軟體（諸如：Line、WeChat）或於社群網站（諸如：Facebook、Instagram）、影片分享網站（諸如：YouTube）上傳或下載長輩圖[3]、風景人物照、新聞照片、產品照片、藝術作品照片（輯）、影片[4]等，或以電子郵件轉寄[5]，更係彈指之間即

---

[3] 自由時報電子報，LINE長輩圖愛用者只傳親友不觸法，https://news.ltn.com.tw/news/focus/paper/1121028，最後瀏覽日：2019/11/12。

[4] 經濟部智慧財產局2020年1月20日電子郵件字第1090120號函：「⋯二、將YouTube連結嵌入官網：於官網連結YouTube之影片，在技術面如係採用網站間相互連結（超連結）之技術，由使用者點選連結後直接開啟YouTube網站瀏覽、收聽，而未將該YouTube影片重製在自己的網頁時，並不會涉及著作的『重製』及『公開傳輸』行為，無須取得著作權人之同意或授權。但若明知該連結之網站有侵害著作權之情事，而仍透過超連結的方式提供給公眾，則有可能成為侵害著作財產權人公開傳輸權的共犯或幫助犯，恐要負共同侵權責任。」、2014年8月28日電子郵件字第1030828號函：「一、所詢利用通訊軟體Line轉傳電影連接網址給好友，使您的好友可透過點選網址連結，進入其他網站觀覽著作內容（如Youtube），則此並不直接涉及侵害該等電影之『重製權』、『公開傳輸權』等著作財產權之利用行為；但⋯若您明知該連結網址之影片係未經合法授權或屬於盜版影音者，卻仍透過連結的方式提供給好友，則將有可能與直接侵害『公開傳輸權』之第三人間，成立共犯或幫助犯，恐要負共同侵權責任⋯」。

[5] 經濟部智慧財產局2012年4月23日電子郵件字第1010423號函：「一、著作權法⋯⋯第3條第1項第4款規定：『公眾：指不特定人或特定之多數人。但家庭及其正常社交之多數人，不在此限。』至『多數』之人數未有一特定之數字，應視實際情況，依一般社會通念加以判斷。⋯三、於網路部落格文章中附帶影音資料或以電子郵件轉寄文章，即便輸入密碼方可觀看，

可完成且習以為常之事，惟利用人在上傳、下載或轉寄之當下，是否曾閃過此等公開傳輸、重製行為可能會侵害他人著作權之念頭？尤其當網路上充斥著「圖（照）片免費下載」之字樣時，是否即意謂著利用人能逕於下載後再為公開傳輸等行為，均無庸取得著作權人之同意或授權？殊不知上述看似平凡不過之利用行為，已有眾多利用人無法通過合理使用之檢驗而構成著作權之侵害。另，鑒於目前之各級學校為擴大教學效果，其教學型態已不再侷限於傳統之現場課堂教學模式，而多佐以數位教學平台、同步或不同步之遠距教學方式為之，惟擔任教學之人於準備教材、授課時，是否能於未經著作權人之同意或授權下逕為下載、引用、上傳攝影著作？更攸關教學公共利益與著作權人權益之衡平，如何避免其間之衝突，實屬刻不容緩之事，而有探究之必要。

揆諸本法第六章、第六章之一、第七章可知，利用人利用著作之行為是否構成合理使用，攸關利用人是否構成民、刑事責任[6]，而著作之利用是否符合上開「合理使用」規定，司法機關乃根據個案具體事實為判斷，雖謂該等不確

若得以觀看者已超過正常社交之範圍，非屬『家庭及其正常社交之多數人』，仍可能被視為公眾。至若是否涉及重製或公開傳輸之行為，仍應依實際情況判斷。…」、2008年10月21日電子郵件字第971021A號函：「一、按以電子郵件將圖像（可能為美術著作）及文章（可能為語文著作）傳送他人，如其對象為家庭及社交以外之特定多數人，涉及『重製』及『公開傳輸』該等著作之行為，除符合著作權法所定第44條至第65條合理使用情形外，應事先取得該等著作之著作財產權人的同意，始得為之。」

[6] 本法第六章「權利侵害之救濟」、第六章之一「網路服務提供者之民事免責事由」、第七章「罰則」規定，請參見本法第84條至第90條之3、第90條之4至第90條之12、第91條至第103條。

定法律概念，實能賦予審判者針對個案為彈性之裁量，而不致產生因一體適用所生之僵固，惟如此之規定，卻有降低法之預測可能性之疑慮，是為免利用人之利用行為存在著是否構成侵害著作財產權之不確定性，俾提升法的預測可能性，爰以利用他人照片致被訴侵權之我國民、刑事案件為研究中心，探討臺灣實務究係如何認定利用人之利用行為符合上開合理使用之規定，冀求對該等實務見解有更深層之瞭解，並釐清模糊之地帶，期許於個案判斷之情形下，仍能有一致性之認定標準，進而提升法的安定性。

第二節　研究目的

緣本法第3條第1項第1款[7]所規定之「創作」，究何所指？如何之創作，方屬本法所指之「著作」？又何謂「攝影著作」？如何之攝影，始受本法之保護？本法所指之攝影著作，是否需為人類所為之精神創作？攸關此等照片是否屬本法所指之攝影著作，而受到本法保護。易言之，倘照片屬攝影著作，本法即賦予著作人於拍攝完成時享有攝影著作之著作權[8]，但若非攝影著作，拍攝者就該照片即不能享有著作財產權及著作人格權，利用人縱使利用該照片亦無從構成本法之侵權責任。而，臺灣實務就攝影著作之認定標準為何？本

---

[7]　本法第3條第1項第1款：「著作：指屬於文學、科學、藝術或其他學術範圍之創作。」。
[8]　本法第10條本文。

文除將予以研究外，亦將試著判斷於2019年4月10日發表史上首張超大黑洞及黑洞陰影之視覺影像[9]，此種以電波望遠鏡（並非光學望遠鏡）拍攝之影像，亦即係使用反捲積技術並經過仔細處理而產生者（而非傳統之「攝影」技術）[10]，是否為本法所指之「攝影著作」？該影像又是否為人類所為之精神創作，而受本法保護？並嘗試判斷未來如係以「人工智慧（Artificial Intelligence，以下簡稱AI）」自行完成拍攝者，其成果究否屬人類所為之精神創作，而應受本法保護？

　　承前所述，拍攝者如欲對利用該照片之人主張侵權，前提要件係該照片已通過本法所定攝影著作應具備之著作權保護要件之檢驗，惟該攝影著作之著作權人是否因此即能向未經其同意或授權之人主張侵權，尚涉及利用人是否構成合理使用，惟如何之情形始符合合理使用規範，則有賴法院為判斷。而，我國法院究係如何認定此等利用攝影著作之行為是否構成合理使用？其就合理使用之判斷，有無一致性之認定標準？是否會因利用人利用情形（諸如：為報導、教學、評論、研究或其他正當目的而利用，或不符合本法第44條至第63條所定情形之利用）之不同，而適用不同之規定？未來因新興科技、新技術或新媒體（諸如：（行動）網路、雲端技術、數位匯流（如網路電視IPTV、OTT[11]）、使用者生成內

---

[9]　中央研究院，看到了！中研院參與國際計畫發表史上首張黑洞影像，https://www.sinica.edu.tw/ch/news/6191，最後瀏覽日：2019/10/18。

[10]　中央廣播電台，楊文君，轉載自民報，什麼是黑洞、事件視界？這裡一次解答，https://www.peoplenews.tw/news/e1fda63a-7797-4c30-a512-62cc05b1c0c8，最後瀏覽日：2019/10/24。

[11]　kknrws每日頭條，酷雲互動，什麼是「OTT」概念，https://kknews.cc/zh-tw/

容（User Generated Content,UGC）[12]、教學平台、電子書、線上新聞、數位典藏等），澈底改變內容之創造、接觸與散布而產生新的利用態樣[13]，現行法所定之合理使用規範是否足資因應？亦有研究之必要。

另因攝影著作之利用人除以重製方式為之外，亦常會以「改作」之方式為之，倘該改作之利用行為，未經著作權人同意或授權，如此之二次創作，是否符合本法第65條第2項各款規定而認定為合理使用？是否能依本法第6條規定[14]，主張係屬衍生著作，而以獨立之著作保護之？攸關衍生著作與合理使用之關係，本文亦會進一步探討。

又攝影著作之利用人如有明示出處，是否即得認定其利用行為符合本法第65條規定？反之，如未明示出處，是否得遽認其利用行為不符合該規定？亦即明示出處對合理使用之判斷，是否有影響？本文將一併探討。

第三節　文獻探討

就攝影作品是否具有原創性部分，因臺灣實務就產品照

---

tech/m6lqxvz.html，最後瀏覽日：2019/10/24。

[12] kknews每日頭條，鴻聯九五，網路流行UGC是什麼，https://kknews.cc/zh-tw/tech/pg3nygj.html，最後瀏覽日：2019/10/24。

[13] 許曉芬，歐盟著作權最新修法趨勢與挑戰，智慧財產權月刊VOL.197，2015年5月，頁31。

[14] 本法第6條：「就原著作改作之創作為衍生著作，以獨立之著作保護之。衍生著作之保護，對原著作之著作權不生影響。」

片[15]、商品型錄中之照片[16]、網拍商品照片[17]、雖使用科技產品但未展現特殊技術所拍攝之作品[18]、人像照片[19]、證件大頭照[20]、新聞現場或瞬間拍攝或跟拍之照片[21]、對已落入公共領域而不受著作權保護之歷史文物為翻攝之照片[22]之見解歧異，是本文將以學者蔡明誠之〈論著作之原創性與個性概念——以型錄著作問題為例〉、謝銘洋之〈我國著作權法中「創作」概念相關判決之研究〉、蔡岳霖之〈使用科技產品為創作是否受著作權法保護——以我國法院針對著作原創性之見解為探討〉、黃心怡之〈論攝影著作之原創性〉、馮震宇之〈論文物藝術品攝影著作之保護與利用〉與〈新聞攝影著作有著作權嗎？〉等文獻，探討如何之攝影始屬具原創性

---

[15] 如臺灣桃園地方法院103年度智易字第35號刑事判決及其上訴審智慧財產法院104年度刑智上易字第48號刑事判決。

[16] 如臺灣桃園地方法院100年度智易字第22號刑事判決及其上訴審智慧財產法院103年度刑智上易字第99號刑事判決、臺灣臺中地方法院106年度智訴字第8號刑事判決及其上訴審智慧財產法院107年度刑智上訴字第1號刑事判決。

[17] 如臺灣新北地方法院99年度智易字第60號刑事判決及其上訴審智慧財產法院100年度刑智上易字第25號刑事判決。

[18] 如臺灣臺中地方法院105年度智訴字第19號刑事判決及其上訴審智慧財產法院106年度刑智上訴字第38號刑事判決。

[19] 如臺灣臺北地方法院83年度自字第250號及其第二審臺灣高等法院83年度上訴字第2967號刑事判決及其第三審最高法院83年度台上字第5206號刑事判決與其更審臺灣高等法院83年度上更（一）字第788號刑事判決；臺灣臺北地方法院90年度訴字第6157號民事判決。

[20] 如智慧財產法院100年度民著訴字第31號民事判決、100年度民著上字第9號民事判決。

[21] 如臺灣臺北地方法院100年度智訴字第27號刑事判決及其上訴審智慧財產法院101年度刑智上訴字第7號刑事判決；最高法院92年度台上字第205號刑事判決。

[22] 經濟部智慧財產局著作權審議及調解委員會於2005年5月26日就「故宮博物院為古物所攝影之攝影作品是否屬著作權法第5條第1項第5款所稱之『攝影著作』」議題，召開會議討論，當時出席委員正反意見不一。

之攝影著作而受本法之保護、是否宜參酌英美關於攝影著作原創性之認定標準，將具有原創性之攝影著作分成「原物重現」、「瞬間捕捉」、「主題創造」三類分別認定，並探討學者之建議，即本法不妨參考德國著作權與鄰接權法，增設對於不具創作性之「照片」專章[23]、本法應確立鄰接權，使無原創性但需相當技術或資金投入方能完成之照片，受到鄰接權專章之「照片及其他製版權」專節所保護[24]，是否足資解決上開歧異之認定。

關於豁免規定（或稱法定例外）與合理使用之不同部分，因臺灣實務就利用行為如符合本法第44條至第63條所定者，是否尚須權衡本法第65條第2項4款判斷基準乙事，有歧異之見解[25]，是本文將以學者許忠信之「論著作財產權合理使用之審酌因素——最高法院九十六年度台上字第三六八五號刑事判決評析」、蕭雄淋之「論著作財產權限制與合理使用之關係」等文獻，並佐以2014年1月22日本法第65條之修正理由，釐清本議題應以最高法院103年度台上字第1352號民事判決所闡釋者為當。

關於攝影著作合理使用部分，因本法第65條規定係參考美國著作權法第107條而制定者，是本文將以學者沈宗倫

---

[23] 謝銘洋，我國著作權法中「創作」概念相關判決之研究，收錄於劉孔中主編，國際比較下我國著作權法之總檢討（上冊），中央研究院法律學研究所，2014年12月。

[24] 劉孔中，學者南港版著作權法典——本土關照下的前瞻性建議，台灣法學雜誌，249期，2014年6月，頁36、42。

[25] 如最高法院92年度台上字第205號刑事判決及101年度台上字第5250號刑事判決意旨，其意旨與最高法院103年度台上字第1352號民事判決意旨不同。

之〈著作權法之基本用語與法律體系概述〉、謝國廉之〈著作合理使用之判斷基準——評最高法院與高等法院「紫微斗數案」之判決〉、胡心蘭之〈轉化才是王道？論合理使用原則轉化性要素之適用與影響〉、盧文祥之〈智慧財產權不確定法律概念的剖析研究——以專利進步性、商標混淆誤認及著作權合理使用為主之論述〉、王敏銓之〈美國法的合理使用〉、王偉霖之〈搜尋引擎著作權爭議問題研究〉、黃心怡之〈從美國案例探討時事報導引用他人攝影與視聽著作之合理使用——兼評智慧財產法院101年度刑智上訴字第7號〉、鄭菀鈴之〈新聞事件照片之利用——評智慧財產法院一〇一年度刑智上訴字第七號刑事判決〉、楊智傑之〈美國著作權法——理論與重要判決〉等文獻，探討臺灣實務依本法第65條第2項4款判斷基準所為攝影著作合理使用之認定有無不當之處，尤其係審酌第1款基準時，是否尚應考量「轉化性使用」？另探討第4款基準究應如何判斷？並釐清第2款基準所指之「著作之性質」，應係指「被利用著作之性質」，而非「新著作之性質」、第3款基準所指「所利用之質量及其在整個著作所占之比例」，因係參考美國著作權法第107條第1項第3款而增訂者，是應依美國判決先例，僅需考量利用內容占「被利用著作」之數量（amount）與重要性（substantiality），而不應依本款之立法理由[26]考量所利用部

---

[26] 1992年6月10日本法第65條之修正理由：「二、…第三款所稱『所利用之質量及其在整個著作所占之比例』，係指所利用部分在新著作中及被利用著作中，就整體觀察其質量所佔比例。例如新著作可能為百萬言巨作，所利用之分量可能僅及該新著作百分之一，但對被利用著作而言，或佔其整體

分占「被利用著作」及「新著作」之質量,並探討臺灣實務關於法院如未逐一審酌上開4款判斷基準,即屬一判決不備理由之違背法令判決之見解,是否妥適。

關於衍生著作與合理使用之關係部分,因臺灣實務就「未經原著作權人同意之改作,係侵害原著作權人之改作權,故侵害他人權利所產生之著作,應不受著作權法之保護」乙節,幾乎已成定見[27],是本文將以學者熊誦梅之〈變調的涼山情歌——解開衍生著作的緊箍咒〉、李筱苹之〈混搭創作與合理使用〉、謝銘洋之〈我國著作權法中「創作」概念相關判決之研究〉、章忠信之〈未經授權改作之衍生著作可否享有著作權?〉等文獻,探討「侵害改作權與否之判斷」與「衍生著作成立與否之判斷」,是否應混為一談?上開實務見解,是否已悖離本法乃為促進國家文化發展之立法目的?同為著作財產人專有權利之「改作成衍生著作之權」,是否應與其他專有權一樣,於「改作成衍生著作之權

___

之半甚至全部,故新著作與被利用著作在質量方面,均需加以比較。」。

[27] 最高法院87年度台上字第1413號民事判決意旨:「著作人專有將其著作改作成衍生著作之權利,為著作權法第28條所明定…故倘未經原著作人或著作財產權人同意,就原著作擅予改作,即係不法侵害原著作人或著作財產權人之改作權,其改作之衍生著作自不能取得著作權。」,另,最高法院102年度台上字第548號民事判決、智慧財產法院102年度民營訴字第4號民事判決、102年度民著訴字第54號民事判決、100年度民著訴字第33號民事判決、臺灣高等法院臺南分院92年度上訴字第1292號刑事判決均同其意旨。但智慧財產法院104年度民著上字第5號民事判決(業經最高法院107年度台上字第148號民事裁定維持而告確定)則採不同見解:「就原著作加以改作,是否取得著作權之保護,應以其是否具有原創性為斷,至於有無獲原著作權人之授權,對衍生著作取得著作權保護不生影響,此乃因此要件並非條文明定取得衍生著作之要件,自不應加諸法條所無之限制,致衍生著作取得著作權之要件與其他著作有所不同。」。

利」合於合理使用時，亦毋庸取得著作財產權人之授權或同意？

關於明示出處與合理使用之關係部分，鑑於臺灣實務就「明示出處與否」，與「是否構成合理使用」，其間有無必然關係乙節見解尚有歧異[28]，是本文將以學者李治安之〈合理使用誰的著作──論合理使用與出處明示的關聯〉與李貞儀之〈「著作權之合理使用」相關實務判決評析〉等文獻，探討本法第64條明示出處之義務既與本法第16條之姓名表示權有密切關聯，何以立法者將二者分別規範於「著作財產權限制」、「著作人格權」不同章節中，如此之立法體系，是否即意謂明示出處與否，會影響合理使用之成立？

關於AI獨立完成拍攝之成果，AI可否取得著作人身分部分，雖現今之AI僅能獨力完成音樂、美術著作，而無法獨立完成攝影著作，但不排除未來有此可能性[29]，是本文將以學者林利芝之〈初探人工智慧的著作權爭議──以「著作人身分」為中心〉、沈宗倫之〈人工智慧科技與智慧財產權法治的交會與調和──以著作權法與專利法之權利歸屬

---

[28] 認為無必然關係者，如最高法院105年度台上字第1850號民事判決及其原審臺灣高等法院103年度上國字第27號民事判決、臺灣高等法院97年度上易字第11號民事判決、臺灣高等法院95年度上字第47號民事判決、智慧財產法院104年度刑智上易字第6號刑事判決、智慧財產法院97年度民著上易字第4號民事判決；認為會互相影響者，如智慧財產法院103年度刑智上易字第33號刑事判決、臺灣臺北地方法院87年度易字第4315號刑事判決、臺灣臺北地方法院95年度智簡上字第3號民事判決、臺灣臺北地方法院99年度訴字第1552號民事判決。

[29] 葉奇鑫，人工智慧、大數據對於著作權法之衝擊及因應簡報，2019智慧財產局成立20週年暨著作權法回顧與前瞻研討會，2019年10月4日。

為中心〉、葉奇鑫之〈當電腦也開始「創作」——人工智慧（AI）著作未來可能之立法保護方式初探〉與陳怡靜、辜德棻之〈出席澳洲雪梨「2019年第19屆著作權法律及實務研討會」出國報告〉等文獻，探討臺灣實務[30]、美國著作權局與澳洲所採之見解、日本與歐盟之立法趨勢、學者之建議，俾為本議題之參考。

第四節　研究方法

本文以個案分析法、歸納分析法、比較分析法等三種研究方法為主：

一、個案分析法：

將本文所蒐集裁判中所列之事實，依各個利用情形予以分類，再針對個案為研究，俾釐清。

二、歸納分析法：

以司法院法學資料檢索系統、Lawsnote七法法學資料庫、月旦法學知識庫、法源法律網等資料庫蒐集相關文獻，並就本文研究之個案綜合分析、探討。

三、比較分析法：

將藉由文獻所列之國外立法例、判決，以其可取之處，做為我國判決及修法之借鏡。

---

[30] 如智慧財產法院98年度民著上字第16號民事判決、經濟部智慧財產局2018年4月20日電子郵件字第1070420號函。

第二章

著作權之保護要件

第一節　須屬人類精神上之創作

第一項　現行法暨實務見解

　　緣本法所規定之著作人，乃指創作著作之人[31]，而孰人方為本法所指之「人」？揆諸本法第1條後段規定[32]適用民法第一編「總則」、第二章「人」（訂有第一節「自然人」及第二節「法人」）之相關規定，與本法就「受僱人於職務上完成之著作」[33]與「出資聘請他人完成之著作」[34]分別訂有如何認定為著作人、著作財產權歸屬等規定，且訂有「法人為著作人之著作其著作財產權之存續期間」究為若干之

---

[31] 本法第3條第1項第2款。

[32] 同註1。

[33] 本法第11條：「受僱人於職務上完成之著作，以該受僱人為著作人。但契約約定以僱用人為著作人者，從其約定。依前項規定，以受僱人為著作人者，其著作財產權歸僱用人享有。但契約約定其著作財產權歸受僱人享有者，從其約定。前二項所稱受僱人，包括公務員。」。

[34] 本法第12條：「出資聘請他人完成之著作，除前條情形外，以該受聘人為著作人。但契約約定以出資人為著作人者，從其約定。依前項規定，以受聘人為著作人者，其著作財產權依契約約定歸受聘人或出資人享有。未約定著作財產權之歸屬者，其著作財產權歸受聘人享有。依前項規定著作財產權歸受聘人享有者，出資人得利用該著作。」。

規定[35]，實可知本法所指創作著作之「人」，即包含了自然人與法人。關此，自最高法院肯認自然人及法人均得為著作人[36]、智慧財產法院判決意旨：「按81年訂定著作權法第11條（法人與受雇人）及第12條（出資人與受聘人）著作權歸屬之規定時，亦同時訂定現行著作權法第33條，…而依該第33條當時之立法理由即謂：『按修正條文第11條已明定法人得為著作人，本條爰配合將法人完成之著作之著作財產權保護期間，依著作之公表與否，分別規定，以符國際立法趨勢。』可見我國著作權法乃承認法人得為著作人。」[37]、經濟部智慧財產局（以下簡稱智財局）函釋[38]與內政部著作權委員會函釋[39]等實務見解觀之亦足明。

而，著作權之保護要件之所以須為「人類」「精神上之創作」，乃因本法在於保護並鼓勵人類精神創作，此一要件除用以區別「透過機器自動化操作或電腦程式自行運算」

---

[35] 本法第33條：「法人為著作人之著作，其著作財產權存續至其著作公開發表後五十年。但著作在創作完成時起算五十年內未公開發表者，其著作財產權存續至創作完成時起五十年。」

[36] 最高法院99年度台上字第481號民事裁定。

[37] 智慧財產法院104年度刑智上訴字第39號刑事判決。

[38] 經濟部智慧財產局2018年7月9日電子郵件字第1070709號函：「…著作權法於1992年6月10日修正後，著作人或著作財產權人僅限於自然人及法人，不包含非法人團體。」。

[39] 內政部著作權委員會1988年10月11日台（77）內著字第637635號函：「按著作權法第3條第3款（按即現行法第3條第1項第3款）規定：『著作人：指創作著作之人』，此處之『人』究僅指自然人或兼指自然人與法人？參照同法第1條後段規定『本法未規定者，適用其他法律之規定』，而依民法之規定，『人』係包括自然人；且著作權法第3條第3款（按即現行法第3條第3項第3款）所稱著作人並無明文排除法人之規定，職此，似難謂法人不得為著作人。」。

此等未有任何人類精神作用力在其中，而不受本法保護之操作成果或自行運算結果，諸如：裝設於公、私領域之自動攝錄裝置所攝影之影像，或街道上之超速自動照相設備所拍攝之照片[40]、電腦軟體依人類輸入之參數自行運算後所產生之分析圖[41]、證件快照機器拍攝之人像照片[42]、防盜用之紅外線感應照相、行車紀錄器之畫面擷取[43]等情形，該要件尚在用以排除由「人」以外之動物或AI享有著作權，亦即由動物自主所為之成果，縱其因人類飼養或訓練而有創作能力，其創作並無法成為本法所保護之客體[44]、AI所獨立完成之成果，亦因AI並非自然人或法人，其創作成果亦無法受到本法保護[45]，惟倘機器或電腦程式僅係人類之輔助工具，則因有人類之思想、感情等精神作用力在其中，其所產生之成果自

---

[40] 謝銘洋，智慧財產權法，9版第1刷，元照，2019年8月，頁99、100。
[41] 最高法院99年度台上字第1024號民事裁定：「上訴人之『各類必要費用電腦分析圖表』，…而分析圖之產生，有賴使用人輸入相關參數後，由電腦軟體自行運算並製成，其結果既係依據數學運算而得，自非『人』之創作，單純數字之參數又不具有任何創作價值，亦非著作權法所保護之標的。」
[42] 智慧財產法院100年度民著上字第9號民事判決認為至各處所設置之證件快照機器，由該機器自行拍攝，以充作辨識身分之半身人像照片，僅為拍照機器所為單純機械式再現，自非人類精神之創作。
[43] 章忠信，出版品使用照片的法律疑義，著作權筆記，2016年5月5日；林洲富，著作權法——案例式，4版1刷，五南，2017年8月，頁47-48。
[44] 謝銘洋，前揭註40，頁100。
[45] 經濟部智慧財產局2018年4月20日電子郵件字第1070420號函：「…著作必須係以自然人或法人為權利義務主體的情形下，其所為的創作始有可能受到著作權的保護。據了解，AI（人工智慧）是指由人類製造出來的機器所表現出來的智慧成果，由於AI並非自然人或法人，其創作完成之智慧成果，非屬著作權法保護的著作，原則上無法享有著作權。但若其實驗成果係由自然人或法人具有創作的參與，機器人分析僅是單純機械式的被操作，則該成果之表達的著作權由該自然人或法人享有。…」

仍受本法保護。關此，自最高法院[46]肯認當時之著作權主管機關——內政部將原見解：「將美術著作之繪畫、法書（書法）、字型繪畫藉由電腦程式設計操作繪製成圖，係於電腦鍵盤上『按鍵』或以操作『滑鼠』之方式將設計概念藉由機器繪製，其繪畫或書寫之行為均由機器完成，行為人除按鍵及操作滑鼠之動作外，並無描繪、著色、書寫等美術技巧之表現；而『按鍵』、『操作滑鼠』之動作不屬美術技巧之範疇。」[47]變更為新見解：「按著作權法第3條第1項第1款…並未限定著作人所使用之創作工具及其著作完成時所附著之媒體為何？現代科技進步，電腦已被廣泛的作為繪圖及文字書寫之工具，一般繪圖者利用電腦繪圖系統程式，藉光筆或滑鼠的操作運用完成描繪、著色及書寫之行為，均需憑操作者之經驗與靈感，非電腦可代為判斷，此即為思想或感情之表達，即為創作之行為。」[48]、智慧財產法院[49]亦採取該變更後之函釋見解、智財局函釋[50]等觀之足明。

---

[46] 最高法院91年度台上字第4268號刑事判決。

[47] 內政部著作權委員會1996年5月16日台（85）內著會發字第8508305號函。

[48] 內政部著作權委員會1997年11月14日台（86）內著字第8616210號函。另，智慧財產法院99年度民著訴字第78號民事判決亦同此意旨。

[49] 智慧財產法院107年度刑智上訴字第1號刑事判決。

[50] 經濟部智慧財產局2018年6月11日智著字第10700038540號函：「…三、『自動音樂系統』經使用後所生成之音樂其著作權歸屬一節，如所創作之音樂僅係該機器或系統透過自動運算方式所產生的結果，並無人類之『原創性』及『創作性』之投入，則恐非屬著作權法保護之著作。惟若該機器或系統僅係創作者之工具，創作完成之作品仍有作者『原創性』及『創作性』之投入，而非單純機器或系統產生之成果，該作品則屬受著作權法保護之著作。…」。

第二項　人工智慧生成作品之著作權保護

　　本法乃以「人類」精神之創作為著作權之保護要件，故而就AI生成作品，我國實務向認非屬本法保護之著作，業如上述，惟如此之見解恐將使AI創作之成果落入公共領域而任由他人免費利用，此絕非本法鼓勵創作之本意，是宜參考他國立法例（或立法趨勢）及學者之建議，俾AI生成作品能受到著作權之保護，茲分述之如后：

一、除了英國，目前世界各國著作權法均認為「完全透過AI自動化學習並獨力完成之著作」，不受著作權之保護[51]，其中我國法院[52]及智財局[53]，係以AI並非自然人或法人，而認非屬「人」之創作、美國著作權局（the Copyright Office）則係以「人類著作人」（human authorship）為著作權註冊登記資格要件[54]，此自其施行細則（Compendium of U.S. Copyright Office Practices）第306條「人類著作人要件」及第313.2條[55]觀之足明、澳洲著作權法除規定由

---

[51] 葉奇鑫，當電腦也開始「創作」——人工智慧（AI）著作未來可能之立法保護方式初探，慶祝智慧局20週年特刊，經濟部智慧財產局，2019年10月，頁142。

[52] 智慧財產法院98年度民著上字第16號民事判決：「電腦分析圖表…係電腦軟體依據輸入之參數運算後之結果，此種結果既係依據數學運算而得，自非『人』之創作，自難因此認為係著作權法所保護之標的。」。最高法院99年度台上字第1024號民事裁定同此意旨，同註41。

[53] 經濟部智慧財產局2018年4月20日電子郵件字第1070420號函，同註45。

[54] 顏上詠，人工智慧商業時代及智慧財產權研究，收錄於施茂林、顏上詠編著智慧財產權與法律風險析論：人工智慧商業時代的來臨，五南，2019年9月，頁111。

[55] 美國著作權局施行細則第306條：「美國著作權局將會註冊登記著作人的原創

享有合法人格（a qualified person）[56]所創作之原創性著作方有著作權，澳洲聯邦法院亦曾於Telstra Corporation Ltd v. Phone Directories Co Pty Ltd案指出非為人類創作成果之電腦生成物，因不符該法之原創性要求自不能取得著作權[57]、日本著作權法亦規定僅有人類創作之著作享有著作權[58]。至於英國，自其「著作、設計與專利法」第9條第3項規定，實可知電腦生成之著作雖受到該法所保護，惟該著作係以「為該著作執行所必要介入行為之人」為其著作人，AI尚無法取得著作人身分[59]。

二、各國著作權法制雖多採AI生成作品不受著作權保護之立

作品，只要這項著作是由人類所創作。美國著作權法只保護人類精神創作的智力成果。因為著作權法只保護『著作人原創性智慧構思之表達』，因此著作權局若判定作品非由人類創作，著作權局將拒絕註冊登記。」、美國著作權局施行細則第313.2條：「如第306條所規定，著作權法保護原創著作。一個作品要符合著作人的原創作品，必須由人類創作。不符合此一要求的作品不可取得著作權保護。」，林利芝，初探人工智慧的著作權爭議──以「著作人身分」為中心，智慧財產權月刊第237期，2019年9月，頁142，頁68。

[56] 「合法人格」係指澳洲公民或住居於澳洲境內者，陳怡靜、韋德棻，出席澳洲雪梨「2019第19屆著作權法律及實務研討會」報告，2019年12月17日，頁20。

[57] Telstra Corporation Ltd v. Phone Directories Co Pty Ltd案，本案原告為澳洲電信業者，原告主張其產製之電話簿（telephone directories）乃由其員工依「資料蒐集與篩選」及「編排與產出」所產出，產出過程中因有人類獨立之智慧投入，故應屬著作權法保護標的。澳洲聯邦法院則認為系爭電話簿產出之過程僅為電腦計算過程中對於資料之儲存、編排與自動生成，無足夠之創作性，該電話簿自不符合著作權法對於原創性之要求，陳怡靜、韋德棻，前揭註56，頁20。

[58] 林利芝，前揭註55，頁76；陳怡靜、韋德棻，前揭註56，頁22。

[59] 「英國『著作、設計與專利法（The Copyright, Design and Patent Act of U.K.）』第9條第3項規定AI著作符合以下要件者，得受保護：『電腦生成之語文、戲劇、音樂或美術著作，應以為該等著作執行所必要介入行為之人為著作人。』」，陳怡靜、韋德棻，前揭註56，頁142。

法，惟目前業有日本與歐盟呈現另立專法，俾保護AI生成作品之趨勢[60]，以歐盟為例，歐洲議會（European Parliament）法規委員會所公布之「歐洲機器人民事法律」（European Civil Law Rules on Robotics）報告，即曾就要求歐洲議會評估為機器人創設電子人（electronic persons）法律地位之可能性之提案為分析，嗣歐洲議會則於2017年2月向歐盟理事會（European Commission）提出報告，建議應為機器人創設特殊法律地位[61]，從而自上開立法趨勢已可逐漸窺見未來之立法模式將有極大之不同。

三、著作權法既在鼓勵創作，我國是否宜改採AI生成作品應以著作權或鄰接權予以保護之立法？如肯定之，又應如何訂定權利歸屬與侵權責任主體？關此，除侵權責任主體之議題外，我國業已有學者深入探討並建議：類推本法「聘僱著作」之相關規定[62]、修法創設「法定讓與」，使研發AI之人類或對AI具有技術貢獻之人類，受讓著作財產權[63]、以較弱之「鄰接權」保護AI著作，權利歸屬以「著作權單獨歸屬於AI設計者」或「著作權單獨歸屬於AI設計者，但使用者取得AI著作之利用權」[64]，而由

---

[60] 林利芝，前揭註55，頁76。

[61] 葉奇鑫，前揭註51，頁140。

[62] 林利芝，前揭註55，頁78。

[63] 沈宗倫，人工智慧科技與智慧財產權法制的交會與調和——以著作權法與專利法之權利歸屬為中心，收錄於劉靜怡主編，人工智慧相關法律議題芻議，元照，2019年3月，頁213。

[64] 葉奇鑫，前揭註29；葉奇鑫，前揭註51，頁140-143。

該等建議觀之，亦可知學者均傾向使AI生成作品能受到智慧財產權之保護，本文亦予認同，祇是究應以何「人」為權利歸屬？又應如何妥適規範AI生成作品之侵權責任主體？應會係不久之未來各國最夯的議題！

第二節　須具有原創性

合先敘明者，本法所規定之「著作」，雖指屬於文學、科學、藝術或其他學術範圍之創作[65]，惟何謂「創作」？本法並無明文，其概念乃藉由實務及學說方形成「本法所指之創作，須具原創性」見解，而，何以實務上會使用「原創性」乙詞？有學者謂或係因美國著作權法規定[66]所使用之用語為"original works"致受到影響，且美國最高法院曾於1991年Feist Publications, Inc. v. Rural Telephone Service Company, Inc.案[67]（以下簡稱Feist案）指出該法所規定之原創（original），包含兩個要件：一、獨立創作（independent

---

[65]　同註7。

[66]　17 U.S.C. § 102 (a): "Copyright protection subsists, in accordance with the title, in original works of authorship fixed in any tangible of expression, ..."，謝銘洋，前揭註23。

[67]　Feist Publications, Inc. v. Rural Telephone Service Company, Inc.,499 U.S.340（1991）.本案原告為電話公司，其有依堪薩斯州之規定印製電話簿（黃頁及白頁），而被告為出版公司，專門出版大範圍地理區域之電話簿。因原告拒絕授權被告使用其白頁電話簿，被告遂自行擷取使用，被告擷取後雖有修改其內容，然若干資料內容仍與原告之電話簿內容相同。原告起訴主張被告侵害其著作權。第一審認為原告印製之電話簿為著作權所保護之著作，判決原告勝訴，嗣經第二審維持該判決。被告則以原告之電話簿非著作權保護之著作為由，提起上訴，黃心怡，論攝影著作之原創性，東吳法律學報第二十四卷第三期，2013年1月，頁132。

creation）；二、必須有最低程度之創作（some minimal degree of creativity）[68]。另，因有學者分別謂我國較常見之見解——原創性（originality）是指著作人基於其人格精神而獨立創作，以表達其思想、感情或個性，並具有最低程度之創意而言，該定義中之「個性」、「最低程度之創意」等用語，乃分別來自德國及美國著作權法之用語[69]、我國最高法院判決常以「凡具有原創性之人類精神上創作，且達足以表現作者之個性或獨特性之程度者，即享有著作權」來定義著作原創性，惟所稱「達足以表現作者之個性或獨特性之程度者」，是否即為德國法所稱之「單純個性（或譯普通個性）」，係屬於創作高度要求之範圍內？因未深論致無從明確其真意，故建議法院如欲使用「個性」概念，實不宜忽視所指之「個性」究係屬德國法之個性概念，抑或係等同於美國法之原創性或創作性概念，倘法院係採前者，則宜一併考慮所謂「小銅幣」（單純個性）之理論，方屬周延，蓋「個性」乃德國法上著作之四要件之其中一要件，且會以個性之「量」，而就不同著作異其創作程度要求（亦即，要求須達到一定之創作高度之著作，應具備「特別個性」；不要求一

---

[68] 謝銘洋，前揭註23；「1991年，美國聯邦最高法院在Feist v. Rural Telephone Service Co.案，則對原創性之定義作出更明確的說明。也就是說，除了獨創性外，還應加上『創作程度』要件，但法院認為創作程度（standard of creativity）非常低，只要具有『些許創意火花』（a spark of creativity）即具創作性。且所謂原創性，係指該作品並非抄襲自他人作品，而由作者獨立創作，並具有最低限度之創意性（minimal degree of creativity）即已足。此項見解也直接影響到其他案件。」，馮震宇，新聞攝影著作有著作權嗎？台灣法學雜誌235期，2013年11月1日，頁143。

[69] 簡啟煜，著作權法案例解析，4版第2刷，元照，2018年10月，頁52。

定之創作高度者，僅須依小銅幣理論具備「單純個性」即可）[70]、歐陸法系強調著作乃著作人之個性表達，其原創性標準每高於英美法系所要求者[71]，故本文會以我國實務就原創性、攝影著作所為之闡釋，探討該闡釋是否會導致攝影著作原創性之認定標準不一，如有不一致之情，是否宜將「創作性」之創作高度要求採取一定之標準，而認僅須具有如美國法所指之少量創意或如德國法小銅幣理論[72]所指之單純個性即已足？是否宜參酌英美關於攝影著作原創性之認定標準，將具有原創性之攝影著作分成「原物重現」、「瞬間捕捉」、「主題創造」三類分別認定？並探討本法是否宜依學者建議，參考德國著作權與鄰接權法（即：將照片分別情形以著作權或鄰接權加以保護），增設對於不具創作性甚或不具人格性之「照片」專章[73]？

就原創性概念，我國實務之闡釋不盡相同，自常被援引之最高法院裁判觀察，其見解略有：甲說.僅論及原創性

---

[70] 蔡明誠，論著作之原創性與個性概念——以型錄著作問題為例，全國律師月刊雜誌社，第5卷第5期，2001年5月，頁7、8、10、12。

[71] 許忠信，WTO與貿易有關智慧財產權協定之研究，2版第1刷，元照，2015年6月，頁57。

[72] 「小銅幣理論，乃Elster在1921年所出版之『企業保護權』一書所首先提出。其在該書中指出，就著作權之客體而言，所被創造者乃一大銅幣或小銅幣並無所差異。根據Elster所創之小銅幣概念，其乃指那些具有最低創作高度而簡單且位於創作門檻因而仍受著作權保護之精神創作，例如目錄、價目表、食譜及簡單樂譜集等。」，許忠信，著作之原創性與抄襲之證明（上）——最高法院九十七年度台上字第一二一四號判決評析，月旦法學雜誌（No.171），2009年8月，頁177；「所謂小銅幣理論，係指某些著作不需特別之創作高度，僅要求適度創意。有如一枚小硬幣之厚度，單純而剛好具著作保護能力之創作」，林洲富，前揭註43，頁28。

[73] 謝銘洋，前揭註23。

之原始性而謂：「本於自己獨立之思維、智巧、技匠而具有原創性之創作，即享有著作權。但原創性非如專利法所要求之新穎性，倘非重製或改作他人之著作，縱有雷同或相似，因屬自己獨立之創作，具有原創性，同受著作權法之保障。」[74]；乙說.論及原創性含兩要件，但創作性要件似採德國法之個性概念而謂：「著作權法所稱之著作，…必具有原創性之人類精神上創作，且達足以表現作者之個性或獨特性之程度者，始享有著作權，而受著作權法之保護。而所謂『獨立創作』乃指著作人為創作時，未接觸參考他人先前之著作；凡經由接觸並進而抄襲他人著作而完成之作品即非屬原創性之著作，並非著作權法上所定之著作。」[75]；丙說.論及原創性含兩要件，但創作性採美國法之最低創作性而謂：「…著作…須符合『原創性』及『創作性』，所謂『原創性』，係指為著作人自己之創作，而非抄襲他人者；至所謂『創作性』，則指作品須符合一定之『創作高度』，經濟部智慧財產局認為應採最低創作性、最起碼創作（minimal requirement of creativity）之創意高度（或稱美學不歧視原則），並於個案中認定之。」[76]；丁說.論及原創性

---

[74] 最高法院89年度台上字第2787號刑事判決。最高法院100年度台上字第2718號刑事判決亦同此意旨。

[75] 最高法院97年度台上字第1587號刑事判決。最高法院81年度台上字第3063號民事判決、90年度台上字第2945號刑事判決、97年度台上字第1214號民事判決、99年度台上字第225號刑事判決均同此意旨。

[76] 最高法院103年度台上字第1544號民事判決。經濟部智慧財產局2006年12月21日智著字第09500121490號函、2009年5月6日智著字第09800037020號函、2009年4月27日電子郵件字第980427a號函亦同此見解。

含兩要件，但創作性兼採美國法之最低創作性及德國法之個性概念而謂：「…著作之要件有四：…B.具有原創性：包含『創作性』（即創作至少具有少量創意，且足以表現作者之個性），及『原始性』（即獨立創作，未抄襲他人著作）；…」[77]。而，自智慧財產法院裁判觀察，不論有無援引上開最高法院裁判意旨，就「原創性」概念，已逐漸形成「所謂『原創性』，廣義解釋包括『原始性』及『創作性』」見解，惟就「創作性」之認定則呈現見解分歧之情，略有：一、採乙說，以是否足以表現作者之個性來判斷者[78]；二、採丙說，以是否具有最低程度創作來判斷者[79]，其中除有採取微量程度創作而認大多數作品都可達到創作性標準[80]外，尚有援引Feist案之判詞[81]、美國法及德國法小

---

[77] 最高法院104年度台上字第1251號民事判決。

[78] 智慧財產法院102年度民著訴字第11號民事判決、102年度民著訴字第54號民事判決、103年度民著訴字第7號民事判決、103年度民著訴字第60號民事判決、103年度民著訴字第78號民事判決、103年度民著上字第13號民事判決、104年度民著上易字第4號民事判決、108年度民著訴字第61號民事判決。

[79] 智慧財產法院98年度民著訴字第8號民事判決、103年度刑智上易字第19號刑事判決、103年度刑智上易字第33號刑事判決、103年度刑智上訴字第44號刑事判決、106年度刑智上訴字第38號刑事判決、107年度民著訴字第13號民事判決、107年度刑智上訴字第1號刑事判決、108年度民著訴字第98號民事判決、108年度民著訴字第103號民事判決。

[80] 智慧財產法院107年度刑智上訴字第1號刑事判決、108年度民著訴字第98號民事判決、108年度民著訴字第103號民事判決：「著作權法對於『創作性』之創作程度要求極低，不僅無須如專利法中對於發明、新型、設計所要求之高度原創性程度，甚至僅須具有微量程度的創作，可以展現創作人個人之精神作用即可，因此，大多數的作品都可達到創作性之標準，無論其創作多簡單、明顯，只要有少量的創作星火即可。」。

[81] 智慧財產法院105年度刑智上易字第57號刑事判決、105年度刑智上訴字第37號刑事判決、106年度民著訴字第13號民事判決：「…又原創性中之『創作性』要素，其目的既僅在維持最低限度之個別性，以與其他創作區別，

銅幣理論[82]為認定者；三、採丁說，以是否具有少量創意，且足以表現作者之個性來判斷者[83]，然雖有上開見解分歧之情，本文發現智慧財產法院縱採乙說，亦有僅要求最低程度之創作或個性表現，即如同小銅幣理論般單純個性之見解，是經綜合觀察，實可知針對著作創作性之創作程度要求，智慧財產法院似有逐漸傾向採取丙說之情。

　　茲以本法第5條第1項第5款所例示之「攝影著作」[84]，來探討如何之攝影始屬具原創性之攝影著作而應受本法之保護？本研究發現，關於「系爭照片是否因具原創性而為

其創作程度之要求自然甚低。…以上說明，也可以在美國比較法上得到印證。美國聯邦最高法院在Feist Publications, Inc. v. Rural Telephone Service Co., Inc., 499 U.S. 340, 345 （1991）乙案中之判詞即謂：『創作性之必要程度是極低的。即使只有些微之量也足以符合。大部分的作品都很容易就可以達到其標準，只要有些許的創作星火，無論多麼的原始、粗陋或明顯，就可以算是。原創性並不代表著新穎性，一項作品可以具有原創性，即使其十分相似於其他作品，只要是出於巧合，而非抄襲。舉例而言，兩位互不相識的詩人創作相同的詩。兩份作品都不算新穎，但都屬於原創，也因此就都可以著作權保護』…」。

[82] 智慧財產法院107年度刑智上訴字第17號刑事判決：「至於著作之品質與美感，則非創作性考量之要素，此為美國著作權法之美學不歧視原則或德國著作權法之小銅幣理論之涵義。」。

[83] 智慧財產法院97年度刑智上易字第70號刑事判決、104年度刑智上易字第56號刑事判決、107年度刑智上易字第45號刑事判決、108年度刑智上易字第21號刑事判決。

[84] 「根據著作權法第5條第1項第5款，攝影著作為法定之著作類型之一，而其內涵，依據1992年6月10日內政部台（81）內著字第8184002號公告之『著作權法第五條第一項各款著作內容例示』第2項第5款之規定，包括照片、幻燈片及其他以攝影之製作方法所創作之著作，其範圍包含使用一切攝影技術所產生之成果，包括正片、負片及沖洗後之照片。至於攝影，原則上乃係以膠片、硝子或其他方法為媒體，呈現一定影像以表現作者之思想及感情。隨著技術的進步與行動裝置（特別是手機）普及，以數位方式所完成之攝影著作幾乎取代了傳統攝影方式，故亦應認數位攝影亦屬於攝影著作的範圍。」，馮震宇，前揭註68，頁140-141。

本法所保護之攝影著作？」乙節，司法實務除援引上開關於原創性之裁判，尚會援引最高法院裁判之意旨：「著作固為思想、感情之精神創作，惟僅須將其思想、感情以一定之形式加以表現於外部而具有原創性即可，攝影照片乃作者於選定人或物之對象後，透過光與影之處理，拍攝所得之創作。」[85]、「按攝影著作係以著作者藉由主題之選擇、構圖、角度、光線、速度等有所選擇或調整，以攝影機對實物拍攝之具原創性之人類思想與感情之創作。」[86]、「攝影著作，應係由『主題之選擇』、『光影之處理』、『修飾』、『組合』或其他藝術上之賦形方法，以攝影機產生之著作，始受保護。通常一般以攝影機對實物拍攝之照片，尚難認係著作權法所指著作。」[87]、「攝影著作有極大程度係依賴機械之作用及技術之操作，在製作時需決定主題，並對被攝影之對象、構圖、角度、光量、速度進行選擇及調整，有時尚須進行底片修改，因此，對被攝影像之選擇、觀景窗之選景、光線之抉取、焦距之調整、快門之掌控、影深之判斷或其他技術等攝影行為有原創性，方能符合著作權法上所稱之著作而加以保護。」[88]，為其個案之裁判依據，然所為之認定卻有見解歧異之情，本文認為之所以產生如此之歧異，

---

[85] 最高法院83年度台上字第5206號刑事判決（本案攝影作品為人像照片）。

[86] 最高法院96年度台上字第772號刑事判決（本案事實係對壓汁機、水果等實體為忠實拍攝）。

[87] 最高法院92年度台上字第1424號刑事判決（本案事實為使用傻瓜相機拍攝以氣球布置之場景）。最高法院98年度台上字第1198號刑事判決（本案事實為產品目錄中之照片係以攝影機對實物所為之拍攝）亦同此意旨。

[88] 最高法院97年台上字第6410號刑事判決（本案事實係對獎牌為忠實拍攝）。

除係因上述之創作性高度判斷標準不一外，似亦因法院針對
「如何之攝影始具有原創性？」之著重點不同所致，亦即部
分裁判因認攝影須仰賴機械之作用及技術之操作，故逕以攝
影者有無依據被攝影之對象、光圈、景深、光量、快門、角
度、構圖等攝影技巧為調整來認定[89]、部分裁判係以系爭照
片有無顯現出攝影者之思想或感情來認定[90]、部分裁判除會
考量攝影者有無依被攝影之對象、構圖、角度、光量、速度
等事項為調整、安排或選擇，尚會以攝影者有無將其內心
想法與感情表達出來來認定[91]，此等歧異之裁判或實務見解
較常見於產品、商品型錄、網拍商品等實物之靜態拍攝照
片，或雖使用科技產品但未展現特殊技術所攝影之照片[92]、
人像照片、證件用大頭照，與新聞現場、瞬間拍攝或跟拍
之照片（俗稱狗仔照），以及對於已落入公共所有（public
domain）而不受著作權保護之歷史文物為攝影之照片。

---

[89] 臺灣臺中地方法院105年度智訴字第19號刑事判決、臺灣臺北地方法院100
年度智訴字第27號刑事判決。

[90] 智慧財產法院99年度刑智上易字第17號刑事判決、102年度民著訴字第68號
民事判決、103年度民著訴字第45號民事判決。

[91] 智慧財產法院97年度刑智上易字第70號刑事判決、98年度民著訴字第8號民
事判決、99年度民著訴字第78號民事判決、101年度刑智上易字第18號刑
事判決、102年度民著訴字第63號民事判決、104年度民著訴字第6號民事
判決、106年度民著訴字第32號民事判決、106年度民著訴字第47號民事判
決、106年度刑智上易字第23號民事判決、107年度刑智上訴字第17號刑事
判決。

[92] 「使用科技產品未展現特殊技術」之用語引用自蔡岳霖，使用科技產品為
創作是否受著作權法保護——以我國法院針對著作原創性之見解為探討，
科技法律透析第31卷第4期，2019年4月，頁23。

第一項　產品照片

　　以刊登水蘊草照片於網站為例，本案之上級審[93]乃以：「告訴人就系爭水蘊草照片之空間擺放、背板色澤及打光等，均經過一定程度之安排、設計，已表現最低限度之創意，足以展現攝影者與他人可資區別之個性及獨特性，並非單純實體物之機械式再現，具有原創性…原審判決[94]認系爭照片僅為一般拍攝之方式忠實呈現實物之記錄結果，欠缺創作性…顯有未洽。」為由撤銷原判決。

第二項　商品型錄中之照片

　　以兩件不同之案件為例，下級審均係持相同見解，亦即涉案照片僅係忠實呈現產品所為實物拍攝，屬對於產品一般單純之攝影，攝影者就被攝影對象之構圖、角度、光量、速度之選擇及調整等事項並無特殊之處，任何人持自動相機處於相同或相異位置為拍攝，亦可得相同或相仿之結果，並無何藝術上之賦形方法可言，難謂屬攝影創作[95]，上級審則

[93]　智慧財產法院104年度刑智上易字第48號刑事判決。如后為告訴人之系爭水蘊草攝影著作：

[94]　臺灣桃園地方法院103年度智易字第35號刑事判決。

[95]　臺灣桃園地方法院100年度智易字第22號刑事判決、臺中地方法院106年度

係分別以：「雖以傻瓜相機拍攝，但拍攝過程仍可見告訴人為呈現產品特性，而就光線選擇、反光之避色、角度調整、產品重點、照片修圖等，皆可見其為突顯產品特色所表達之創作性，應認具有原創性…雖係產品之靜物拍攝，其創意程度固非屬高度之精神創作，但告訴人為行銷其產品，按客戶需求，就各產品作拍攝角度、光線、背景等作選擇，並經修圖，應認仍具…低度之創作性。」[96]、「現代科技進步，連智慧型手機都有建置不同的拍攝模式可選擇，因此評價某攝影著作是否具有『創作性』，不能再以傳統之攝影者是否有進行『光圈、景深、光量、快門』等攝影技巧之調整為斷，而應認為，只要攝影者於攝影時將心中所浮現之原創性想法，於攝影過程中，對拍攝主題、拍攝對象、拍攝角度、構圖等有所選擇及調整，客觀上可展現創作者之思想、感情，即應賦予著作權之保護。」[97]為由撤銷原判決。

第三項　網拍商品照片

　　以利用人將告訴人拍攝之汽車商品照片刊登於拍賣網站做為網拍商品之照片為例，本案第一、二審雖均援引最高法院98年度台上字第1198號刑事判決為認定，惟第一審除亦持相同見解（即如本章節第二項所示之下級審見解），尚著眼於「無從看出拍攝者進行何種底片修改之攝影、顯像及沖

智訴字第8號刑事判決。

[96]　智慧財產法院103年度刑智上易字第99號刑事判決。

[97]　智慧財產法院107年度刑智上訴字第1號刑事判決。

洗時有何達到業已具體表現出作者之獨立思想或感情之表現度」乙節[98]，嗣經上訴，第二審則改以拍攝者除有為主題之選擇，就攝影角度亦與常人不同，核屬匠意之安排運用，且於不同構圖找尋適合表達其意念之行動，與單純之實物拍攝並不同[99]為由，認定具有原創性。

第四項　雖使用科技產品但未展現特殊技術所攝影之照片

以公司簡介刊登其團隊實績經驗之照片為例，本案第一

---

[98] 臺灣新北地方法院99年度智易字第60號刑事判決。

[99] 智慧財產法院100年度刑智上易字第25號刑事判決：「圖片（一）…與圖片（五），二者拍攝角度均採平視角度，適於檢視零組件銜接區域之密合程度，此等相片攝影角度顯與日常人站立車前不易察看的俯視角度不同，核屬匠意之安排運用。且為得平視角度，尚須費工架高車體，有上揭原始相片所示之車體全景圖可考，該等相片自非任意隨興之作，足見涉案相片另有修飾、安排標的物位置之創作要素。…又觀諸…告訴人之原始相片（按：即如后之圖片（一）～圖片（六）），…可見本件著作涉及照後鏡部分，告訴人有時試以特寫方式近接拍攝，有時試以遠景方式綜覽拍攝，屬在不同構圖中嘗試找尋適合表達其意念之行動，益證告訴人確有進行…主題之選擇，光影之處理、修飾、組合或其他藝術上之賦形方法，而以攝影機產生之著作，與單純之實物拍攝並不相同，是本件著作具有原創性，為著作權法上保護之攝影著作。」。

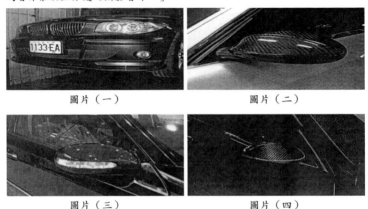

圖片（一）　　　　　　　　　　圖片（二）

圖片（三）　　　　　　　　　　圖片（四）

審乃以涉案照片係用以記錄工作人員所執行之勞務而用相機之基本功能拍攝，未用任何攝影技巧表達其思想、感情[100]為由，認定非屬創作，惟第二審則改以縱使用傻瓜相機，並未以手動方式進行任何景深、採光、打光等調整，亦因現今科技進步，不應將攝影者是否有進行「光圈、景深、光量、快門」等攝影技巧之調整，作為判斷該照片是否有「創作性」之依據，只要攝影者於攝影時將其原創性想法，於攝影過程中，對拍攝主題、對象、角度、構圖有所選擇及調整，客觀上可展現攝影者與他人可資區別之個性，足以呈現創作者之思想、感情，而非單純僅為實體人、物機械之再現，即應賦予著作權保護[101]為由予以推翻。

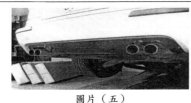

圖片（五）　　　　　　　　圖片（六）

[100] 臺灣臺中地方法院105年度智訴字第19號刑事判決。

[101] 智慧財產法院106年度刑智上訴字第38號刑事判決：「…無論係相機或智慧型手機…均建有不同之拍照模式以供選擇，即使不懂攝影技巧之人，亦可透過內建的拍照模式拍出專業完美照片，正因攝影著作之完成需以機器協力為之，而隨著機器本身功能日漸強大，攝影者不須逐一設定各個拍攝模式即可完成創作，在此科技進步之時空背景下，於探討攝影著作是否具『創作性』要素時，不應將攝影者是否有進行『光圈、景深、光量、快門』等攝影技巧之調整，作為判斷該攝影著作是否有『創作性』之依據，只要攝影者於攝影時心中所浮現之原創性想法，於攝影過程中，對拍攝主題…對象…角度、構圖等有所選擇及調整，客觀上可展現攝影者與他人可資區別之個性，足以呈現創作者之思想、感情，而非單純僅為實體人、物機械之再現，即應賦予著作權之保護。然該等攝影著作因創作人仰賴攝影器材內建攝影功能較多，自己挹注之攝影技巧較少，故其創作程度不高，所可受著作權之保護範圍應較窄，除非他人係以重製、貼上之方式複

第五項　人像照片、證件用大頭照

　　就拍攝者於餐會所拍攝之人像照片案例來看，本案第一、二審乃以涉案照片內容無法察覺拍攝者就拍攝之距離、角度有何特殊考量，應僅係當時隨機取得之地點拍攝而成，該照片縱具特殊及稀少性，然拍攝者於該照片上所施之精神作用力甚低[102]為由認定不具原創性，嗣經第三審發回[103]，而經更一審改以認定該照片係拍攝者所創作之精神上作品，故應享有著作權[104]。而，與本案第一、二審同意旨之判決，尚有臺灣臺北地方法院90年度訴字第6157號民事判決[105]。

製照片，否則他人接觸該攝影著作後，只要在拍攝時對於角度、取景等有些許變化，即不應認為係抄襲該著作。…著作是否符合…『創作性』要件，不應僅依創作人片面對創作過程之陳述來認定，須參酌該著作客觀所呈現之內容而定。…系爭照片，客觀上在表達某工作人員在某個工作場域之工作情形，足見…拍攝當時，對於拍攝之主題、人物、角度、構圖勢必有所選擇及調整，且其客觀呈現之內容，已可呈現創作者之思想、感情，縱…使用傻瓜相機，並未以手動方式進行任何景深、採光、打光等調整…應已符合攝影著作之『創作性』要件」。另，智慧財產法院108年度民著訴字第103號民事判決亦同此意旨。

[102] 臺灣臺北地方法院83年度自字第250號及其上訴審臺灣高等法院83年度上訴字第2967號刑事判決。

[103] 最高法院83年度台上字第5206號刑事判決：「…攝影照片乃作者於選定人或物之對象後，透過光與影之處理，拍攝所得之創作。本件上訴人所拍攝之○○○照片，究竟憑何證據認其係隨機取得之地點拍攝得成？其拍攝該照片並無距離、角度之特殊考量？何以隨機取得地點所拍攝之照片，其所施之精神作用力甚低？依何種客觀之觀察，認其並不足以表現作者個人之個性、獨特性，原判決並未於理由內詳加說明，自不足以昭折服。」

[104] 臺灣高等法院83年度上更（一）字第788號刑事判決。

[105] 臺灣臺北地方法院90年度訴字第6157號民事判決：「系爭○○○照片，僅單純呈現○○○之容貌，背景則密佈樹枝樹葉，就其拍攝內容觀之，實無法察覺拍攝者選擇拍攝之距離、角度有何特殊考量在內，應僅於隨機取得之地點攝得，無從認為有何原創性存在，是以縱該照片確係原告所攝得，亦無從認為係屬『攝影著作』…」。

至於證件大頭照，自智慧財產法院判決意旨：「身分證、駕照、護照或考試用之照片，係以實用之目的所作成，除非明顯符合思想或感情創作表現之著作要件，否則未取得攝影著作之要件。」[106]可知，倘未明顯符合思想或感情創作表現之著作要件，則非本法所指之攝影著作，準此，證件大頭照是否具原創性尚會因個案不同而異其認定。

第六項　新聞現場、瞬間拍攝或跟拍之照片

就跟拍之新聞記者於新聞現場所拍攝照片之案例來看，本案第一審雖援引臺灣高等法院92年度上更（一）字第96號刑事判決[107]並表示認同「瞬間之捕捉臨場現實之照片，將會因各人所欲表現者而有不同，非不得受著作權法之保護，而一律概以新聞紀實之照片即遽認無原創性可言」之見解，惟該審最終仍係以涉案照片未表達特定之主題，且其畫質、角度、光線之抉取，與客觀第三人使用相同性能之數位型相機所拍攝之結果差異無幾[108]為由認定無原創性，嗣第二審則改以該照片雖僅係單純人像照片，然因其所牽涉之技術要求較之一般照片多，且極端仰賴拍攝者遠距夜攝功力[109]為由認定具有原創性。

而，就瞬間拍攝之新聞現場照片，實務上亦有以「攝影

---

[106] 智慧財產法院100年度民著訴字第31號；100年度民著上字第9號民事判決；林洲富，前揭註43，頁38。

[107] 同註111所示之臺灣高等法院92年度上更（一）字第96號刑事判決。

[108] 臺灣臺北地方法院100年度智訴字第27號刑事判決。

[109] 智慧財產法院101年度刑智上訴字第7號刑事判決。該案嗣經最高法院101年度台上字第5250號刑事判決維持並確定在案。

者在拍攝時如針對選景、光線抉取、焦距調整、速度之掌控或快門使用等技巧上，具有其個人獨立創意，且達到一定之創作高度，其拍攝之照片即屬攝影著作」為由，肯認攝影作品具有原創性者[110]。惟，此等作品，尚有經最高法院以「新聞記者引用他報記者所拍攝之明星走秀攝影作品，究係屬拍攝者隨機所拍攝之作品，抑或係屬具有原創性之人類精神創作？」乙節發回者[111]，據此實可知於新聞現場所拍攝之照片，依我國司法實務之見解，尚會因屬隨機所拍攝而否定其原創性。

第七項　對已落入公共所有而不受著作權保護之歷史文物　　　　　為攝影之照片

　　以保存歷史文物之機構所為之攝影為例，智財局著作權審議及調解委員會曾於2005年5月26日就「故宮博物院為古物所攝影之攝影作品是否屬著作權法第5條第1項第5款所稱之『攝影著作』？」議題召開會議討論，當時即出現出席委員意見不一[112]之情，嗣雖再於同年6月28日召開會議討論同

---

[110] 最高法院106年度台上字第775號民事判決。

[111] 最高法院92年度台上字第205號刑事判決參照。該案發回後，業經臺灣高等法院92年度上更（一）字第96號刑事判決認定涉案攝影作品具原創性，並業經最高法院92年度台上字第3344號刑事判決維持而告確定。

[112] 否定說見解：…攝影著作，應係指有原創性方符合著作權法上所稱之著作，故宮博物院雖有專人對古物攝影，但僅係以照相機具對古物為拍攝，故對於選景、構圖、攝影角度、光量調節、焦距調整、深景判斷及速度進行之選擇，尚不符合最起碼之創作性，尚難稱…攝影著作；肯定說見解：…攝影著作，雖係指有原創性方符合著作權法上所稱之著作，但其所要求之原創性應僅為自己獨立之創作即可，不必要求一定之「創作高度」，故宮博物院對古物之攝影只要表達古物影像，該攝影即應受著作權法保護。

一問題，惟仍意見分歧而無具體結論，其中尚有委員提出書面表示應視所攝影者係平面或立體古物而分別認定[113]。

就上開著作權議題，智慧財產法院曾就某基金會對其耗費鉅資、倍極辛勞整理之手稿（已屬公共財者）所為之拍攝，以：「從事創作固需要付出勞力，然勞力之投注縱使龐大，倘無創意表現於其中，仍不受到著作權之保護。…因攝影著作應有思想、感情表現，倘對物品之拍攝，其目的係求物品內容之真實再現，而非照片之角度、佈局或光影之選擇與安排，屬著作權法第3條第1項第5款之單純重製行為，為不具有創作性之創作行為。」為由[114]，認定非屬攝影著作。

第八項　小結

一、就著作原創性之「創作性」要件，最高法院與智慧財產法院均有不同之認定標準（即分採德國法之個性概念、美國法之最低創作性、兼採上開二者），惟因德國法之「個性」要件，乃係依不同著作而異其創作程度要求，致有「特別個性」與「單純個性」之分，且該「特別個性」較之美國法之最低創作性，創作程度之要求實屬天壤之別，倘裁判者所採之標準不一，祇會徒生裁判歧異

---

[113] 章忠信委員意見：「一、文物保存機構就平面古物（畫作、書法…等）所為之攝影，係古物內容之單純再現，屬古物之重製行為，未具創作性，應無新產生『攝影著作』之情形。二、文物保存機構就立體古物（雕塑、鐘鼎、玉器、生活用品）所為之攝影，涉及角度、構圖、光影、焦距、深景等之選擇與判斷，屬創作性之所在，非僅係古物內容之單純再現，應有新產生『攝影著作』之情形。…」。

[114] 智慧財產法院104年度民著上更（一）字第2號民事確定判決。

之結果而已，是為免出現上情，自宜將最高法院裁判所指「須達足以表現作者之個性或獨特性之程度」，限縮為德國法所稱「單純個性」即可，而不要求須達到「特別個性」，並將最高法院裁判所指「創作至少具有少量創意，且足以表現作者之個性」中之後者，限縮為德國法之「單純個性」或等同於美國法之最低創作性，亦即將著作之創作程度要求，一律採取美國法之最低創作性或德國法小銅幣理論所指之「單純個性」，俾求一致性之判斷標準。而，自「為數不少之智慧財產法院判決係採『著作僅須具最低程度創作（或微量創作）或少量的創作星火』見解」，與「採『創作須達足以表現作者個性或獨特性之程度』見解之智慧財產法院判決，其中亦有僅要求最低程度之創作或個性表現，即如同小銅幣理論之單純個性」等情觀之，亦可見將創作性之創作程度要求改為「微量程度創作或小銅幣理論般之單純個性即已足」之認定標準，實屬正辦。

二、就攝影著作之原創性認定標準，我國實務亦如創作性認定標準般有著不同之判斷標準[115]，以致就產品等照片出現分歧之見解[116]，為解決上開問題，有學者建議參考英美之學說案例，將攝影作品依其攝影目的之不同分成三類，再就不同類別以不同之著重點來判斷是否具原創性[117]。

---

[115] 如註89-91所示之判決。

[116] 如註93-111、114所示之判決，及如註112、113所示之見解。

[117] 「對於主題創造攝影著作，原創性考量因素以著作人對於主題場景布置展現之創意，輔以攝影技巧之選擇。對於原物重現攝影著作，…原創性考量

本文認為就實體人、事、物（不含已屬公共財之文物）之靜態或動態攝影、使用科技產品但未展現特殊技術之攝影，法院兼以「攝影者於攝影過程中，有無就攝影主題、對象、角度、構圖為選擇、安排或調整」，與「攝影作品於客觀上是否可展現攝影者之思想或感情」為其判斷有無創作性之標準，而不再以被攝影之對象是否僅為實體之靜態人事物、是否係以實用目的所作成等即逕為判斷，甚且慮及現今科技進步，而認為不應再以攝影者究係使用何種等級或種類之相機或具攝影功能之智慧型手機、是否有就光圈、景深、光量、快門等攝影技巧為調整等事為判斷，又縱屬隨機拍攝，亦不應僅因攝影者之說詞即逕予認定，而應再自攝影過程及其作品所呈現者是否有顯現出攝影者內心之思想或感情等情為判斷，此等見解堪稱與時俱進而頗值認同，畢竟著作創作性之創作程度要求，以「具有微量程度之創作或小銅幣理論般之單純個性」即已足，業如上述，攝影者既已就攝影主題、對象、角度、構圖有其想法並將之表達出來，即已符合最低創作性，縱所表達之作品，係藉由科

因素以著作人對於攝影技巧之創意選擇為主。縱使攝影著作係以精確重現原物為目的，因過程中著作人必須作出大量之攝影技術選擇與判斷，此即著作人創意之表現。故不應因攝影著作係精確重現原物，一概否定其原創性。…對於瞬間捕捉攝影著作，…原創性考量因素主要以著作人對於掌握時機展現之創意，輔以攝影技巧之選擇。特別是以新聞性為目的之攝影著作，其原創性主要表現在著作人對於事件新聞性之判斷、拍攝時機之掌控、以及呈現事件角度之創意選擇上。是以，不應因欠缺攝影技巧中某一要件，即遽以否定其原創性。」，黃心怡，前揭註67，頁144。

技而無需任何攝影技巧而得者，此技巧之有無亦僅係作為判斷是否為高度或低度創作之標準而已，祇要係獨立創作即應屬本法所保護之攝影著作。

而，於智財局較有爭議者，莫過於保存歷史文物之機構對已屬公共財之文物所攝影之攝影作品，究否具原創性而屬本法之攝影著作乙節，本文認為此等以「保存歷史文物原作，並保留其最真實之樣貌使原作不致因時光流逝而無法流傳千古」為目的之機構，其委由專人攝影文物，其意必在「求真」，於此情形下，除立體文物尚有可能因光線、角度、景深之不同而容攝影者發揮其思想、創意而有不同表現，致能與「原立體文物」呈現出足夠之實質變化[118]而具原創性外，平面文物幾乎已無任何空間可讓攝影者發揮，致僅能心存「必須拍攝與原作一模一樣之攝影作品俾留存或做為數位典藏之用」想法，是攝影此等平面文物之作品，實可能會因我國法院判決[119]與美國The Bridgeman Art Library, Ltd v. Corel Corporation案[120]之影響，致被認定該攝影與「用影印機

---

[118] 「在2009年Schrock v. Learning Curve International, Inc.案中，第七巡迴上訴法院確立了兩個一般原則（general principles），亦即衍生著作的原創性並不比其他著作之原創性要求高，以及判斷關鍵在於有無足夠實質變化。…根據上述之判決，均認為對公共所有藝術品以攝影方式重製是否具有原創性，應以該照片是否和攝影標的有實質變化，也就是攝影師個人是否具有原創性而定。」，馮震宇，論文物藝術品攝影著作之保護與利用，月旦法學雜誌（No.249），2016年2月，頁81。

[119] 智慧財產法院104年度民著上更（一）字第2號民事確定判決，同註114。

[120] The Bridgeman Art Library, Ltd v. Corel Corporation,36 F.Supp. 2d 191（S.D.N.Y.1999）. 原告Bridgeman Art Library曾將著作權續期間屆滿後之名畫拍攝成幻燈片，再將幻燈片轉為數位影像，而被告所販售之CD內則

或掃描器保存原件」此等機械式之操作無異，而僅為單純複製行為，且該重製行為亦僅係Nimmer教授所稱之盲從重製（slavish copying）[121]，根本不具原創性故不受本法保護。

至於新聞紀實照片，自法院以相異之理由為認定[122]乙節觀之，即可見有標準不一之情，且較之國外類似案件，我國對此等新聞性照片之原創性要求顯屬更高[123]，是此類攝影作品，本文認為宜參考學者就瞬間拍攝攝影著作所指之原創性因素為整體判斷，亦即：以攝影作品有無展現出攝影者就事件新聞性之判斷、攝影時機之掌控、呈現事件之角度等方面之想法與創意，佐以攝影技巧為考量，而不應因欠缺某一技巧即驟予否定其原創性[124]，如此一來，非但不會因有所偏廢而異其判斷（諸如：僅因所攝影者為單純之人像即認無原創性而忽略有

含有數張原告之名畫幻燈片數位影像，原告遂起訴主張被告侵害著作權。聯邦紐約南區一審法院認為原告自己承認系爭幻燈片為名畫之單純複製，雖幻燈片之製作需要技巧與努力，但因欠缺原創性火花，而不受著作權保護，黃心怡，前揭註67，頁134-135。

[121] 「Nimmer教授認為一個畫作或文物的盲從重製，會因預先安排好的主體與角度而欠缺原創性。這是因為預先安排、設定好的程序（predetermined procedure）是一種機械式的操作。儘管此行為欠缺最低程度的創意性，但在遵守的過程中其實也是需要熟練的技術，惟此技巧並不相當於個人特質的投入，當然不會受到著作權的保護。Melvin B. Nimmer & David Nimmer, Nimmers on Copyright §22.1（1999）」，轉引自馮震宇，前揭註118，頁82。

[122] 臺灣高等法院92年度上更（一）字第96號刑事判決、臺灣臺北地方法院100年度智訴字第27號刑事判決、智慧財產法院101年度刑智上訴字第7號刑事判決、最高法院106年度台上字第775號民事判決、最高法院92年度台上字第205號刑事判決，同註107-111。

[123] 馮震宇，前揭註68，頁144。

[124] 黃心怡，前揭註67，頁144。

無展現出新聞事件之判斷、僅因攝影者係出於八卦新聞之動機即排除其原創性而忽略攝影時機之拿捏），更能給予業者可資遵循之標準，而有助於降低司法訟累[125]。

三、甫於2019年4月10日發表之史上首張超大黑洞及黑洞陰影之視覺影像，因其係以電波望遠鏡與電腦演算法所呈現者，恐已非屬本法所指「以攝影之製作方法」，且因本法所定著作之要件——須為人類之精神上創作，已致使不具人格作用而僅係純粹技術性之成果（諸如：航空照片、衛星照片），甚至微縮膠卷[126]，或以電波望遠鏡拍攝之影像此等有助於傳播知識、文化之成果，無法以攝影著作保護，惟表演、錄音物、廣播機構之廣播，此等均具有低度原創性甚或因無創作行為而不具原創性、對人類文化之散播、普及與保存有功而應鼓勵為之等特性（尤其係錄音物製作人與廣播機構更因投入龐大之人力、物力、金錢致應對其勞動成果予以保護）[127]，而同為國際上普遍承認之三種鄰接權[128]，既均由本法以「著作」保護，本法實宜將此等非以攝影之製作方法所呈現且非屬人類精神創作之視覺影像（或成果），與本應屬鄰接權之表演、錄音著作一般，均以著作保護之。

退步言，如無從以著作保護之，亦應依學者之南港版著作權法典之建議——應確立鄰接權，使無原創性但需

125 馮震宇，前揭註68，頁146。
126 謝銘洋，前揭註23。
127 謝銘洋，前揭註40，頁220、221。
128 簡啟煜，前揭註69，頁276、277。

相當技術或資金投入方能完成之照片，受到鄰接權專章之「照片及其他製版權」專節所保護[129]。再退步言，縱本法受限於台美著作權保護協定而無「鄰接權」制度[130]，惟促使人類智識文化資產更加豐厚既係本法之立法精神，至少亦應依學者之建議，參考德國著作權與鄰接權法（即：將照片分別情形，以著作權或鄰接權加以保護），將該等視覺影像或拍攝成果，與「未能達到最低創作性之攝影作品」，能如同本法就製版權以專章規定般，於本法增設對於不具創作性之「照片」專章予以保護[131]，如此方不致生此類成果因不符著作之要件而落入公共領域之憾事。

第三節　須著作完成且具有一定之外部表現形式

第一項　著作人於完成時享有著作權

按著作人於著作完成時享有著作權[132]，所謂完成，不以全部完成為要件，即使僅部分完成，祇要客觀上已有保護之價值，亦屬本法所稱之著作[133]，舉例來說，尚須修改或繼續撰寫之電腦程式[134]、只完成部分章節之文章、為構圖而於畫

---

[129] 劉孔中，前揭註24，頁36、43。
[130] 蕭雄淋，著作權法論，8版3刷，五南，2019年2月，頁108。
[131] 謝銘洋，前揭註23。
[132] 本法第10條本文。
[133] 林洲富，保護著作人格權之姓名表示權——評最高法院106年度台上字第54號民事判決，月旦裁判時報（No.74），2018年8月，頁54。另，智慧財產法院107年度刑智上訴字第17號刑事判決亦同此意旨。
[134] 臺灣高等法院91年度上訴字第1610號刑事判決。

布（紙）上打底、工程設計圖之草圖、樂曲創作之旋律、演講之草稿，雖未全部完成，或尚未達到完美之程度，惟如已足以表現出一定創作內容之表現形式，並符合其他創作之要件，自仍屬本法所保護之著作[135]，畢竟對著作人而言，在創作之每一刻均有精神之投入而非僅在著作完成時之瞬間方有之，且歷史上許多偉大之創作，更因著作人都希望能再更好些，故而在其心中均認為著作尚未完成[136]。

第二項　構想與表達二分理論

按「依本法取得之著作權，其保護僅及於該著作之表達，而不及於其所表達之思想、程序、製程、系統、操作方法、概念、原理、發現。」[137]此即「構想與表達二分理論」（或稱「思想與表達區分原則」），此原則乃源於美國19世紀之法院判例[138]，而於1976年明文化[139]，在英國、美國、德國法上亦已係著作權法制所共認之基本原則[140]，尤其係世界貿易組織協定（WTO Agreement）之「與貿易有關之智慧財產權協定（Agreement on Trade-Related Aspects of Intellectual Property

---

[135] 謝銘洋，前揭註40，頁101。
[136] 楊智傑，美國著作權法——理論與重要判決，元照，2018年5月，頁20。
[137] 本法第10條之1。
[138] 陳銘祥、吳尚昆、陳昭華、張凱娜，智慧財產權與法律，5版第1刷，元照，2019年9月，頁268。
[139] 17 U.S.C. § 102 (b)：" In no case does copyright protection for an original work of authorship extend to any idea, procedure, process, system, method of operation, concept, principle, or discovery, regardless of the form in which it is described, explained, illustrated, or embodied in such work."，沈宗倫，著作權法之基本用語與法律體系概述，月旦法學教室第一五〇期，2015年4月，頁76。
[140] 許忠信，前揭註71，頁58。

Rights（1994））」（以下簡稱TRIPS）更已揭櫫於第9條第2項[141]。正因本法所定「著作」之範圍及本法保護之對象，為著作之「表達」，而非其所表達之「思想、程序、製程、系統、操作方法、概念、原理、發現」[142]，是若就著作之完成過程只有思想、觀念、意見之提供或討論，而未實際參與著作之表達內容[143]，即因該思想、觀念、意見僅為構想或概念，並非表達，自不受本法之保護，若僅為製程或操作方法[144]者，亦同。此外，創作內容必須已形諸外部，具備一定外部表現形式[145]，方合保護要件[146]，惟其表現形式，是否需藉著有形或無形之媒介（例如：文字、語言與聲音等）或載體（例如：紙本、電腦、電視、行動裝置等）、是否應「固著」[147]

---

[141] 「其原文為：Copyright protection shall extend to expressions and not to ideas, procedures, methods of operation or mathematical concepts as such.（著作權保護，僅及於該著作之表達，而不及於思想、程序、製造方法或數學原理等）」，熊誦梅，從藥品仿單談著作權之保護界線及行政法對民刑法之規範效應——評學名藥藥品仿單之相關法院裁判及檢察實務，當公法遇上私法II——雲端上之智慧財產權，元照，2018年11月，頁59。

[142] 最高法院92年度台上字第1350號刑事判決。

[143] 智慧財產法院104年度民著上字第5號刑事判決、105年度民著上易字第7號民事判決、105年度刑智上訴字第37號刑事判決。

[144] 「由於食譜所載之烹飪作法是一種『製程』或『操作方法』，而著作權之保護僅及於表達，不及於此種『製程』或『操作方法』，所以單純記錄菜餚之烹飪作法是不受著作權法保護。」，林利芝，玉笛誰家聽落梅——評高等法院「九十二年度上易字第三九九號判決」，月旦法學雜誌（No.178），2010年3月，頁198。

[145] 臺灣高等法院94年度智上字第53號民事判決。

[146] 智慧財產法院102年度民著上字第10號民事判決。

[147] 「關於著作之保護，美國著作權法相較於歐陸法系，特別增列獨特的保護要件『固著性』（fixation）。亦即著作須穩定且非暫時地依附在具體媒介上，可供人類感知、複製或傳達的狀態，使得受到著作權之保護。歐陸法系似無此等的規範要求。」，沈宗倫，前揭註139，頁71。

在有體物上[148]、究係以人類感官直接或間接方式感受得知[149]、所表達之結果是否能長時間留存[150]，均非所問，而均屬本法所指一定之表現形式[151]，如具原創性，仍應具著作權保護之適格[152]。且，縱著作所憑藉之媒介因科技進步而有不同面貌，致存在於未來新興之媒介，甚至未來新興媒介另有轉移或改變，亦均不影響其著作權，此乃「科技中立原則」之使然[153]。

　　構想與表達二分理論，係本法最重要之法理，蓋該二分理論可用以：一、區別著作權與其他智慧財產權之保護標的：本法僅保護表達而不保護著作內所蘊含之構想，故而，無獨占性或排他性之構想或觀念，任何人均可自由利用，但構想與觀念則受到專利法及營業祕密法保護[154]；二、決定著

---

[148] 本法未如英美法系國家，著作須固定於有形之媒體，方受保護，例如美國著作權法第102條（a）項，蕭雄淋，前揭註130，頁90。

[149] 能經由人類以視覺、聽覺或觸覺直接感受得知者，例如舞蹈、美術、音樂作品、演講等；尚須藉由機器設備所產生之一定效果，方能使人類間接感受得知者，例如數位相機內之照片、儲存於雲端或電腦儲存媒體之文章、錄音、錄影等。

[150] 例如：沙畫、冰雕、未存檔之電腦繪圖等。

[151] 謝銘洋，前揭註40，頁100、101。

[152] 最高法院98年度台上字第868號民事判決。

[153] 智慧財產法院98年度民著訴字第2號民事判決：「…著作權於網路世界中仍受同等保護。蓋著作之表達，通常附著於一定之媒介或載體，以供他人知覺著作之存在及其內容。無論著作附著於何種媒介，著作權人均享有同等之著作權保護，其標的物包含書籍、期刊、磁碟片…電子儲存媒體…等實體物。而媒介，除指實體儲存媒介外，尚包括溝通或娛樂系統（如廣播）、表達模式，此即『媒介中立原則』之概念。隨著科技之發展，著作所附著之媒介亦隨著科技而有不同之面貌，於此意涵下，媒介中立原則可廣泛地解釋成『科技中立原則』。準此，原告所取得之著作權自應存在於各種現存及未來新興之媒介，而於照片、書籍、網路網頁、甚至未來新式媒介之轉移或改變，均不影響其著作權。」；林洲富，前揭註43，頁27-28。

[154] 智慧財產法院99年度民著訴字第36號民事判決。

作之可著作性：以我國學名藥[155]藥品仿單[156]為例，有認為因我國藥事法等規定[157]，已使製作或據實翻譯之學名藥仿單，僅能依原藥廠藥品之公開資訊製作或翻譯，亦即學名藥廠表達思想之方式僅有一種或非常有限，而原藥廠仿單所呈現者既為知識性之概念，則該概念已與仿單上之表達不可分辨而有「思想與表達合併」之情，該仿單自不具可著作性[158]，有認為藥品仿單固係彙整研發過程中所有試驗之結果，依藥品性質所撰擬之相關藥品資訊，惟仍可選擇不同之表達方式描述該藥品資訊，自無「藥品知識概念已與仿單之表達不可分辨亦不可分離」之情[159]；三、作為判斷著作有無被抄襲之標準：倘剽竊部分為原著作之表達，且已達實質近似，即構成著作權侵權；反之，若僅利用原著作中所蘊含之構想，則不構成著作權之侵害[160]。且，此二分理論，非但為美國著作權保護適格之概念，更係著作權侵權訴訟之被告用以抗辯著作權人之重要抗辯原則——即「權利排除抗辯」原則，一為「構想表達合併原則」（the merger doctrine），另一為「場景原則」（scenes a faire）[161]。

---

[155] 「學名藥係指原廠藥的專利權期間屆滿後，其他藥廠依原廠藥申請專利時所公開之資訊，產製主成分相同的藥品。」，熊誦梅，前揭註141，頁43。

[156] 「所謂仿單，依據藥事法第26條之規定，係指藥品附加之說明書，其基本記載為研發過程中所有試驗之綜合結果。」，熊誦梅，前揭註141，頁44。

[157] 藥品查驗登記審查準則第20條第1項第3、7、8款、藥事法第39條第1項、第75條等規定。

[158] 熊誦梅，前揭註141，頁59-63。

[159] 智慧財產法院97年度民專上字第20號民事判決。

[160] 智慧財產法院99年度民著訴字第36號民事判決。

[161] 沈宗倫，前揭註139，頁72；沈宗倫，前揭註63，頁186。

所謂「構想與表達合併原則」，係指構想與表達不可分辨或分離；或思想或概念僅有一種或有限之表達方式，此時因其他著作人無他種方式，或僅能以極其有限之方式表達該思想，倘本法限制使用如此有限之表達方式，將使該思想或概念為原著作人所壟斷，不僅影響人類文化、藝術之發展，更會致使憲法所賦予人民之言論、講學、著作及出版自由等基本人權受到侵害，準此，該有限之表達即因與思想、概念合併，而非屬本法之標的，自不受本法保護[162]。我國實務上即曾以玫瑰花之表達方式本屬有限，認定告訴人「玫瑰天使」圖樣之美術作品，僅係就吾人所共知之實物為單純描繪，而與真實之玫瑰花形狀無異，自非本法保護之對象[163]，然仍有為數不少之被告雖以拍攝水蘊草之照片[164]、四物飲品

---

[162] 最高法院103年度台上字第1544號民事判決、99年度台上字第2314號民事判決、104年度台上字第1251號民事判決、智慧財產法院100年度民著訴字第42號民事判決、102年度民著上字第20號民事判決。

[163] 臺灣高等法院87年度上訴字第3249號刑事判決：「按著作權法所保護者係作品之表現形式，而所謂『表現形式』即作品內構想（idea）與事實（fact）、所用之語言（language）、開發（development）、處理（treatment）、安排（arrangement）及其順序（sequence），構想與事實本身則非著作權法保護之對象，故對某種吾人所共知之實物所為之單純描繪，因其表達方式有限，應認不具有原創性，亦不受著作權法保護。……告訴人所登記之『玫瑰天使』原件圖樣…係由一朵玫瑰花與小天使所構成，該小天使圖案於一般漫畫書中俯拾皆是，而玫瑰花圖案亦與真實之玫瑰花形狀無異，以該二圖案結合為一圖樣亦難認有何足以表達作者之個性與獨特性可言，且玫瑰花之表達方式本屬有限，苟若認前開圖樣應予著作權法之保護，則嗣後所有繪製玫瑰花之圖案均將侵害告訴人之著作權，其不合理之處可見一斑，益徵前開美術著作內容並非著作權法保護之對象灼然至明。」

[164] 智慧財產法院104年度刑智上易字第48號刑事判決。本案被告重製告訴人之水蘊草照片，經法院參酌告訴人於網路上搜尋之水蘊草圖片，已各有不同之表現方式，而認定同樣拍攝水蘊草之照片，仍可能有不同之表達方式，並非侷限於固定之表達方式。

之包裝[165]、用鋁合金材質重製之貓形飾品[166]、印刷數位貼紙注意事項之文件[167]，均有此原則之適用而為抗辯，惟均經法院比對其他類似之著作，認定該等作品尚有不同之表達方式而非僅有一種，自無此原則之適用而已構成著作權之侵害。

所謂「場景原則」（或稱必要場景原則），係指某主題之處理所不可避免之事件、角色或場景布置即使類似，亦僅屬構想相似，不構成表達形式之近似[168]。以美國Incredible

---

[165] 智慧財產法院101年度民公上字第6號民事判決。法院認定本案被告明知四物飲品包裝之表達方式具有多樣性，且其實際上亦採用不同之設計，當然無「思想與表達合併」之適用。

[166] 智慧財產法院105年度刑智上訴字第37號刑事判決。本案被告將告訴人之木製貓形飾品，改以鋁合金材質重製，並辯稱使用小貓外表輪廓線條之創作，為普通使用之創作元素，並不具獨特性，惟經法院以貓本來就是存在於自然界之物，但不因此禁止人們以貓作為創作題材，以被告所舉之折紙貓、HELLO KITTY與系爭作品相較，明顯可見其外觀形體之整體感覺均有所不同，正好可證明將自然界存在之貓形體轉以意象化之呈現時，可有多種不同之表達方式，根本不存在被告所稱「思想與表達合併」的問題，保護其著作權，也不會侵害公共利益等語認定在案。

[167] 智慧財產法院108年度民著訴字第58號民事判決。本件被告辯稱原告之數位貼紙製稿、送稿注意事項等文件，有「觀念與表達合併原則」及「必要場景原則」之適用故非屬本法保護之語文著作，惟法院認為每一印刷業者之報價程序、查價流程、價格內含項目等，不僅會因不同之商業規劃而異其程序及項目內容，尚有眾多文字排列、敘述方式得以採用，是其表達自應各異，且該等事項之表達，亦未見有何不可避免地必須使用某些事件、角色、布局或布景，此由原告提出之其他數家印刷業者有關數位貼紙之完稿說明、完稿注意事項均有一定差異之記載內容即可知。

[168] 許忠信，前揭註71，頁59。另，智慧財產法院102年度民著上字第20號民事判決有就電腦程式著作為闡釋：「所謂必要場景原則（scenes a faire），係指在處理特定主題之時，不可或缺或不可避免使用必要特定之事件、角色、布局或場景等處理方式，而該等不可或缺或不可避免之處理方式，不能取得著作權保護，否則將造成處理特定主題之第一人獨占必要之處理方式。對於電腦程式著作而言，電腦程式設計師於進行程式之開發與撰寫時，其程式設計方式可能受到特定電腦機器規格、電腦程式結合之相容性或一般撰寫程式慣例等外在因素侷限，導致將不可或缺或不可避免使用必要特定之程式設計方式。」

Techs. v. Virtual Techs.案[169]、Tetris Holding v. Xio Interactive案[170]為例，前一案之法院認為兩造遊戲之畫面很接近，乃因兩造均想模仿真實之高爾夫球場擊球動作，並呈現類似比賽轉播之畫面，是被告之遊戲軟體使用不可避免之真實場景，應有此原則之適用；後一案之法院認為原告之遊戲軟體，非屬仿真遊戲，而係人為創造之益智遊戲，並無所謂之固定內涵或形象，故其他之益智遊戲並無此原則之適用。再以我國之「同為三國歷史戰爭主題之語文著作」、「玩法（或規則）之矩陣圖及使用者界面、外觀類似之遊戲」案為例，前一案之法院認為被控著作之敘述過程及配置，因實際上不可避免需使用當時事件、角色、布局或布景，且描述對象均為三國史料，故描述字眼之選擇已受到歷史背景之限制，縱小部分用語相同，

---

[169] Incredible Techs., Inc. v. Virtual Techs., Inc.,400 F.3d 1007 （7th Cir.2005）.本件原告及被告之遊戲軟體均屬欲模仿真實之高爾夫球場擊球動作，並呈現類似比賽轉播畫面之遊戲，以致兩者之遊戲畫面很接近。第七巡迴上訴法院認為兩造遊戲之畫面很接近，乃係因兩造都想模仿真實之場景，故基於必要場景原則，原告遊戲之畫面並不受著作權之保護，楊智傑，前揭註136，頁48-49。

[170] Tetris Holding, LLC v. Xio Interactive, Inc.,863 F. Supp.2d 394 （D.N.J.2012）.本件被告為開發Mino遊戲軟體，曾自iPhone（Apple手機）中之APP Store下載原告所開發之「俄羅斯方塊」（Tetris）遊戲軟體，但被告辯稱其並未複製任何受著作權保護之元素，而僅複製原告遊戲中之「規則（rule）」、「功能（function）」及「為達到該規則與功能所必要之表達（expression）」此等不受著作權法保護之元素，故而依「必要場景原則」及「構想與表達合併原則」，原告遊戲當中之「與該遊戲規則、功能不可分離之表達」，應不受著作權保護。紐澤西聯邦地區法院法官Freda L. Wolfson認為原告之「俄羅斯方塊遊戲」並非屬於欲模仿真實世界之遊戲，而係一純粹人為創造出來之益智遊戲，並無所謂之固定內涵或形象，故其他之益智遊戲尚非必須採取「俄羅斯方塊遊戲」中之哪些內涵或形象，自無「必要場景原則」之適用，且為達到該遊戲規則、功能之表達方式，並非只有唯一一種或有限之表達方式，被告其實仍可選擇非常多不同之表達方式，故亦無「構想與表達合併原則」之適用，楊智傑，前揭註136，頁43-54。

依此原則，該部分之表達不受本法保護[171]；後一案之法院認為兩遊戲皆為模擬實體賭場之「吃角子老虎遊戲機台」，故兩遊戲使用者介面之矩形陣各輪呈現與實體遊戲機台相同之轉動、自動停止轉動等表達方式，縱被控著作該部分「表達」與原告著作相同，亦不構成電腦程式著作之侵害[172]。

第四節　須屬於文學、科學、藝術 或其他學術範圍之創作

由於本法第3條第1項第1款規定，著作指屬於文學、科學、藝術或其他學術範圍之創作，故學者有謂必須係屬於此等領域方面之創作方受本法之保護，倘非此等領域之著作，而屬於技術領域之著作，則非屬本法所規範之客體，而應屬專利法之範疇[173]，準此，舉凡語文、音樂、戲劇、舞蹈、美術、攝影、圖形、視聽、錄音、建築、電腦程式等著作，即均屬本法所指「文學、科學、藝術或其他學術範圍」之著作[174]，

---

[171] 智慧財產法院103年度民著訴字第5號民事判決亦有就原告所主張之類似處以：「兩著作主題係分別對相同背景之三國歷史做不同形式之描述方式，其中多處人名、地理名、時間名、狀態等相同為必然，因三國背景史料係有限的表達本身，由任何人完成，均會有相同之呈現，使在表達方式有限情況下，即敘述三國歷史有限之表達因與思想合併，已非著作權保護之標的，依『觀念與表達合併原則』，已不具著作權法所要保護的創作性，惟除前揭三國背景史料外，兩著作其餘用語、文字舖陳則全然不同，難認表達有何實質類似之處。」為由認定在案。臺灣高等法院104年度上字第103號民事判決亦同此意旨。

[172] 智慧財產法院106年度民著訴字第5號民事判決另有就原告之「遊戲玩法」或「遊戲規則」之「矩陣圖」，認定無原創性，非為本法所保護之圖形著作。

[173] 謝銘洋，前揭註40，頁95。

[174] 本法第5條第1項。

惟有學者認為此款所規定之「文學、科學及藝術」其範圍並不精確，蓋「文學、科學及藝術」之概念，僅呈現約略的著作權保護範圍，該概念主要係用以與技術領域（如專利權）做區別而已，故其實際上之概念，仍須透過著作類別來加以闡釋，而以廣義之解釋來認定是否可歸屬於「文學、科學及藝術」範圍內，使該等創作亦能受到本法保護[175]，而此一見解亦經另名學者所採並認本款之理解，應側重於作品創作性之有無，而非拘泥於「文學、藝術、學術」等文義上之解釋，如此方能保護確能促進文化發展之創作[176]。

茲以智財局函釋為例，具有「原創性」（或稱「原始性」，係指非抄襲他人之獨立創作）及「創作性」（係指具有最起碼創意高度）之創作，諸如小說作品即屬文學著作[177]、明星照或劇照即屬攝影著作[178]、貼圖、卡通人物公仔、手工皂模具之圖案、於設計束帶上所繪之圖樣、紙箱設計圖之美術設計圖案等均屬美術著作[179]、口罩暫存夾之設計圖即屬圖形著作[180]、拍攝口罩暫存夾之影片即屬視聽著作[181]、手作包包之設計圖可能屬於圖形著作或美術著作[182]，惟倘係「僅

[175] 許忠信，前揭註72，頁173。
[176] 簡啟煜，前揭註69，頁49。
[177] 經濟部智慧財產局2019年3月11日電子郵件字第1080311號函。
[178] 經濟部智慧財產局2018年5月9日電子郵件字第1070509號函。
[179] 經濟部智慧財產局2018年10月31日電子郵件字第1071031號函2019年6月10日電子郵件字第1080610b號函、2019年2月20日電子郵件字第1080220號函、2019年12月23日電子郵件字第1081223號函、2020年4月7日經濟部智慧財產局著字第10900017960號函。
[180] 經濟部智慧財產局2020年3月27日電子郵件字第1090327b號函。
[181] 經濟部智慧財產局2020年3月27日電子郵件字第1090327b號函。
[182] 經濟部智慧財產局2020年2月3日電子郵件字第1090203號函。

具實用性之物品，或以模具製作或機械製造可多量生產之『工業產品』」，則因不符合上述「原始性」及「創作性」之要件，而非屬受本法保護之標的，諸如：夾娃娃機屋頂造型[183]、行李束帶[184]、具「囍字」把手之杯具[185]、犬用胸背帶[186]、口罩暫存夾[187]、紙箱本身[188]，同樣地，自行打版之手作包包若僅係實用性物品，或為上述之「工業產品」，其「款式」並不受本法保護[189]、手工皂模具如不具美術技巧之表現（如圖案等）或僅為上述之「工業產品」，則不屬美術著作[190]。又，一般而言，料理雖非本款所指「文學、科學、藝術或其他學術範圍之創作」，惟個別之食譜則可能屬於語文著作，且彙集個別食譜之食譜書，更可能係屬於編輯著作中之語文著作[191]。

第五節　須非屬著作權法第9條各款不得為著作之標的

　　基於公共利益及交易成本考量，倘就如后標的賦予著作權保護，將使公共使用之成本增加，而不利於學習及文化傳

---

[183] 經濟部智慧財產局2018年4月20日電子郵件字第1070420b號函。
[184] 經濟部智慧財產局2019年12月23日電子郵件字第1081223號函。
[185] 經濟部智慧財產局2018年6月20日電子郵件字第1070620號函。
[186] 經濟部智慧財產局2018年7月20日電子郵件字第1070720號函。
[187] 經濟部智慧財產局2020年3月27日電子郵件字第1090327b號函。
[188] 經濟部智慧財產局2020年4月7日經濟部智慧財產局智著字第10900017960號函。
[189] 經濟部智慧財產局2020年2月3日電子郵件字第1090203號函。
[190] 經濟部智慧財產局2019年2月20日電子郵件字第1080220號函。
[191] 林利芝，前揭註144，頁187。

播[192]，是本法乃將該等標的訂定於第9條[193]，俾供遵循：

一、憲法、法律、命令或公文，公文包括公務員於職務上草擬之文告、講稿、新聞稿及其他文書：

本款包含外國之憲法、法律、命令、公文[194]。而公文之範圍，涵蓋公務員於職務上正式或草擬之令、呈、咨、函、公告、講稿、新聞稿及其他文書[195]，諸如：法院判決、行政機關之行政處分等。

二、中央或地方機關就前款著作作成之翻譯物或編輯物：

本款之機關，包含本國與外國機關[196]。本款之所以如此規定，乃係因前款之著作均攸關全民之權益，如仍將該等著作之改作權（涉及翻譯）或編輯權由著作人專有[197]，於未經著作權人同意或授權之情形下，大眾根本無從使用，此應非本法所樂見。另因本款所規範者為中央或地方機關就前款著作作成之翻譯物或編輯物，故而倘作成該等翻譯物或編輯物之人，為中央或地方機關以外之自然人或法人，即非屬本款所規範之標的。

---

[192] 陳銘祥等人，前揭註138，頁256。

[193] 本法第9條：「下列各款不得為著作權之標的：一、憲法、法律、命令或公文。二、中央或地方機關就前款著作作成之翻譯物或編輯物。三、標語及通用之符號、名詞、公式、數表、表格、簿冊或時曆。四、單純為傳達事實之新聞報導所作成之語文著作。五、依法令舉行之各類考試試題及其備用試題。前項第一款所稱公文，包括公務員於職務上草擬之文告、講稿、新聞稿及其他文書。」。

[194] 經濟部智慧財產局2009年6月8日智著字第09800044630號函、2009年11月13日電子郵件字第981113a號函。

[195] 公文程式條例第2條。

[196] 林洲富，前揭註43，頁30。

[197] 請參見本法第28條。

三、標語及通用之符號、名詞、公式、數表、表格、簿冊或時曆：

由於本款所指之標語、通用之符號等，或未具備本法所指之原創性，或未達到著作所須之最低創作性，故均不得為著作權之標的，諸如：廣告中所用之廣告詞「一定買得起」，即屬於標語型態，而非本法所保護之語文著作[198]、電影台詞如欠缺原創性或僅屬標語，亦非本法所保護之標的[199]、「辣子雞丁」等大眾耳熟能詳之菜餚名稱，乃通用名詞[200]、在電腦程式著作中使用特殊之名詞、標語或通用符號等表達方式，依名詞與標語不受保護原則，亦無法受到本法保護[201]。然仍應注意者乃簡短之標語或名詞雖不得為本法保護之標的，倘該名稱、名字已運用美術技巧表達線條、明暗或色彩，屬具有美感特徵及思想感情之創作，則仍可能為美術著作[202]。至於本款所謂之「時曆」，包含黃曆，惟是否包含農民曆，學者尚有爭議，有採肯定說[203]者，亦有謂須依個案個別認定[204]者。

四、單純為傳達事實之新聞報導所作成之語文著作：

由於本款所規定之新聞報導，係基於迅速散布之考量，且因係就日常生活事故（諸如：地震、颱風等）所為之報

---

[198] 智慧財產法院102年度民著訴字第68號民事判決。
[199] 經濟部智慧財產局2018年5月9日電子郵件字第1070509號函。
[200] 林利芝，前揭註144，頁188。
[201] 智慧財產法院102年度民著上字第20號民事判決。
[202] 經濟部智慧財產局2018年10月15日電子郵件字第1071015b號函。
[203] 林洲富，前揭註43，頁31。
[204] 簡啟煜，前揭註69，頁76。

導，故非本法所保護之標的，另因本款僅適用於「單純為傳達事實之新聞報導」，是倘報導中參雜報導者個人之意見、想法或評論，該等意見仍受本法之保護[205]。又，本款適用之範圍僅限於單純為傳達事實之新聞報導所作成之「語文著作」，而不包含該報導所引用之圖片、照片或視聽影像，故應得著作權人之同意或授權，方能重製該等圖（照）片或視聽影像。

應與本款區別者，乃規定於本法「著作財產權之限制」章節中之第61條[206]「網路時事新聞轉載之合理使用規定」，第61條雖亦僅限於「論述」而不包含圖（照）片或視聽影像，惟因該論述乃具有原創性而仍為本法所保護之著作，準此，除合於該規定所定之合理使用情形，並依本法第64條註明出處外，均不得逕予轉載，否則即屬侵害著作權之行為。承上所述，第61條仍限於「語文著作」方可適用，惟近期之修正草案修正條文第61條[207]則將適用範圍修正為文字（不含期刊之學術論文）、圖片或視聽影像及其所附帶利用之著作，且不再限於以公開播送或公開傳輸之方式為利用，

---

[205] 簡啟煜，前揭註69，頁76、77。

[206] 本法第61條：「揭載於新聞紙、雜誌或網路上有關政治、經濟或社會上時事問題之論述，得由其他新聞紙、雜誌轉載或由廣播或電視公開播送，或於網路上公開傳輸。但經註明不許轉載、公開播送或公開傳輸者，不在此限。」。

[207] 經濟部2020年1月30日公告之「著作權法」部分條文修正草案修正條文第61條：「於新聞紙、雜誌或網路上評論有關政治、經濟或社會上時事問題之文字、圖片或視聽影像及其所附帶利用之著作，除經註明不許利用者外，得以下列方式利用之：一、由其他新聞紙、雜誌轉載或散布。二、公開播送、公開傳輸或再公開傳達。前項規定之利用方式，於期刊之學術論文，不適用之。依第一項規定利用他人著作者，得翻譯該著作。」。2020年5月8日立法院第10屆第1會期第12次會議議案關係文書「著作權法部分條文修正草案」亦同。

而得以「再公開傳達」[208]之方式為之，而有擴張適用範圍之情。

五、依法令舉行之各類考試試題及其備用試題：

由於本款所指之考試試題及其備用試題，對應試者均有使用之必要性，故規定該等考題非本法所保護之標的。本款所稱「依法令舉行之各類考試」，係指依本國法令舉行者，外國法令並未包括在內，故舉凡高普考、各級學校全年級一致舉行之期中、期末考、國民中、小學依「國民中小學學生成績評量準則」實施之評量所使用之試題及各公私立高中舉行之模擬考、複習考、隨堂測驗等[209]，或係依「職業訓練法」及「技術士技能檢定及發證辦法」規定所舉行之各職類、各級別技術士技能檢定之檢定測驗試題[210]，均不得作為著作權之標的，惟考試試題之答案並不屬於本款規範之內容。至於托福考試，因非屬依本國法令舉行之考試，故不在本款規定之範圍內。

再者，不論著作究係經授權、合理使用或遭侵權，致成為本款之試題，該著作本身仍屬本法保護之標的，只有在成為本款所規定之試題整體呈現時，始非本法保護之標的，故「各級學校舉行…期末考等試題，雖屬…『依法令舉行之各類考試試題』，而不得為著作權之標的（即一般人皆可利用

---

[208] 同前註之修正草案修正條文第3條第10款：「再公開傳達：指將公開播送或公開傳輸之著作內容，同時以螢幕、擴音器或其他機械設備再向公眾傳達。」。

[209] 內政部2000年5月15日（八九）智著字第89004016號函、經濟部智慧財產局2006年10月20日電子郵件字第951020d號函、2007年1月9日電子郵件字第960109a號函。

[210] 內政部1998年5月16日台（87）內著會發字第8704628號函。

之）。惟該等試題所使用其他出版社或教科書業者已公開發表之『著作』，並不因著作內容被利用成為『依法令舉行之各類考試試題』，而喪失該著作本身之著作財產權，亦即一般人如非直接利用各校考試試題之整體內容，而係另有利用該著作內容本身之行為時，仍應取得該著作之著作財產權人的同意或授權。」[211]。

[211] 經濟部智慧財產局2004年9月29日電子郵件字第930929號函。

第三章
著作權合理使用概述

第一節　合理使用之緣起

　　著作權法之立法意旨，除為保障作者之創作、使著作權人獲取經濟利益俾提升創作誘因，尚以促進文化發展、確保社會大眾得以接觸人類智慧之成果等公共利益為其目的，職是，當維護某種利用行為可帶來之公共利益（如資訊傳播所帶來之公共利益），更甚於著作財產權之保護時，為增進社會整體之福祉，立法者即令著作財產權適度退讓，使該利用行為不致構成著作權之侵權，俾平衡著作財產權人之經濟利益與公眾之公共利益，此即為著作財產權之例外或限制[212]。由於著作權有於國際間普及與保護之必要，是為使各國能有共同之著作權規則得以遵守，各國遂締結不少有關著作權保護之國際著作權公約，其中最早之公約即係在瑞士伯恩簽訂之伯恩公約[213]，該公約內容乃確立各會

---

[212] 沈宗倫，前揭註139，頁75。

[213] 「全名為"Berne Convention foe the Protection of Literary and Artistic Works"，制定於1886年，歷經多次更正（Revision），目前最新的版本為1971年在法國巴黎所訂定的版本（the Paris Act），此一版本於1979年7月24日完成修訂

員國對著作權保護之最低要求標準[214]，其中之最低標準，猶如伯恩公約1971年巴黎修正案第9條第2項[215]已就「重製權」之例外或限制，立下「三步驟之檢驗（Three-Step Test）」（或稱三步測試原則），即「一、限於特殊情形（in certain special cases）；二、不違反著作或其他標的之正常利用（do not conflict with a normal exploitation of the work or other subject-matter）；三、不至於不合理損害權利人之合法權益（do not unreasonably prejudice the legitimate interests of the rightholder）」[216]，嗣後TRIPS第13條[217]則將此檢驗擴張適用於所有著作財產權之例外與限制[218]，因我國為WTO會員國，依TRIPS規定，WTO會員國應遵守伯恩公約（1971年版）第1條至第21條及附錄之規定，故我國亦為該公約效力所及，而須遵守上開三步測試原則[219]。再者，因三步測試原

（Amendment）。」，沈宗倫，前揭註139，頁68。

[214] 蕭雄淋，前揭註130，頁33；簡啟煜，前揭註69，頁14。

[215] 伯恩公約第9條第2項：「准許重製他人著作之某些特殊情形，由各聯盟國以國內法定之，但不得違反著作正常利用，並不得有不合理損害著作權人合法利益情事。」，謝銘洋，前揭註40，頁250。

[216] 章忠信，英國著作權法最新修法趨勢與觀察，智慧財產權月刊VOL.197，2015年5月，頁13。

[217] 「與『貿易相關之智慧財產協定』（TRIPS）第13條規定："Members shall confine limitations or exceptions to exclusive rights to certain special cases which do not conflict with a normal exploitation of the work and do not unreasonably prejudice the legitimate interests of the right holder"。（會員國應將著作權的例外或限制規定，限定適用於個案，並避免與原著作正常利用發生衝突，以及過度影響著作人之合法利益。）。」，沈宗倫，前揭註139，頁75。

[218] 郭雨嵐、顏于嘉，數位化時代對著作權法合理使用之挑戰——試從美國與歐陸個案觀察我國著作權法之因應方向，萬國法律（No.177），2011年6月，頁53。

[219] 簡啟煜，前揭註69，頁15、343。

則乃國際公約所共認[220]之準則，此一上位規範當然值得作為我國法院於解釋適用本法第44條以下有關著作財產權之限制時之參考[221]。

因上開國際公約之規定乃原則性規定，是各國依該等公約「例外或限制」之上位規範，制定其內國法時，即得依其社會、經濟、文化等不同國情為公益性考量，而於該等公約所准許之範圍內，制定廣狹不同之內國法[222]，準此，各國即呈現三種立法模式，即一、以法定例外或限制（statutory limitation or exceptions）為中心：祇要該當此等法定例外或限制之事由，即可直接排除著作權侵害之可能，歐盟2001年「資訊社會著作權及相關權利特定方面之調和指令」[223]第5條即採此模式；二、以「合理使用」（fair use）為上位衡量標準：祇要相關事由一經認定為合理使用，即得令構成合理使用之事由，不構成著作權之侵害，此模式為「業已以美國判例法發展出合理使用概念」之美國所採[224]；三、「法定授權」（statutory

---

[220] 「三步驟之檢驗」，除業經伯恩公約、TRIPS確立，亦為世界智慧財產權組織（World Intellectual Property Organization, WIPO）於1996年通過之「世界智慧財產權組織著作權條約（The WIPO Copyright Treaty, 簡稱WCT）」及「世界智慧財產權組織表演及錄音物條約（The WIPO Performances and Phonograms Treaty, 簡稱WPPT）」所採，章忠信，前揭註216，頁7、25。

[221] 謝銘洋，前揭註40，頁250。

[222] 許忠信，論著作財產權合理使用之審酌因素——最高法院九十六年度台上字第三六八五號刑事判決評析，月旦法學雜誌（No.188），2011年1月，頁183。

[223] 歐盟2001年「資訊社會著作權及相關權利特定方面之調和指令」（「EC Directive 2001/29 on the harmonization of certain aspects of copyright and related rights in the information society」），章忠信，前揭註216，頁6。

[224] 「習慣法國家如美國與英國，係由判決先例所發展累積出習慣法則，而合理使用原則亦係在美國著作權法實務上以判例形成的，最早出現有關合理使用概念的判例是1841年Folsom v. Marsh案，美國國會是在1976年修正著作

licensing）或「強制授權」（compulsory licensing）：即著作權法允許利用人對於特定之侵權事由，依法律所規範之對價，於事前或事後負擔該對價，俾正當化其侵權行為，此模式亦為美國著作權法第111、114、118、119條所採。而，此三種模式未必為互斥關係，有時亦共存於同一立法體系[225]。

為一窺美國法院何以能基於衡平原則發展出合理使用概念，其實自美國聯邦最高法院大法官Joseph Story[226]於1841年Folsom v. Marsh[227]（以下簡稱Folsom案）案中之名言：「為決定被告使用原告著作中之材料是否為正當的，必須要看選

權法時，明文於美國著作權法第107條。」，盧文祥，智慧財產權不確定法律概念的剖析研究——以專利進步性、商標混淆誤認及著作權合理使用為主之論述，瑞興，2006年2月，頁185-186。

[225] 沈宗倫，前揭註139，頁76。

[226] 「Folsom案為Story大法官以巡迴法院法官身分作成，因此為巡迴法院判決，並非為最高法院之判決。JOYCE ET AL., at 841（"the [fair use] doctrine's very beginnings in Folsom v. Marsh, the 1841 Circuit Court decision by Justice Story"）; 4 PATRY, § 10:2（"U.S. Supreme Court Justice Joseph Story, sitting as a circuit justice in Folsom v. Marsh"）」，王敏銓，美國法的合理使用，收錄於黃銘傑主編，著作權合理使用規範之現在與未來，元照，2011年9月，頁117。

[227] Folsom v. Marsh, 9 F. Cas. 342（C. C. D. Mass. 1841）.本案原告Folsom為出版商，其專有發行喬治·華盛頓總統（George Washington,1932-1977）傳記資料之權利，為此，遂將華盛頓總統之部分已公開官方文件與私人信件資料予以編纂，並加上註釋、圖片及自己撰寫之內容，出版了一部12冊約7,000頁之「華盛頓傳記——華盛頓全集」（The Writings of George Washington），其中第一冊為傳記，其他冊為相關之書信文件，被告Bela Marsh所發行之「華盛頓自傳」（The Life of Washington in the Form of an Autobiography），其中除約有388頁係逐字重製原告之傳記，所選用（selection）者為原告書中4.5%內容外，亦穿插一些華盛頓總統之信件與文件。大法官Story表示大量選用原著或原著之精華，必須係基於評論之目的，被告雖僅選用原告著作之極少量篇幅，惟此乃該著作中最有趣、最有價值之部分，故被告之作品並非創作，而係來自輕鬆的摘抄，其行為構成著作權侵害（按：其他之判決理由請參照上開之Story大法官名言），曾勝珍，智財權新研發-財經科技新興議題，五南，2019年5月，頁55-56；此案為最早出現合理使用概念之美國判例，盧文祥，前揭註224，頁185。

擇的性質與標的、被使用材料的量與價值，以及使用傷害原著作之銷售、減少其利潤、與取代其標的的程度。」[228]，業經美國國會援用而明文於美國著作權法第107條觀之，即可見一斑，而該規定之明文，自制定當時之國會立法報告書之說明[229]觀之，實可知立法者並未事先將衡平考量後之結果，明定於條文文義中，畢竟合理使用之衡平論理法則性質並未變更[230]，從而審判者自能憑其邏輯整體衡量第107條所定之4個開放式考量因素，以因應未來不斷變化之利用型態[231]。綜上亦可知，探究合理使用規範時，仍須參考1976年以前之美國判決，俾理解該規範之實務見解[232]。

第二節　合理使用之意義與法律性質

第一項　合理使用之意義

　　著作財產權之例外或限制存有三種立法模式，業如上述，而自上開立法模式亦可得知合理使用之定義，尚有最廣

---

[228] 王敏銓，前揭註226，頁117。

[229] 「本法案肯認合理使用司法原則之目的與一般範圍，但無意將此一原則凍結於法條中，尤其是處於當前科技快速發展之時代。除本條說明何謂合理使用，並例舉某些構成合理使用之標準外，法院應就個案基礎自由適用本原則於特定情況上。第107條之規定僅係為重申現行司法上之合理使用原則，而無意予以變更、限縮或擴大。」，胡心蘭，轉化才是王道？論合理使用原則轉化性要素之適用與影響，東海大學法學研究第53期，2018年1月，頁188。

[230] 梁哲瑋，從德國著作權法對著作權之權利限制看著作權之合理使用，收錄於黃銘傑主編，著作權合理使用規範之現在與未來，元照，2011年9月。

[231] 林利芝，教學講義找麻煩，合理使用費思量——評析智慧財產法院九十九年度刑智上易字第六一號刑事判決，月旦法學雜誌（No.207），2012年8月，頁158。

[232] 許忠信，前揭註222，頁184。

義、廣義及狹義之分：

　　最廣義之合理使用，包括著作財產權限制（含法定授權）及一般之合理使用條款，此概念係分別自著作財產權人、利用人之立場而言者，以前者而言，合理使用係對著作財產權人之專有權利所為之限制、以後者言，則係指利用人得於未獲著作財產權人同意或授權，任意使用該著作之權利[233]。廣義之合理使用，係指利用人無須徵得著作權人之同意，亦無須向其支付報酬，而基於正當目的，依法律所規定之要件，使用該著作之合法行為，故廣義之合理使用，包含著作財產權限制，但不包含法定授權[234]。狹義之合理使用，則係將合理使用（fair use）、法定例外（statutory exemption）相區別，誠如美國著作權法第107條係「合理使用」原則、第108條至第122條係「法定例外」[235]規定，且因美國著作權法乃嚴加區別此二種不同之概念，故第107條之四種判斷合理使用之檢驗基準，並非用以檢驗第108條至第122條之規定[236]。

---

[233] 羅明通，著作權法論，第二冊，頁151，台英國際商務法律事務所，2014年5月。轉引自蕭雄淋，論著作財產權限制與合理使用之關係，http://blog.udn.com/2010hsiao/19722410，最後瀏覽日：2020/05/11。

[234] 曾勝珍，智慧財產權法專論——智慧財產權法與財經科技的交錯，五南，2018年5月，頁51。

[235] 此「法定例外」，與2014年1月22日本法第65條修正理由中之「豁免規定」，同其意義，蕭雄淋，前揭註233；「美國著作權法第108條以下之豁免規定，乃屬法律明文規定之廣義合理使用，亦即國會於制定法律時，即已斟酌的該規定之情況及因素，而認為其已是著作權之合理使用，因此法院於適用該等豁免規定時，只須判斷各該條款所規定之要件是否符合，若符合則構成廣義合理使用而豁免，法院並無再斟酌第107條所列考量因素之餘地」，許忠信，前揭註222，頁196。

[236] 蕭雄淋，前揭註233。

我國憲法雖未若美國憲法第1條第1項第8款定有「著作權條款」（the Copyright Clause），惟我國著作權之權利基礎，則有憲法第11條、第15條、第165條[237]等規定，準此，本法第1條方明定「保障著作人著作權益，調和社會公共利益，促進國家文化發展。」為其立法目的[238]。

　　固然著作權業經我國憲法第11條規定，列為人民之基本權利，惟著作權並非絕對權利，準此，本法即以合理使用作為權衡著作權人之私益與社會大眾之公共利益之制衡手段，而就著作權人之權利範圍予以合理之限制。易言之，著作權與合理使用之立法目的，均為鼓勵傳遞知識，俾人類之智識文化資產得以永續與豐盈[239]，尤其係資訊之自由流通傳遞及言論之自由化與多元化，更為現代民主社會之重要指標，從而於合理範圍內之利用著作行為即應加以容許，此即著作權合理使用規範之真諦[240]。

　　為闡釋「著作權法上之合理使用」之意義——著作財產權以外之人，雖未獲得著作財產權人之同意或授權，仍得利用該著作而不構成著作財產權之侵害[241]，我國判決更曾以本法第52條[242]為例，論及立法者之所以制定該規定，乃係

---

[237] 憲法第11條：「人民有言論、講學、著作及出版之自由。」、第15條：「人民生存權、工作權及財產權，應予保障。」、第165條：「國家應保障教育、科學、藝術工作者之生活，並依國民經濟之進展，隨時提高其待遇。」。
[238] 蔡惠如，我國著作權法合理使用之挑戰與契機，收錄於黃銘傑主編，著作權合理使用規範之現在與未來，元照，2011年9月，頁185。
[239] 智慧財產法院97年度民專上字第20號民事判決。
[240] 智慧財產法院103年度刑智上易字第19號刑事判決。
[241] 智慧財產法院103年度刑智上易字第33號刑事判決。
[242] 本法第52條：「為報導、評論、教學、研究或其他正當目的之必要，在合

因上開憲法規定人民有言論及出版之自由，當人民發表之言論涉及評論時，難免會有引用受評論之他人著作之必要，此時，若仍賦予著作權絕對之權利，實可預見著作權人勢必祗會同意或授權正面評論者利用其著作，而拒絕給予負面評論者，如此一來，豈非得由著作權人假著作權之名，行操控言論市場及阻礙資訊透明流通之實，此當非本法保護著作權之本旨，準此，評論者之所以得依本法第52條規定主張合理使用他人之著作，係為調和資訊自由權與著作權法兩者間之衝突，認為在保障民眾接近資訊之前提下，著作權應限縮其權利上之主張[243]。

第二項　合理使用之法律性質

合理使用究為利用人之合法權利，或係著作權法本身之限制，或係阻卻構成要件事由，抑或僅為利用人侵權行為之阻卻違法事由？學理上有如后五說[244]：

一、權利限制說

此說認為後人之著作，除係自己勞心之成果，更係因立基在亙古至今之智識文化而受到薰陶、啟發，為免獨厚著作人致阻礙人類文化之發展，自應承認著作在特定情況下得供人自由利用，俾調和社會公益與著作權人之私益[245]。

理範圍內，得引用已公開發表之著作。」。
[243] 智慧財產法院103年度刑智上易字第33號刑事判決。
[244] 羅明通，著作權法論II，8版，羅明通，2014年5月，頁143。
[245] 蕭雄淋，前揭註130，頁147-148。

二、侵權行為阻卻事由說

此說認為利用行為本質上係侵權行為，惟基於公益之考量方以合理使用規定作為阻卻違法事由，故被訴侵權之利用人得為合理使用之抗辯，若符合合理使用之要件，即能免除侵害著作權之責任。採此通說之我國法院並認為合理使用僅屬本法所賦予之一般法律利益，對於合理使用給予「利益式保護」即為已足，而無承認「合理使用權利」之必要[246]。美國法院亦認合理使用原則僅為利用人之抗辯事由[247]。

三、阻卻構成要件說（或構成要件不該當）

此說理由略以：本法第65條第1項[248]之用語應係指構成要件之排除，且佐以增訂該規定時[249]所參考之美國著作權法第107條之用語「⋯is not an infringement of copyright」，已足認合理使用並非構成侵害著作權之行為，構成要件既不具備，自不生違法性或故意、過失之問題[250]；本法既就第44條以下之限制性規定以「限制」稱之，則受限制部分即不屬著作權人之權利範圍，利用行為如符合該限制範圍，當然不構成著作權之侵害，亦即為阻卻構成要件該當之事由，而非

---

[246] 智慧財產法院98年度民著上字第5號民事判決、98年度民著訴字第8號民事判決、97年度民專上字第20號民事判決、100年度民著訴字第31號民事判決、101年度民著訴字第26號民事判決、102年度刑智上易字第60號刑事判決及103年度刑智上易字第19號刑事判決均同此意旨。

[247] 曾勝珍，前揭註234，頁48-49。

[248] 本法第65條第1項：「著作之合理使用，不構成著作財產權之侵害。」。

[249] 1998年1月21日增訂本法第65條第1項之立法理由：「按合理使用之法律效果如何，舊法漏未規定，爰參考美國著作權法第一百零七條立法例，修正如第一項。」。

[250] 熊誦梅，前揭註141，頁53-54。

僅係具有阻卻違法之效力[251]。此說亦為司法院座談會議結論所採[252]。另有學者[253]採此說而不採國內之通說阻卻違法事由說。本文亦採此說。

四、使用者抗辯特權（Privilege）說

此說認為合理使用並非利用人之積極權利（rights），而係本法特別賦予利用人之特權（privileges），本法明文規定不會構成著作財產權之侵害，並非係指利用人享有利用他人著作之權利，當然亦不生轉讓合理使用權利之問題[254]。此說亦為臺灣臺北地方法院92年度北小字第2558號民事判決[255]所採。

---

[251] 謝銘洋，前揭註40，頁249。

[252] 司法院座談會議結論：「是否構成合理使用，性質上應為阻卻構成要件該當之事由而非阻卻違法之事由，而刑罰之構成要件該當與否，依法本為法院應依職權調查之事項，不因被告有無提出抗辯而異，故法院應依職權調查。」（司法院99年智慧財產法律座談會提案及研討結果刑事訴訟類第2號），轉引自謝銘洋，前揭註40，頁249-250。

[253] 「對於合理使用的法律性質，國內通說係認為屬阻卻違法事由，亦有學者認為係屬阻卻責任事由。不過，國內著作權法權威蔡明誠教授則認為，就理論上而言，合理使用應係阻卻構成要件事由，或是構成要件不該當，因此著作權法才會規定為不構成著作財產權之侵害。就理論而言，應以後說較可採」，馮震宇，論新著作權法合理使用之規定，萬國法律No.102，1998年12月。

[254] 章忠信，著作的合理使用，http://www.copyrightnote.org/ArticleContent.aspx?ID=9&aid=2512，最後瀏覽日：2019/11/08。

[255] 臺灣臺北地方法院92年度北小字第2558號民事判決：「按著作權法第44條至第65條關於合理使用著作之規定，係指著作權人以外之人，對於著作權人依法享有之專有權利，縱使未經著作權人同意或授權，仍得在合理的範圍內，以合理方法，自由、無償加以利用之主張。易言之，對於著作權之合理使用，『並非權利，而是許可』（not a right, but a privilege），乃是著作權人對於利用人之行為提出侵害著作權訴訟後，利用人據此主張其利用行為，係對於著作權之合理使用，擬藉此免除其構成侵害著作權責任的一種訴訟上防禦方法…。是原告依著作權法第65條之規定，僅係許可原告於例外情形下得基於非營利之目的，而自行為重製系爭音樂著作雷射唱片之合理使用行為，並非授與原告得請求被告應提供科技上協助供其便利為重製行為之權利，揆諸首揭說明，原告並無所謂『合理使用』之權利。」。

五、使用者權利說

此說認為合理使用並非僅為阻卻違法之抗辯事由，而係合法之權利行使行為，論者有謂本法第1條與合理使用專節，為憲法第11條基本權之具體化條文，故合理使用應屬民事特別法之具體權利[256]。美國第九巡迴上訴法院近期之Lenz v. Universal Music案亦採此說[257]，而與美國法院所採之見解不同。

第三節　合理使用之判斷基準

第一項　著作權法合理使用規定之立法沿革[258]及近期之修正草案

我國係1992年6月10日於本法增訂第44條至第63條與第65條規定[259]，惟有關著作財產權之限制，僅限於第44條至第63條規定之範圍，第65條僅係審酌著作之利用是否合於第

---

[256] 簡啟煜，前揭註69，頁344-346。

[257] Lenz v. Universal Music.（9 th Cir.Sep.14,2015），曾勝珍，前揭註227，頁49。

[258] 學者有謂1928年本法已有部分條文與現行法合理使用規定類似，此為本法中平衡著作權保護及資訊流通之開端，迄至1985年本法全文修正，雖約略可見現行法合理使用規定之雛形，但體例上稍嫌混亂，直至1992年本法再次進行全文修正，本次修正方確立現行法之主要架構，嗣歷經1998年、2003年、2004年（本法第91條新增第4項：「著作僅供個人參考或合理使用者，不構成著作權侵害。」）、2014年多次修正，盧文祥，前揭註224，頁136-141。本文礙於篇幅，故僅敘明本法1992年修正當時及其後之立法沿革。

[259] 本法於1992年6月10日增訂第65條：「著作之利用是否合於第44條至第63條規定，應審酌一切情狀，尤應注意左列事項，以為判斷之標準：一、利用之目的及性質，包括係為商業目的或非營利教育目的。二、著作之性質。三、所利用之質量及其在整個著作所占之比例。四、利用結果對著作潛在市場與現在價值之影響」。

44條至第63條規定之判斷標準，尚非獨立之合理使用概括條款。嗣因本法漏未規定合理使用之法律效果，且因著作利用之態樣日趨複雜，致第44條至第63條規定之合理使用範圍已顯僵化，無足肆應實際上之需要，遂於1998年1月21日增訂合理使用之法律效果於第65條第1項：「著作之合理使用，不構成著作財產權之侵害。」，並擴大合理使用之適用範圍，於第2項增訂「或其他合理使用之情形」，而使第65條第2項規定成為獨立之合理使用概括條款（即概括規定），亦即利用之態樣，即使未符合第44條至第63條此等例示規定，但如其利用之程度與第44條至第63條規定情形相類似或甚而更低，而以第65條[260]所定標準審酌亦屬合理者，則仍屬合理使用[261]，準此，法院自得單獨審酌第65條第2項判斷標準而認定構成合理使用。易言之，在1998年1月21日修正前，行為人若無當時本法第44條至第63條所列舉之合理使用情形，事實審法院即無依第65條所列4項標準逐一判斷之必要，然在1998年1月21日修正後，即使行為人未能符合該法所例示之合理使用情形（即第44條至第63條所定之合理使用情形），行為人所為仍有可能符合修正後第65條第2

---

[260] 本法於1998年1月21日增訂並修正第65條為：「著作之合理使用，不構成著作財產權之侵害。著作之利用是否合於第44條至第63條規定或其他合理使用之情形，應審酌一切情狀，尤應注意下列事項，以為判斷之標準：一、利用之目的及性質，包括係為商業目的或非營利教育目的。二、著作之性質。三、所利用之質量及其在整個著作所占之比例。四、利用結果對著作潛在市場與現在價值之影響。」。

[261] 請參見1998年1月21日本法第65條之修正理由。最高法院91年度台上字第837號刑事判決亦同此意旨。

項所列之判斷標準，而成為同條項所稱之「其他合理使用之情形」，得據以免除行為人侵害著作權責任[262]。嗣於2003年7月9日另將第65條第2項「判斷標準」之用語修正為「判斷基準」[263]，並再於2014年1月22日以原條文（即65條第2項）未能區分「第44條至第63條此等例示規定」有分屬豁免規定或合理使用之情形為由[264]修正第65條第2項，將原條文第2項「合於第44條至第63條規定或其他」之文字修正為「合於第44條至第63條所定之合理範圍或其他」，俾使第44條至第63條條文中有「在合理範圍內」字樣之規定，須再依第65條第2項規定之4款基準為審視，該修正后之條文即為現行條文[265]。

---

[262] 最高法院96年度台上字第3685號刑事判決。智慧財產法院104年度刑智上訴字第47號刑事判決亦同此意旨。

[263] 本法於2003年7月9日修正第65條第2項為：「著作之合理使用，不構成著作財產權之侵害。著作之利用是否合於第44條至第63條規定或其他合理使用之情形，應審酌一切情狀，尤應注意下列事項，以為判斷之基準：一、利用之目的及性質，包括係為商業目的或非營利教育目的。二、著作之性質。三、所利用之質量及其在整個著作所占之比例。四、利用結果對著作潛在市場與現在價值之影響。」。

[264] 2014年1月22日本法第65條之修正理由：「一、按豁免規定與合理使用不同，其區別在於豁免規定對於著作類別及專屬權種類設有限制，以及豁免規定只須考量要件是否符合即可構成，法院無須再行斟酌其它合理使用之權衡要素。而查本法原條文合理使用中所例示者，存有許多條文屬於豁免規定，而無適用第65條所列判斷標準之餘地。蓋豁免規定之設計，正是對於限定的特殊利用著作情形，明確正面的肯認其合法性，由於適用的情形已有所限定並且要件設定明確，是故無須再以合理使用中的權衡要素予以再次評價。原條文未能為此區分，造成此種特殊的利用情形除了其本身條文的要件外，尚須再通過合理使用的檢驗，而未能達成豁免規定制度設計的初衷。二、爰此，將原條文第2項『合於第44條至第63條規定或其他』之文字修正為『合於第44條至第63條所定之合理範圍或其他』，即合理使用條文中有『合理範圍』之規定，則須依第2項規定之四項基準審視之，以臻明確」。

[265] 本法於2014年1月22日修正第65條第2項為：「著作之合理使用，不構成著作財產權之侵害。著作之利用是否合於第44條至第63條所定之合理範圍或其他合理使用之情形，應審酌一切情狀，尤應注意下列事項，以為判斷之

近期，行政院於2017年11月2日函送審議本法修正草案（以下簡稱院會通過版修正草案）后，除經濟部業於2020年1月30日公告本法部分修正條文草案（以下簡稱經濟部版修正草案）[266]，立法院亦於2020年5月8日第10屆第1會期第12次會議提出本法部分修正條文草案（以下簡稱立法院版修正草案）[267]，「經濟部版修正草案」與「立法院版修正草案」除為因應數位匯流等新興科技之發展而整併及修正相關規定[268]外，為因應網路及數位時代需求，並使著作財產權限制規定更加明確俾利遵循，亦就立法或行政目的、司法及行政程序、教育目的、公法人著作、引用、非營利目的及時事問

基準：一、利用之目的及性質，包括係為商業目的或非營利教育目的。二、著作之性質。三、所利用之質量及其在整個著作所占之比例。四、利用結果對著作潛在市場與現在價值之影響。」。

[266] 對照「院會通過版修正草案」、「經濟部版修正草案」與「立法院版修正草案」三者可知，「經濟部版」與「立法院版」之修正條文內容已較「院會通過版」減少許多（諸如：「院會通過版」有增訂著作財產權人不明之強制授權及著作財產權設質登記規定、被查扣人得提供擔保請求廢止查扣、社區共同天線、電腦程式備檔等規定，而「經濟部版」與「立法院版」則無），故本文係依「經濟部版修正草案總說明」與「立法院版修正草案對照表中『說明』乙欄之內容」來論述。

[267] 立法智庫整合檢索系統，2020年5月8日立法院第10屆第1會期第12次會議議案關係文書「著作權法部分條文修正草案」，https://lis.ly.gov.tw/lydbc/lydbkmout?.e8ea095C8330100000022201002D0000^7-2^093c6fe743c6133d66227253e5bdc2f6fe74e36663523366762737766026663313670000000010000000200C00b2f9，最後瀏覽日：2020/06/09。

[268] 略有：整併及修正著作財產權之無形權能規定（例如：修正公開播送、公開傳輸及公開演出之定義；將公開口述納入公開演出；增訂再公開傳達權）、就著作權歸屬為彈性規定（例如：受聘人與出資人間、雇用人與受雇人間可約定由第三人享有著作財產俾符約定自由原則）、修正法定賠償規定俾減輕被害人舉證責任、修正不合時宜之刑事責任規定（例如：就法官聲請釋憲案（案號：會台字第11718號、107年度憲三字第34號、108年度憲三字第15號、108年度憲三字第25號）所指有牴觸憲法疑義之第91條第2、3項規定，刪除其法定刑下限；散布平行輸入真品予以除罪化）等。

題轉載等規定進行修正，並參考國外立法例，增訂遠距教學及國家圖書館數位典藏等合理使用規定，亦即「修正現行條文第44條至第63條等著作財產權限制規定之適用要件，並刪除相關條文所定『在合理範圍內』之要件（除現行條文第51條規定外），使其不須再依現行條文第65條第2項合理使用概括條款之判斷基準再行檢視，只要符合各該規定，即可利用。（修正條文第44條至第48條、第50條至第52條、第54條至第55條之1、第61條及第63條至第65條）」[269]，而自修正條文第65條[270]觀之，實可知該判斷模式與現行規定已有不同[271]，茲依立法院版修正草案「著作財產權之限制」規定為判斷，其判斷模式將呈現如后之情形：

一、如屬修正條文第51條[272]所指之利用態樣：

因修正條文第51條第1項除訂定「在合理範圍內」之要件，尚訂定其他要件（諸如：須屬供個人或家庭為非營利之

---

[269] 「經濟部版修正草案」總說明第四項：「將著作財產權限制規定，作更為合理之修正」。

[270] 「經濟部版修正草案」與「立法院版修正草案」修正條文第65條第1、2項：「符合第44條至第63條及本條第2項規定者，為著作之合理使用，不構成著作財產權之侵害。著作之利用是否合於第44條至第63條規定以外之其他合理使用情形，應審酌一切情狀，尤應注意下列事項，以為判斷之基準：一、利用之目的及性質，包括係為商業目的或非營利教育目的。二、著作之性質。三、所利用之質量及其在整個著作所占之比例。四、利用結果對著作潛在市場與現在價值之影響。」。

[271] 蔡惠如，創意的無限性與有限性——著作權實務案例分享簡報，2019智慧財產局成立20週年暨著作權法回顧與前瞻研討會，2019年10月4日。

[272] 「經濟部版修正草案」與「立法院版修正草案」修正條文第51條第1、2項：「供個人或家庭為非營利之目的，在合理範圍內，得利用圖書館及非供公眾使用之機器重製已公開發表之著作。前項所定合理範圍之判斷，應審酌一切情狀及第65條第2項各款規定事項」。

目的之利用行為、須係利用圖書館或非供公眾使用之機器為重製、重製之著作須為已公開發表者等要件），故判斷利用行為是否符合修正條文第51條規定之合理使用情形，除須就該行為是否合於上述之其他要件為判斷外，尚須再依修正條文第51條第2項規定，審酌「一切情狀」及「修正條文第65條第2項各款規定事項」，俾判斷是否符合修正條文第51條第1項所定「在合理範圍內」之要件。

二、如屬修正條文第44條至第50條、第52條至第63條所指之利用態樣：

僅須依各該修正條文本身所定之要件為判斷即可，毋庸再依修正條文第65條第2項各款規定事項為判斷。

三、如利用態樣係修正條文第44條至第63條以外之情形（諸如：詼諧仿作、混搭利用著作等[273]）：

因修正條文第65條第2項為獨立之概括合理使用規定，故僅須單獨依修正條文第65條第2項各款規定事項判斷是否符合合理使用。

第二項　著作權法第65條第2項[274]所定之合理使用判斷基準

一、前言

緣我國法制乃歐陸法系，是本法第44條至第63條著作財產權限制規定，係參考德、日立法例，本法第65條第2項則係參考英美法系之美國著作權法第107條而於1992年增訂，可謂係

---

[273] 「立法院版修正草案」修正條文第65條之說明第二項。
[274] 同註265。

兩種立法例之融合[275]，惟誠如上述，美國早於1841年即發展出合理使用概念，尤其係尚有透過法官造法方式，不斷修正合理使用之判斷基準[276]，方形成之判例，故我國司法機關是否能在無大量判決先例之情況下，將此一合理使用概括條款妥適地適用，俾降低法律適用之不安定性，實有疑慮，是自應依學者之建議，廣泛參酌英美法判例，並與我國個案之事實背景與法律爭點互相對照，冀能作出妥適之衡平裁判[277]。準此，為清楚理解本法所定之合理使用判斷基準，本文嘗試以部分學者所舉美國案例之法律見解來釐清，並以該等法律見解，於第四章探究我國裁判就攝影著作合理使用之認定是否妥適。

美國著作權法第107條[278]包含三部分：一、第1項前

---

[275] 章忠信，前揭註216，頁25；許忠信，前揭註71，頁69。

[276] 馮震宇，不只谷阿莫　Google也中箭　合理使用標準不一　著作權修法當解藥，能力雜誌No.749，2018年7月，頁112。

[277] 梁哲瑋，前揭註230，頁56-57。

[278] 17 U.S.C. § 107：

Notwithstanding the provisions of sections 106 and 106A, the fair use of a copyrighted work, including such use by reproduction in copies or phonorecords or by any other means specified by that section, for purposes such as criticism, comment, news reporting, teaching (including multiple copies for classroom use), scholarship, or research, is not an infringement of copyright. In determining whether the use made of a work in any particular case is a fair use the factors to be considered shall include——

(1) the purpose and character of the use, including whether such use is of a commercial nature or is for nonprofit educational purposes;

(2) the nature of the copyrighted work;

(3) the amount and substantiality of the portion used in relation to the copyrighted work as a whole; and

(4) the effect of the use upon the potential market for or value of the copyrighted work.

The fact that a work is unpublished shall not itself bar a finding of fair use if such finding is made upon consideration of all the above factors. 王偉霖，搜尋引擎著作權爭議問題研究，收錄於黃銘傑主編，著作權合理使用規範之現在

段[279]：「不論第106條及第106A條如何規定，有著作權著作之合理使用，包括重製為重製物或影音著作或該條所定之其他使用方法，為批評、評論、新聞報導、教學（包括為課堂使用之多數重製物）、學術或研究之目的者，非屬著作權之侵害。」[280]，此為例示數種合理使用之類型，另因其用語為「such as」（例如），故其他為達成類似目的之使用，縱非屬所舉之批評等六種使用目的，亦得認定為合理使用[281]；

二、第1項後段：「於特定個案決定著作之利用是否為合理使用，其考量之因素應包括：1.利用行為之目的與特質，包括該利用是否為商業性質或為非營利教育之目的。2.被利用著作之性質。3.所利用部分相對於著作之整體，在數量上與重要性上之比例。4.利用行為對被利用著作之潛在市場或價值之影響。」[282]，此為法院決定著作之利用是否構成合理使用所應考量之因素，另因其用語為「include」（包括），是法院於個案中就合理使用之判斷，除4項因素外，尚得考量其他因素[283]，諸如相關產業之慣例、被告活動所促進之公共利

與未來，元照，2011年9月，頁342。

[279] 美國著作權法「第107條第1項前段」，亦有稱之為「第107條前言」者，諸如胡心蘭，前揭註229，頁189；謝國廉，著作合理使用之判斷基準——評最高法院與高等法院「紫微斗數案」之判決，月旦法學雜誌（No.182），2010年7月，頁210。

[280] 楊智傑，前揭註136，頁307；馮震宇，論網路科技發展對合理使用的影響與未來，法令月刊第51卷第10期，2000年10月，頁539。

[281] 許忠信，前揭註222，頁197；王敏銓，前揭註226，頁132。

[282] 楊智傑，前揭註136，頁307-308；胡心蘭，前揭註229，頁189；盧文祥，前揭註224，頁186-187。

[283] 沈宗倫，前揭註139，頁76；王敏銓，前揭註226，頁133；盧文祥，前揭註224，頁153。

益[284]、利用人是否欠缺善意（lack of good faith）[285]，抑或利用人倘未以自己之著作的原創性來行銷該著作，而係藉由自己之著作可讓人聯想到著作權人之著作，來行銷自己之著作，即非屬合理使用[286]。至於所例示4項因素之權重，美國實務雖未提出精準之判斷方式，但各因素之權重不同乃不爭之事實[287]；三、第2項：「於考量前開因素時，如著作尚未公開發表，並不當然排除合理使用之認定。」[288]，此為美國國會於1992年新增[289]。

　　本法第65條第2項：「著作之利用是否合於第44條至第63條規定或其他合理使用之情形，應審酌一切情狀，尤應注意下列事項，以為判斷之基準：一、利用之目的及性質，包括係為商業目的或非營利教育目的。二、著作之性質。三、所利用之質量及其在整個著作所占之比例。四、利用結果對著作潛在市場與現在價值之影響。」乃合理使用概括條款，係法院形成合理使用內容之具體指標，是法院於個案中就合理使用之判斷，除應參照大法官解釋釋字第509號協同意見

---

[284] 王敏銓，前揭註226，頁133。

[285] Roy Export Co. Establishment v. Columbia broadcasting System Inc.,503 F. Supp. 1137（S.D.N.Y.1980），affd, 672 F. 2d 1095 （2d Cir.），cert. denied, 459 U.S. 826（1982），盧文祥，前揭註224，頁154。

[286] 「於DC Comics Inc. v. Unlimited Monkey Business, Inc.一案中，法院發現被告所製作的幽默劇（skits），並非依據被告自己製作上的想像力（imagination）和原創性（originality）來行銷其著作，而係藉助其作品與原告（著作權人）所創作的原作作品之間，二者所產生的聯想力，來進行銷售。法院因之引用此一條款外之事由，據以認定被告之利用原告著作之行為非屬合理使用。」，盧文祥，前揭註224，頁154。

[287] 謝國廉，前揭註279，頁210。

[288] 楊智傑，前揭註136，頁308。

[289] 第107條第2項是國會於1992年在Harper v. Row案後新增，以澄清未出版著作的合理使用問題，王敏銓，前揭註226，頁132。

書見解，個別審酌法律所欲保護之法益與相對的基本權利限制，以追求最適調和[290]外，更應本諸本法之設計目的及理念，充分考量及權衡各方現時及將來利益[291]。且，本規定亦如同美國著作權法第107條般，法院於個案就合理使用之判斷，除明文例示之4款基準外，尚得審酌該等基準以外之一切情狀，諸如利用人係惡意或善意；行為妥當性；利用著作之人企圖借用其本身著作與被利用著作之強力關聯而銷售其著作，而非其本身著作所具有之想像力與原創性為重點；公共利益或人民知的權利[292]；社會福利、公共領域、著作權之本質目的等[293]。至於所例示4款基準應如何加總、各有何權重，本法雖未說明[294]，惟法院均認為不宜單取一項判斷基準，而應以人類智識文化資產之公共利益為核心，綜合判斷著作利用之型態與內容[295]。

茲有疑義者，乃美國法院是否應逐一考量上開4項因素？我國學者之意見頗為分歧[296]而無確切結論，在此情形

---

[290] 智慧財產法院97年度民專上字第20號民事判決。

[291] 最高法院101年度台上字第5250號刑事判決。

[292] Sony Corp. of America v. Universal City Studios, Inc.,464 U.S.417,429（1984）。

[293] 智慧財產法院101年度民著訴字第26號民事判決、103年度刑智上易字第19號刑事判決。自此判決所舉：利用人是否為惡意或善意、利用著作之人企圖借用其本身著作與被利用著作之強力關聯而銷售其著作，而非其本身著作所具有之想像力與原創性為重點、公共利益、人民知的權利等情狀，已可見我國司法實務亦有參酌美國之判決先例。

[294] 「劉孔中，智慧財產權法制的關鍵革新，元照，2007年6月，10頁。」，謝國廉，前揭註279，頁209。

[295] 智慧財產法院97年度民專上字第20號民事判決、101年度民著訴字第26號民事判決、103年度刑智上易字第19號刑事判決。

[296] 採無庸逐一考量4項因素者：有以美國有關應逐一考量4項因素之見解，與例示立法體例不符，許忠信，前揭註222，頁186；有直接指出美國一致認為法

下，應如何判斷我國法院是否應逐一審酌上開4款判斷基準？若依學者所思考之兩國立法體例並不相同來考量，似能得出我國法院應遵照最高法院93年度台上字第2176號刑事判決意旨[297]之結論，亦即應逐一審酌上開4款判斷基準，否則即有判決不備理由之當然違背法令之情[298]，蓋我國為成文法體制，相較於美國已能將深具裁量彈性之「衡平論理原則」（an equitable rule of reason）[299]運用自如並能依「個案分析

院並無義務逐項進行所列舉之4項事實之審查，且法院審查時所應審酌之事實，並非限定於法條所訂之4項因素，故法院既得逐項進行全部法定事項之審查，亦得不逐項進行審查，盧文祥，前揭註224，頁153。採應逐一考量4項因素者：有認為第107條規定，合理使用之判斷應考量4項因素，沈宗倫，前揭註139，頁76；有認為第107條第1項規定中「應包括」（shall include）有特殊之意義，「應」（shall）字，指示法條所列之項因素都要予以分析，王敏銓，前揭註226，頁133；有認為第107條並未明定4項因素應如何審酌，猶如美國在Campbell案中所為之闡釋：「關於是否為合理使用之判斷並無一定型之標準，而須依據法條作個案判斷，任一要件均不應被分離判斷，而應依據著作權法之宗旨一併予以分析，再將結果綜合衡量。」，胡心蘭，前揭註229，頁189；有認為美國最高法院於Campbell案指出，4因素必須獨立判斷，且沒有任何一個因素是決定性因素，最後再綜合考量是否構成合理使用，故在每一份判決中，都會詳細論述這4個因素，楊智傑，前揭註136，頁310。
[297] 最高法院93年度台上字第2176號刑事判決：「原判決理由欄…僅說明上訴人之行為，依…第65條第2項第1、4款之判斷基準，不屬合理使用之範圍，但依上開同條項第2、3款之判斷基準，是否合於合理使用之情形，原審並未調查、審認，致原有瑕疵依然存在，自有調查未盡及判決理由欠備之違誤。」，92年度台上字第4911號刑事判決、93年度台上字第2176號刑事判決均同此意旨。另，最高法院101年度台上字第5250號民事判決、智慧財產法院98年度民著訴字第8號民事判決、100年度民著上字第9號民事判決、103年度刑智上易字第33號刑事判決、104年度刑智上訴字第47號刑事判決均認為於判斷合理使用之際，理應將所有著作利用之相關情狀整體納入考量，且應將該條項所定之四項基準均一併審酌。
[298] 民事訴訟法第469條：「有下列各款情形之一者，其判決當然為違背法令：…六、判決不備理由或理由矛盾者。」，刑事訴訟法第379條：「有左列情形之一者，其判決當然為違背法令：…十四、判決不載理由或所載理由矛盾者。」。
[299] 曾勝珍，前揭註227，頁53。

原則」選擇性適用上開第107條各項考量因素，俾符賦予裁判者最大彈性裁量權之立法原意，惟我國是否當然亦得適用無礙尚非無疑[300]，是自不宜遽而仿效，以免降低法之安定性。

二、利用之目的及性質，包括係為商業目的或非營利教育目的（the purpose and character of the use, including whether such use is of a commercial nature or is for nonprofit educational purposes）

（一）美國法之實務見解

堪稱為美國重要之合理使用案例，除前述之Folsom案外，非1984年Sony Corp. of America v.Universal City Studios, Inc.[301]案（以下簡稱Sony案）、1985年Harper & Row Publishers, Inc. v. Nation Enterprises, Inc.[302]案（以下簡稱

---

[300] 盧文祥，前揭註224，頁151、153。

[301] Sony Corp. of America v. Universal City Studios, Inc.,464 U. S. 417, 104 S.Ct. 774, 78 L. Ed. 2d 574（1984）.本案原告Universal City Studios, Inc. （環球影城電影公司）、Walter Disney Picture Co.（華德迪士尼電影公司）等公司主張被告Sony公司製造及銷售Betamax家用錄放影機 （VTR）之行為，使消費者得自行錄製電視台所播放之電影，已構成對其等電影著作權之輔助侵害，王敏銓，前揭註226，頁121；馮震宇，智慧財產權發展趨勢與重要問題研究，2版第1刷，元照，2011年1月，頁193-194。

[302] Harper & Row Publishers, Inc. v. Nation Enterprises, Inc., 471 U. S. 539,105 S.Ct.2218,85 L.Ed.2d 588（1985）.本案原告Harper & Row Publishers, Inc與讀者文摘，因與福特總統間之契約約定該等原告有出版福特總統回憶錄手稿之權利，及取得出版前摘要之專屬授權，時代雜誌遂向該等原告購得刊登該書出版前摘要之專屬權利，豈料於時代雜誌刊登前，被告Nation雜誌竟自不明來源處取得該回憶錄手稿，於未經授權之情形下，以新聞頭條之方式，搶先刊登自福特總統回憶錄摘錄之原文約2,500字之文章，致時代雜誌取消其預計刊登之文章，並拒付尾款予原告等人。原告等乃控告被告之行為侵害其著作權。被告則以其僅摘錄了即將出版之原著作（福特總統回憶錄30萬字）當中約300字之關鍵文字，為合理使用之抗辯，王敏銓，前揭註226，頁123-124；馮震宇，前揭註301，頁196。

Harper案）、1994年Campbell v. Acuff-Rose Music, Inc.[303]案（以下簡稱Campbell案）等三案莫屬[304]，就第1項因素之考量，Sony案之最高法院判決乃以縱使商業或營利目的之使用，均應被推定為不合理，惟消費者錄製電影僅係為了有空時再看，此種非為轉播之「時間轉換」並非商業性使用為由而認定，此一「商業性利用則推定為不合理，非商業性利用則推定為合理」之見解[305]，除業經最高法院Harper案援引，Harper案更進而指出商業與非營利之區別，不在於利用動機是否為獲取金錢上利益，而係在利用人未支付通常應付之對價即得自受保護之著作中獲取利益[306]，此等將第1項因素列為判斷合理使用關鍵之法律見解，不斷為嗣後之判決所援引，縱使偶有採取商業利用或非營利利用毋庸為「一刀切」之兩極化分類，否則合理使用制度勢必早已消失殆盡

---

[303] Campbell v. Acuff-Rose Music, 510 U.S.569（1994）.本案被告Campbell係美國著名之饒舌樂團「2 Live Crew」之成員，於1989年使用了原告Acuff-Rose Music唱片公司之作曲家Roy Orbison及William Dees所作之搖滾歌曲「Oh! Pretty Woman」的部分歌詞，將原曲之曲風改編為具有揶揄嘲諷意味之「Pretty Woman」。被告於改編後曾向原告要求授權利用，但遭拒絕，惟被告仍依照原計畫發行唱片、錄音帶及CD，並在封面明白標示原作曲人及Acuff-Rose Music唱片公司為原曲之著作財產權人。原告乃控告被告之行為侵害其著作權，胡心蘭，前揭註229，頁196；馮震宇，前揭註301，頁198。

[304] 有謂「Sony案確定了合理使用在美國法制中的地位，並直接影響到新科技產品的利用，Campbell案則對合理使用的判斷原則增加了『轉化』的新原則，而澈底改變合理使用之判斷原則，使合理使用在鼓勵創新方面能夠發揮更積極的作用」，馮震宇，前揭註301，頁193；有謂「Sony案闡述了著作權法的輔助侵權原則、實質非侵害性用途原則、以及合理使用第一基準中的『商業性』因素，Harper案則闡述了未出版著作之合理使用，Campbell案則以『仿諷』（parody）著作之合理使用見解聞名」，王敏銓，前揭註226，頁121。

[305] 王敏銓，前揭註226，頁121-123；馮震宇，前揭註310，頁195-197。

[306] 王敏銓，前揭註226，頁126；馮震宇，前揭註301，頁197。

之見解[307]，亦無法撼動其影響力。直至最高法院於Campbell案引用Justice Pierre N Leval法官於1990年所提出之轉化性理論[308]，方推翻自Sony案以降單純以商業或非營利性質為主之判斷標準，而奠立應著眼於「著作權法乃為促進科學與文藝發展之目的」之合理使用判斷標準[309]。

Campbell案之最高法院判決強調「轉化性」（transformative），係合理使用原則之核心，故而應將第1項因素之審查重點放在新著作是否具轉化性，亦即應判斷新著作是否「僅代替原創作達成目的」，抑或新著作「為達成另一目的或展現不同之特性，已增添新的內容，而以新的表達方式、新的意義或新的訊息改變了原著作」[310]，易言之，其判斷標準有三：1.對社會有益；2.與原著作有相異之利用方式或目的；3.對原著作有添加新的價值[311]。若具轉化，則須再審查轉化程度之高低，倘利用人就原著作之轉化程度越高則其他因素（諸如：新著作之商業性質）對認定合理使用之重要性即越低[312]，準此，最高法院針對第一件被控著作性質為「模仿性嘲諷」（parody）所為之判決，即確立了「轉化性因素」為美國著作權法判斷合理使用之確定法律原則（settled

---

[307] Maxton-Graham v. Burtchaell,803 F.2d 1253（2d Cir.1986），cert. denied, 481 U.S.1059（1987），盧文祥，前揭註224，頁174。

[308] 「聯邦紐約地方法院法官Justice Pierre N Leval法官曾於1990年在哈佛法學評論雜誌上，發表一篇頗有份量、具有遠見且影響力恢宏的文章——〈樹立合理使用的標準〉（Toward a Fair Use Standard）」，盧文祥，前揭註224，頁160。

[309] 胡心蘭，前揭註229，頁192、195、244。

[310] 謝國廉，前揭註279，頁211。

[311] 王偉霖，前揭註278，頁343。

[312] 王敏銓，前揭註226，頁129-130；楊智傑，前揭註136，頁311-313。

principle）之一[313]，而一再經各級法院以該原則為合理使用之審查。

　　誠如上述，具轉化性之著作應有新的表達方式，惟倘利用人係完全重製原著作，是否亦有可能構成轉化而成立合理使用？美國聯邦第一巡迴上訴法院之2000年Núñez v. Caribbean International News Corp.[314]案（以下簡稱Núñez案）即為未轉化被利用著作卻構成轉化（或稱「偽轉化利用」（faux transformation））之最佳適例──本案原告之攝影著作乃供模特兒作為模特兒作品集使用，被告將系爭攝影著作刊登於報紙乃係為配合其他相關評論、報導，法院認為被告雖重製整張照片，惟其利用行為已將原著作轉化為新聞報導而具有資訊告知功能，尚非單純取代原著作，自有利於合理使用之判斷。

　　另一經美國聯邦第四巡迴上訴法院認定為具「高度轉化性」之2009年AV. ex rel Vanderhye v. iParadigms, LLC[315]案（以

---

[313] 王敏銓，前揭註226，頁128；馮震宇，前揭註301，頁199、203。

[314] Núñez v. Caribbean International News Corp., 235 F. 3d 18 （1st Cir.2000）. 本案原告Sixto Núñez為一專業攝影師，其曾於Joyce Giraud獲選為1997年波多黎各環球小姐前，為Giraud拍攝照片並供作模特兒作品集使用，此外，原告亦曾依模特兒業界慣例發放該作品集予數個模特兒團體。因作品集中有部分裸照，遂引起獲選為環球小姐之Giraud拍攝此類照片是否合宜之爭論。被告Caribbean International News Corp. 經營之E1 Vocero報紙，為報導此一爭議事件，即透過不同管道取得數張照片，未經原告授權即將3張Giraud照片連同數篇相關報導（即受訪民眾就Giraud所拍攝之照片是否屬裸照之看法，與Giraud就其是否適宜繼續保有環球小姐頭銜之意見等電視採訪報導）一併刊登，黃心怡，從美國案例探討時事報導引用他人攝影與視聽著作之合理使用──兼評智慧財產法院101年度刑智上訴字第7號，華岡法粹第54期，2012年11月，頁143-144；鄭苑鈴，新聞事件照片之利用──評智慧財產法院一〇一年度刑智上訴字第七號刑事判決，月旦法學雜誌（No.225），2014年2月，頁235-236。

[315] AV. ex rel Vanderhye v. iParadigms, LLC, 562 F. 3d 630（4th Cir. 2009）. 胡心蘭，前揭註229，頁215。

下簡稱iParadigms案），則係因利用人以其線上系統將學生上傳之報告轉存為數位碼後，再將該報告與資料庫內之資料（即以前上傳之學生報告、商業性期刊、論文資料庫）為全文之比對，俾偵測文章內容是否具原始性，此一利用行為雖未改變原著作或未為任何增添，且兼有商業目的，惟其既有預防剽竊之發生並使上傳系統之學生報告免遭剽竊之新功能及新目的，自已將原著作為高度轉化，就社會公共利益言，當屬合理使用之核心而利於合理使用之成立[316]。

（二）我國實務見解

我國亦如美國，以往之法院亦相當依賴本法第65條第2項第1款所定之判斷基準，亦即就行為人之利用目的，偏重「商業營利與非商業營利利用二分法」之適用，一旦系爭著作利用型態具有商業目的或營利性質，則合理使用成立之機率即微乎其微，少有法院判決突破上開二分法[317]。其中雖有最高法院及其原審均曾就「報社記者引用他報社之攝影著作」案[318]，以轉化之意涵認定利用人成立合理使用，而有萌芽之趨勢，惟轉化之概念，則係直至最高法院就「重製辭典中之小部分字義於電子事典」案[319]，曾數次以原審未審酌利

---

[316] 胡心蘭，前揭註229，頁215。

[317] 智慧財產法院101年度民著訴字第26號民事判決、103年度刑智上易字第19號刑事判決。

[318] 最高法院92年度台上字第3344號刑事判決及其原審臺灣高等法院92年度上更（一）字第96號刑事判決，請參見第四章第一節第一項判決。

[319] 最高法院96年度台上字第3685號刑事判決與最高法院94年度台上字第7127號刑事判決均曾就本案以相同之發回意旨廢棄原審判決：「上訴人以伊在研發…○○事典之際，固曾參考包括『新世紀英漢辭典』等流通於市面之工具辭典，並計劃以該產品作為商業行銷之用，惟…伊研發此類產品，主

用人所辯其電子事典已就原著作形髓加以改造，賦予原著作新的價值，且有益於社會公共利益或國家文化之發展，而為合理使用等語，廢棄原判決，尤其係該案之最高法院94年度台上字第7127號刑事判決[320]所採明確揚棄上開二分法之適用，改從本法之核心概念，以利用他人著作之行為能否有助於調和社會公共利益或國家文化發展為斷之「偏向轉化原則之見解」[321]，方使該判決經嗣後之諸多裁判奉為圭臬，尤其係近期已有為數不少之裁判即以「轉化性」為判斷基準，並清楚闡述：「本款除考量利用人係基於商業目的或非營業之教育目的外，利用人是否將他人著作予以轉化使用，亦應納

要係提供個人行事曆、通訊錄、記事本等功能，主機中並內建許多可供使用者隨時查詢使用之重要生活資訊。因此，關於字義查詢不過係扣案產品眾多功能之一小部分，並非研發重點。伊將包含『新世紀英漢辭典』等工具辭典中極小部分字義，添加到其前瞻性之資訊產品中，此項利用，已使原本存在於書面之字義，得以因為伊所開發之產品，而發揮更為便利及人性化之利用，衡情伊所研發之新產品，已就原著作（指其中受著作權法所保護非屬基本字義部分）形髓加以改造，賦予原著作新的價值，並有益於社會公共利益或國家文化之發展，應被認定係著作權法所規定之合理使用等語置辯……原判決未審酌上訴人所辯上情，遽以上訴人以營利為目的，即非合理使用，亦有理由不備之違法。」。

[320] 最高法院94年度台上字第7127號刑事判決：「著作權法第65條第2項第1款所謂『利用之目的及性質，包括係為商業目的或非營利教育目的』，應以著作權法第一條所規定之立法精神解析其使用目的，而非單純二分為商業及非營利（或教育目的），以符合著作權之立法宗旨。申言之，如果使用者之使用目的及性質係有助於調和社會公共利益或國家文化發展，則即使其使用目的非屬於教育目的，亦應予以正面之評價；反之，若其使用目的及性質，對於社會公益或國家文化發展毫無助益，即使使用者並未以之作為營利之手段，亦因該重製行為並未有利於其他更重要之利益，以致於必須犧牲著作財產權人之利益去容許該重製行為，而應給予負面之評價。」。

[321] 學者稱最高法院94年度台上字第7127號刑事判決為偏向轉化原則之見解，馮震宇，谷阿莫錯在哪？著作權大門法　合理使用有前提，能力雜誌No.736，2017年6月，頁114。

入考量，易言之，利用人利用原著作時若賦予與原著作不同之其他意義與功能，若與原著作差異性越高，轉化性越大，則可主張合理使用之空間則越大。」[322]，從而自上情觀之已足明我國法院以「轉化性」此一判斷基準為合理使用之認定業已有增加之趨勢，實可謂「轉化性」亦與美國法實務般，已成為本法判斷合理使用之判斷基準之一。另，我國判決曾就此款指出所謂商業目的，並非以獲取利潤為必要，雖非以出售為目的，然可減免購買之花費者，亦屬以商業為目的[323]，據此亦可知上開Harper案之見解已為我國法院所採。

三、著作之性質（the nature of the copyrighted work）

（一）美國法之實務見解：

　　Story大法官於Folsom案曾表示此一因素之審酌重點為「被利用資料之價值」，而最高法院則係於Campbell案強調某些著作較其他著作「更接近法律保障著作權之核心目標」，故此等應受較周全保障之著作遭重製時，利用人較不易成立合理使用[324]，依美國判例之見解約略可知：

---

[322] 智慧財產法院103年度民著上更（一）字第2號民事判決，其事實及判決理由請參閱第四章第一節第五項判決；智慧財產法院104年度民著上字第5號民事判決亦以相同意旨，認定利用人將著作權人之著作置於利用人之網頁、臉書粉絲團、部落格上，屬於商業之目的，且其利用方式並未賦予與原著作不同之其他意義與功能，而未經任何轉化，得主張合理使用之空間不高；智慧財產法院104年度刑智上易字第90號刑事判決亦同此意旨，而認定利用人下載著作權人臉書社群網站之美術著作，將之重製刊登於利用人之粉絲專頁，並未為任何之轉化，是其傳達予第三人之內容，與該美術著作傳達予第三人之內容完全相同，是就利用性質之，不易成立合理使用。

[323] 智慧財產法院100年度民著訴字第31號民事判決。

[324] 謝國廉，前揭註279，頁214。

1. 事實性、資訊性或新聞性著作，較創作性著作、虛構或幻想性著作，易成立合理使用：

因事實性（factual）著作[325]攸關大眾獲取資訊之利益，為求該公共利益與著作權人權益之衡平，是最高法院曾於Campbell案指出越以事實為主之著作，越容易成立合理使用，而此一標準亦為聯邦下級法院所普遍遵循[326]，資訊性或新聞性著作亦因有助於知識與資訊之傳播、流通，且其創意性不高，自易成立合理使用[327]。

相較於前述之著作，因創作性（creative）著作[328]、虛構或幻想性著作[329]之創作性程度較高，自應受到較周全之保障。

2. 功能性著作（functional works）易成立合理使用：

此類著作之所以易成立合理使用，有學者係以默示同意之理論為據，而認高度功能性之著作，著作權人通常可期待利用人於利用時必然會納入原著作之部分內容，亦即原著作

---

[325] 諸如百科全書，百科全書雖屬編輯著作而受著作權保護，惟因其原創性不高，故保護程度不高，林利芝，前揭註231，頁169。

[326] 黃心怡，前揭註314，頁137。

[327] Los Angels News Service v. KCAL TV Channel 9，108 F. 3d 1119（9th Cir.1997），黃心怡，前揭註314，頁139-140。本案被利用之著作為錄製有一名白人貨車司機遭暴動民眾毆打之視聽著作。

[328] 諸如Salinger v. Colting. 641 F. Supp. 2d 250,269（S. D. N. Y. 2009）案，該案被利用之著作為「麥田捕手」書籍，楊智傑，前揭註136，頁330；諸如Psihoyos v. National Examiner, 1998 WL 336655（S.D.N.Y.1998）案，該案被利用之著作為專業攝影師針對一名藝術家站在自己創作之藝術造型古董車前所拍攝之攝影著作，因該著作凸顯了藝術造型之魚鰭狀車尾、車輛與車上造型之顏色，乃令人印象深刻之創意性著作，黃心怡，前揭註314，頁142-143。。

[329] 諸如Warner Bros. Entertainment Inc. v. RDR Books, 575 F.Supp. 2d 513（2008）案，該案被利用著作為英國作家J. K. Rowling之著名小說「哈利波特（Harry Potter）」系列等書籍，胡心蘭，前揭註229，頁233。

本身即有意被他人利用[330]。

3. 已出版（published）之著作，較未出版（unpublished）
  之著作，易成立合理使用：

　　因Harper案曾指出原著作若未出版，係特別不利於合理
使用之認定[331]，此一見解亦導致其後之下級法院誤解為未出
版之著作均不得成立合理使用，美國國會為導正上開誤解，
遂於1992年增訂第107條第2項[332]，惟該增訂並未廢棄Harper
案上開見解，僅係用以強調著作未出版，並非必然不能成立
合理使用而已[333]。

4. 已絕版著作或以通常管道不易獲得之著作，較易成立合理
  使用：

　　蓋無法使用該等著作將致知識與資訊之傳播、流通等立
法目的無法達成，故其合理使用之空間較大[334]，惟倘尚有機
構被授權以合理價格對絕版著作提供該著作影本之服務，此
一情事亦應予以考量[335]。

（二）我國實務見解：

　　自美國著作權法第107條第2項考量因素之原文「copyrighted

Footnotes

[330] 王敏銓，前揭註226，頁139。

[331] 「…Harper et Row案的判決中亦表示，對於已出版著作的評論或者對一場演說所作的新聞報導，即便對原著作有大量的引用（substantial quotations），仍有可能符合合理使用的基準，不過，在一篇獨家報導（a scoop）中大量引用一本即將出版的回憶錄，則不符合理使用的基準。」，謝國廉，前揭註279，頁216。

[332] 美國著作權法第107條第2項規定，前揭註288。

[333] 王敏銓，前揭註226，頁139。

[334] 林利芝，前揭註231，頁169。

[335] 許忠信，前揭註222，頁191。

work」，與上開美國法之實務見解觀之，均可知本款所指之著作，係指被利用之著作，而非利用人之著作。

我國法院就此款之見解，亦與美國實務見解相同，而謂基於權益衡量，創作性越高或創作性逾事實性內容之著作，應給予較高度之保護，故利用人主張對該著作之合理使用空間會越低，反之，若為事實性著作，其著作內容之表達因受到既存事實相當之限制，故創作性不高，著作受保護程度不能過廣，否則將妨害人民資訊取得之便利，不利知識之傳遞與交流[336]。

四、所利用之質量及其在整個著作所占之比例（the amount and substantiality of the portion used in relation to the copyrighted work as a whole）

（一）美國法之實務見解：

Story大法官於Folsom案曾表示此一要素之審酌重點為被利用著作之質與量，就利用人利用之目的而言是否合理[337]，亦即應考量利用內容占原著作之數量（amount）與重要性（substantiality）[338]，其中「質」的判斷，因涉及利用

---

[336] 智慧財產法院103年度民著上字第13號民事判決乃認定一般醫學知識有關領域之文字論述，雖具原創性，惟仍屬實用性之語文著作，較之純文學性之語文著作，其創作程度較低…職是，系爭著作為事實型或實用型著作，其保護密度不應過高；智慧財產法院100年度民著上易字第1號民事判決，其事實及判決理由請參閱第四章第一節第三項判決；智慧財產法院100年度民著訴字第31號民事判決亦以相同意旨，認定系爭著作以肉眼無法觀察之塵蟎等作為創作素材，故就主題選擇、拍攝角度、景物安排、畫面構圖、底部選取、光影處理、光線強弱、焦距調整及顏色採用等拍攝表達方式，較一般攝影著作具有高度創作性，其受保護之程度與創作性呈正比。

[337] 黃心怡，前揭註314，頁137。

[338] 沈宗倫，前揭註139，頁77。

部分是否為原著作之精華、核心，故其重要性又高於「量」的重要性，猶如Harper案中之利用人所摘錄之關鍵文字，即因屬原著作之精華所在而經法院認定非合理使用。

至於，應如何判斷所利用之質量，就其利用之目的而言是否合理？Campbell案判決指出應連同前兩項因素（即：利用之目的及性質，與被利用著作之性質）一併考量，蓋合理之利用範圍，會隨著利用目的與特性之不同而有多寡之分[339]，易言之，應自利用人所利用之原著作之「質」與「量」，判斷該新著作是否有取代原著作之可能性[340]。以Campbell案為例，該案之利用人乃為仿諷目的而利用原著作，其新著作（模仿性嘲諷著作）雖因仿諷特有之特性（如模仿、批評或幽默等），致須利用相當之數量與精華部分，以喚起（conjure up）聽眾對原著作之印象，惟因該仿諷著作已具轉化性，且其中亦有加入利用人自己之原創表達，故在取用不過分且不致讓仿諷著作取代原著作之市場之情形下，即應允許此一利用範圍，並認為已構成合理使用[341]；以iParadigms案為例，利用人雖係以其線上系統，將學生上傳之報告「全部完整地」轉存為數位碼，再用以全文比對資料庫內所儲存之資料，俾偵測文章內容有無抄襲，法院仍以利用行為已對社會產生了巨大之公共利益為由，認定利用人已將原著作為功能上或目的上之轉化，而屬合理使用。

---

[339] 謝國廉，前揭註279，頁216。

[340] 黃心怡，前揭註314，頁137。

[341] 王敏銓，前揭註226，頁131、140-142；楊智傑，前揭註136，312-313。

（二）我國實務見解：

就本款之適用，我國法院裁判之見解相當分歧，有認為本款所指之「整個著作」，係指利用人之新著作，而就「利用人所利用之質量」占「整個新著作」之比例為判斷[342]；亦有以本法本條款之立法理由[343]為據，認為應同時判斷該利用之質量，占「整個新著作」及「整個原著作」之比例[344]；亦有以本款所參考之美國立法例係以利用內容占「整個原著作」之比例為判斷，而認為本款所指之「整個著作」，係指享有著作權保護之原著作[345]，就如此歧異之見解，多數學者均援引美國立法例與前揭美國判決先例之見解，主張應以利用內容占「整個原著作」之比例為判斷，其中有以所利用部分在新著作中所占的比例高或低，與所利用部分在被利用著作中所占的比例高或低，其間與合理使用之關係，僅能自「所利用內容占被利用著作的比例」觀之，始能成功判斷是否符合理使

---

[342] 智慧財產法院101年度民著訴字第26號民事判決、104年度刑智上訴字第47號刑事判決。

[343] 同註26。

[344] 最高法院106年度台上字第2093號刑事判決、104年度民著上字第7號民事判決。其中之106年度台上字第2093號刑事判決乃以：「依該條立法理由說明，第3款…係指所利用部分在新著作中及被利用著作中，兩相衡量，就整體觀察其質量各所占比例…如未從雙方面斟酌之各情，遽行判決，尚嫌欠洽。…原判決理由雖說明：系爭叢書電子檔收錄208種書籍，賴○著作僅占其中4種，其中95.7%為賴○原序，其餘4.3%暫時無從確定，而縱然該4.3%均為告訴人林○○所編輯，但就其伍○○所利用之整體著作以觀，所占比例尚低等旨…，似乎僅片面以伍○○所利用部分，占其資料庫內所有收錄書籍的比例，作為考量基礎，卻未另面審酌於被利用的告訴人著作，占其整體的比例若干，亦有欠妥。」為由，廢棄原審智慧財產法院104年度刑智上訴字第47號刑事判決。

[345] 智慧財產法院103年度民著上更（一）字第2號民事判決、104年度民著上字第5號民事判決、104年度刑智上易字第90號刑事判決。

用為由，而認本法本條款之立法理由顯有誤導認知之虞，徒增實務上審酌之困難[346]，本文亦採多數學者之見解，蓋本文認為此款之目的，既在於以利用人所利用原著作之質與量，來判斷利用人之新著作是否有取代原著作之可能性，則只有從「利用之質量占原著作之比例多寡」，亦即原著作究竟被利用多少質與量，方能判斷是否可能因此而取代原著作。

此外，雖我國法院就本款所指「質」與「量」均應同時判斷，且「質」的重要性，其判斷應大於「量」的重要性等見解，已成定見，惟本款之考量，常判斷至此即嘎然而止，多有未針對「被利用著作之質與量，就利用人利用之目的而言是否合理」乙節再為論述之情，實則本款既應連同前兩款基準為審酌，俾判斷被利用之質與量，是否為利用目的所必需而屬合理，業如上述，自應併為審酌，否則誠難謂為妥適之判決。

五、利用結果對著作潛在市場與現在價值之影響（the effect of the use upon the potential market for or value of the copyrighted work）

（一）美國法之實務見解：

緣著作權法旨在保障作者之創作、使著作權人獲取經濟

---

[346] 「著作權法第六十五條第二項第三款，審酌著作權合理使用與否的第三項重要基準的判斷，與所利用內容占新著作的比例無涉；觀察重點在於所利用內容占被利用著作的比例。其原因在於：即使所利用部分在新著作中所占的比例頗高，但所利用部分在被利用著作中所占的比例或許極低；而從另一角度觀之，即使所利用部分在新著作中所占的比例頗低，但所利用部分在被利用著作中所占的比例或許頗高。由此可知，能否成功以合理使用作為抗辯理由的可能性，係受到『所利用內容占被利用著作的比例』所影響。」，謝國廉，前揭註279，頁218。

利益俾提升創作誘因，與調和社會公益、促進文化發展，業如前述，從而原著作之合法經濟利益，倘因侵害著作權所生之物，與之為不法競爭，致該合法經濟利益受到侵蝕，勢必嚴重影響作者創作之誘因，此當非著作權法所得容忍者[347]，準此，Harper案之最高法院判決認為此一因素乃判斷是否為合理使用之最重要因素[348]。

　　Story大法官於Folsom案即曾指出「利用行為對於被利用著作之銷售所可能致生之損害、對於利潤造成減損之程度、被利用著作因之而被取代之程度」等情事，均為法院所應審酌者[349]，是倘著作權人已有授權市場，利用人卻未透過授權、給付權利金而利用，法院通常係認定原著作之現在價值已受到損害[350]。另因本因素所應考量者，並非僅有原著作現在價值所受之影響，故Harper案之判決即指出法院應併予考量利用行為對於原著作及其衍生著作市場所造成之惡害[351]，亦即不僅應考量利用行為對於原著作已進入之現有市

---

[347] 沈宗倫，前揭註139，頁78。
[348] 林利芝，從KUSO創作探討戲謔仿作的合理使用爭議，收錄於黃銘傑主編，著作權合理使用規範之現在與未來，元照，2011年9月，頁264；曾勝珍，前揭註227，頁74。
[349] 盧文祥，前揭註224，頁158-159。
[350] American Geophysical Union v. Texaco Inc., 60 F.3d 913, 931（2d Cir. 1994），黃心怡，前揭註314，頁143。
[351] 謝國廉，前揭註279，頁220；「依照美國聯邦最高法院在Harper & Row案和其他近來實務上的見解所示，『潛在市場』，係包括『當前即有之市場』（an immediate marker）與『遞延之市場』（a deleyed market）在內之概念，其概念範圍，較『市場』一語為廣。」，盧文祥，前揭註224，頁181；「美國最高法院從本項條文用語分析，認為只有兩種類型的損害：對原著作現有市場的損害和對衍生著作市場的損害。」，林利芝，前揭註231，頁171。

場之影響，亦應考量原著作尚未進入之潛在市場之影響，蓋著作權人專有為衍生著作之權利，該改作權自不應因利用人之市場先占而遭剝奪[352]，且衍生著作之市場本即能對原著作之作者帶來創作之經濟誘因，自應併予考量，惟為免潛在市場之範圍過大，致全然無合理使用之空間，美國大多數之法院係以原著作之常態市場為本因素所指之潛在市場，亦即原著作之著作權人可被合理預期將進入或授權他人進入之市場[353]，誠如American Geophysical Union v. Texaco Inc.案之下級法院判決即認為法院僅須考量傳統、合理或可能開發之市場[354]。

正因本因素乃4項因素中最難以判斷者[355]，故美國著作權法泰斗Melville Nimmer教授即曾提出「功能（functional）」檢測標準，據此，法院即得依該檢測標準，將利用人之新著作與原著作二者在相關市場中之功能為比較，祇要該新著作有別於原著作之功能，自因其較不易取代原著作之市場，而有成立合理使用之空間[356]，猶如Campbell案判決已指出在

---

[352] 王敏銓，前揭註226，頁142。

[353] 許忠信，前揭註222，頁194；「美國最高法院…是將潛在市場限於原著作之創作人『一般』所會『發展或授權他人發展』的市場，亦即所謂的『通常市場』（normal market）。此看法有一九七五年參院立法紀錄為據：『取代著作之通常市場的任何部分的使用，通常會被認為是侵害行為。』這是將著作之利用，區別為著作權人會合理預期所作或授權他人為之的利用，有別於著作權人不能合理期待為之的利用。」，王敏銓，前揭註226，頁144-145。

[354] 王敏銓，前揭註226，頁145。

[355] 曾勝珍，前揭註227，頁75。

[356] 林利芝，前揭註348，頁264-265；「Nimmer所提出的標準為『功能性標準』（functional approach）：『不論媒介為何，被告的著作即令含有與原告著作實質相似的材料，但實行不同的功能，則可以為合理使用』。」，王

通常情形下，因戲謔仿作與原著作各自具有不同之市場功能，而不會影響原著作之市場，故較不易取代市場上之原著作[357]。

　　雖謂本因素乃合理使用判斷之最重要因素，惟此一因素尚非唯一之考量因素，故美國聯邦第九巡迴法院即曾就Perfect 10, Inc. v. Amazon.com, Inc.[358]案（以下簡稱Perfect 10案）中Perfect 10所為之主張——若Google圖片搜尋技術之預期用途是為了商業獲利，即可推定其原著作之市場有受損之可能性云云[359]，同時衡酌本因素與第1項判斷因素，並認定Perfect 10之上開主張無法成立，蓋Google之搜尋引擎雖將Perfect 10之攝影著作以縮小圖示方式呈現於搜尋結果頁面，而可能影響Perfect 10已提供縮小圖示下載服務之市場，惟是否足生市場替代性尚有疑義，且原著作市場之損害亦未必如此容易推斷[360]，遑論原攝影著作原本可能係為了娛樂、美學或資訊等目的而創作，該搜尋引擎則已將其轉化為指示使用

敏銓，前揭註226，頁145。

[357] 林利芝，前揭註348，頁271。

[358] Perfect 10, Inc. v. Amazon.com, Inc.,487 F.3d 701（9th Cir. 2007）. 本案原告Perfect 10所經營之網站，除提供其攝影著作予付費訂閱者瀏覽，亦提供下載其攝影著作之縮小圖片至手機之服務，因案外人所盜用並貼在其他網站上之Perfect 10攝影著作，仍能被Google之搜尋引擎搜尋到並以縮小圖示之方式呈現在搜尋結果頁面上，一經瀏覽者點選縮圖，即會開啟一新視窗，並出現一網頁框架，其框架上半部則呈現縮圖、文字說明、原始網頁連結，框架下半部則係連結到原始之大圖網頁。被告Amazon網站上之搜尋功能乃係向Google購買，亦呈現了如上述之搜尋結果頁面及網站連結，原告遂於2005年6月控訴被告Amazon及其通路商A9.com侵害其著作權，王偉霖，前揭註278，頁360-366；楊智傑，前揭註136，頁352-362。

[359] Perfect 10, Inc. v. Amazon.com, Inc.,508 F.3d 1168（9th Cir. 2007）.

[360] Id. at 1168。

者尋求或接觸資訊之導引工具[361]，其所新增有利於社會之目的，實已具高度之轉化性，而已構成合理使用[362]，職是，揆諸其判決意旨實可知利用人就原著作之轉化性越強，對市場造成影響之可能性即越低[363]。

（二）我國實務見解：

本款乃在考量利用後，原著作經濟市場是否因此產生「市場替代」之效果，致使原著作之經濟利益受到影響，若影響越大，則不易成立合理使用[364]，準此，衡量本基準時，除考量利用結果對現在市場之經濟損失外，亦應參酌對未來潛在市場之影響，兩者在判斷時應同具重要性[365]，關此，學者亦援引Campbell案與Perfect 10案判決意旨而謂：「本款之焦點在於著作的未授權利用對於現有著作物產生的市場替代效果，以及對於潛在著作物的市場先占效果。」[366]。為判斷利用行為對原著作經濟價值之影響，即應探討原著作在市面之流通量與其著作權有無授權[367]，甚且，縱著作權人目前僅供自身重製及公開傳輸之用，亦不代表無透過授權第三人使用該著作收取對價之潛在市場，是未取得授權及支付對價即逕予利用原著作之行為，顯已侵蝕著作權人之潛在授權市

[361] Id. at 1165。
[362] Perfect 10, Inc. v. Amazon.com, Inc.,487 F.3d 720-722 （9th Cir. 2007）.
[363] 王偉霖，前揭註278，頁344。
[364] 智慧財產法院104年度刑智上易字第90號刑事判決。
[365] 智慧財產法院100年度民著上字第9號民事判決。
[366] 沈宗倫，還原工程與合理使用——以中間重製的適法性為探討核心，收錄於黃銘傑主編，著作權合理使用規範之現在與未來，元照，2011年9月，頁410。
[367] 智慧財產法院100年度民著訴字第31號民事判決。

場，對於將來利用原著作之經濟市場，即不無影響[368]。又，本條項第2、3款判斷基準亦輔助本基準之認定[369]。

六、綜上所述，實可知如何將4項判斷基準環環相扣，俾綜合考量利用行為是否構成合理使用，乃一大學問，茲以相當具代表性之美國聯邦第二巡迴上訴法院Authors Guild v. Google Inc.案[370]（以下簡稱Google Books案）為例，即足明法院究係如何於數位時代為公益與私益之衡平：

本案法院乃認利用人Google所為全文掃描等利用行為雖具營利性，惟營利目的並非絕對之判斷標準，畢竟幾乎所有列在美國著作權法第107條第1項前段之批評、評論、新聞報導、教學、學術、研究等6種生產性使用，均具營利性質，

---

[368] 智慧財產法院104年度刑智上易字第90號刑事判決。

[369] 智慧財產法院98年度民著訴字第8號民事判決。

[370] Authors Guild v. Google, Inc., 804 F. 3d 202, 206（2d Cir. 2015）．本案被告Google於2004年起即針對包含但不限於仍受著作權保護之書籍、已屬公共領域之書籍等，為全文掃描、轉檔、編製索引，並以該等電子檔架設Google圖書（Google Books）搜尋引擎，供使用者搜尋書中任何一頁之關鍵字，一經搜尋，搜尋結果頁面即會顯示載有該關鍵字之上下行文字供使用者閱覽片段（snippet），此外，Google除與合作之圖書館以契約約定該等圖書館應於遵循著作權法之條件下，下載Google所提供之掃描圖書影像與文字檔並准予保留數位化複本外，更於2004年12月宣布即將進行一項「圖書搜尋計畫」，計畫藉由Google與美國數所高聲望之大學、公共圖書館簽訂合作建構圖書館館藏之「數位資料庫」，以上述之搜尋、片段閱覽模式，供一般大眾免費使用，該計畫一經公布即造成極大爭議，致使美國作家協會（Authors Guild）及其他作者於2005年9月對Google提起集體訴訟（即本案之第一審）、5家美國出版社於2005年10月聯合控告Google，嗣本案兩造雖曾於2008年10月間向法院提出和解方案並達成和解，惟美國司法部對此和解提出抗議，法院遂於2011年3月22日駁回和解協議，嗣續行訴訟，終至2013年11月14判決認定Google符合合理使用規定。經原告上訴，第二巡迴上訴法院亦認Google圖書搜尋構成合理使用而於2015年10月判決，楊智傑，前揭註136，頁363-371；王偉霖，前揭註278，頁373-375；胡心蘭，前揭註229，頁221；曾勝珍，前揭註227，頁59-60；郭雨嵐、顏于嘉，前揭註218，頁52。

遑論利用行為已將原著作高度轉化而增添新的意義——提供資訊進而促進整體社會知識、文化之發展；不論原著作係事實性或高度創作性著作，因利用人乃係轉化的產生關於原著作之有價值之資訊，實質上並不會取代原著作；且縱為全文重製，亦因搜尋結果僅係不連續、破碎片段之片段閱覽且至多僅能閱覽原著作之16%，而不致產生市場替代，自屬為達成轉化目的所必須而為合理之利用範圍；正因越屬轉化性之使用，越不會影響原著作之市場，則搜尋之功能本身既不會替代原著作業如上述，縱片段閱覽一定會造成一些損失，但因屬破碎、不連續之片斷，自仍不足以構成「有效競爭之替代物」，綜合4項考量因素，法院認為利用人已構成合理使用[371]。

[371] 楊智傑，前揭註136，頁371-375；胡心蘭，前揭註229，頁224-225；曾勝珍，前揭註227，頁60-63。

第四章
臺灣實務就攝影著作合理使用之認定

第一節　為報導而利用者

第一項　最高法院92年度台上字第205號刑事判決及本案之終審最高法院92年度台上字第3344號刑事判決[372]

　　本案乃報社記者重製他報之攝影著作，用以搭配該報社記者所撰寫之文章。本案第三審最高法院92年度台上字第205號刑事判決乃以本法於第44條（本章節僅載條號，本法二字均予以省略）以下之20餘條文，有就著作財產權之限制予以規範，為使抽象之法條於具體個案之判斷有所依循，已明定第65條第2項規定，原判決（即臺灣高等法院88年度上訴字第3207號刑事判決）固以第52條為利用人無罪之依據，但對於利用人引用自訴人之記者所拍攝之系爭照片，是否符合前揭合理使用判斷之標準，未於理由中詳加論述，自不足

---

[372] 本案自訴人民○報於1998年8月14日刊登其記者於採訪某一服飾發表會時所拍攝之影星徐○○走秀照片（下稱系爭照片）於民○報第9版，被告自○○報之攝影記者（亦為被告）為配合另一記者採訪該影星對於系爭照片曝光之反應所撰寫之文章（下稱系爭文章），未經民○報同意或授權，重製系爭照片（該照片下方有載明「記者○○○翻拍自民○報」）並隨同系爭文章刊登於隔日之自○○報第31版。

以昭折服云云為由，廢棄原判決。

　　本案終審則係維持原判決（即臺灣高等法院92年度上更（一）字第96號刑事判決，以下簡稱更審判決）所為合於第65條合理使用規定之認定，並另為闡釋「引用之著作，本不限於語文著作，照片、圖形、美術等都得於合理範圍內加以引用。」等語，更審判決之理由則略以：自〇〇報某記者為報導影星走秀之系爭攝影著作是否曝光及該影星對該照片之反應，另一記者為配合撰文輔以翻拍之系爭攝影著作於該語文著作中，其撰文與照片部分亦可區辨，並已註明被引用之著作權人，而照片中之影星有無曝光，自係以轉載刊登最為明確，且依其著作之性質，亦有配合刊登轉載系爭照片以協助讀者明瞭之必要。

　　本文認為本案第三審以法院適用第52條時，應再審酌第65條第2項4款所定合理使用事項之見解，堪稱妥適，蓋以法律適用言，本案利用人係於1998年8月間利用系爭照片，是本案所適用之合理使用規範為1998年1月21日之修正條文，該時第65條第2項4款規定乃獨立之合理使用概括條款（現行規定亦同），至於第49條、第52條則分屬2014年1月22日第65條修正理由[373]所指之豁免規定（或稱法定例外）、合理使用，二者之相異處為：（一）前者係立法機關對於特定著作之特定利用行為所設計之免責規定[374]；後者所適用之著作類

---

[373] 同註264。
[374] 蕭雄淋，前揭註233。

別與受其限制之專屬權種類並無限制[375]，若經法院判定符合公平合理，即得適用該規定；（二）利用行為如符合豁免規定之要件，法院即無審酌第65條第2項各款之餘地；如利用行為不屬豁免規定所定之情形，法院即應審酌是否符合第65條第2項各款之合理使用情形，從而本案第三審就法院適用之上開見解值得肯認。

至於上開經終審維持之更審判決，雖有載明第49條、第52條及第65條第2項等規定，並於文末載稱「綜合上情以觀，本件個案仍不能證明被告等有故意違反本法之情形，其利用自訴人所刊登之照片既為報導影視新聞而合理使用，且縮小尺寸、註明出處，所為尚合於本法之上開規定…」等語，惟細譯更審判決，卻無法確切得知其究以何等規定為認定依據，而僅能得知係依第65條第2項各款為判斷，若非該終審判決有就「引用」為闡釋，而得據以判斷終審判決似係依第52條及第65條第2項各款認定本案利用行為合於合理使用，實難自「未載明適用何規定為本案之認定」之更審判決確知其所適用之法律，如此之判決對當事人而言誠屬不當。

承上所述，倘認更審與終審均係依第52條及第65條第2項4款判斷基準認定本案之利用行為合於合理使用，本文則肯認該等判決以自○○報為報導影星就系爭走秀照片曝光之反應，並讓讀者自行判斷該影星之批評是否正確，而有轉載刊登系爭攝影著作之必要為由為認定，蓋本文認為利用人

---

[375] 許忠信，前揭註222，頁185。

之利用目的，縱與自訴人民○報同為新聞報導而具有商業目的，然其利用目的既尚有「為使讀者知悉被拍攝者之批評，並由讀者為公評」此一新的意涵、新的訊息產生，自與自訴人僅係為報導走秀新聞而使用系爭著作之目的有間，而已屬本文第三章第三節所載之偽轉化利用；系爭著作雖具原創性而有其價值，惟因屬新聞性著作，其應受本法保護之強度尚亞於高度創作性之著作[376]；被利用之系爭著作雖達百分之百，惟因僅刊登尺寸縮小之翻拍照片，故此一略有色差之照片，其品質實不若原著作，且若僅刊登部分系爭著作，恐難以說明系爭照片備受批評之原因，致無法發揮其利用之功能，亦即無法使讀者了解為何該影星會批評，亦無法於「無完整之照片」之情形下，由讀者自行評斷該影星之意見是否有理；因自訴人無法舉證系爭著作遭利用已影響其潛在市場與現在價值，且該縮小尺寸之翻拍照片已因品質不佳而難以影響原著作之潛在市場與現在價值，短讀者更有可能因想看得更清楚些，而去購買刊登有原著作之民○報，如此一來，民○報之銷售量實有可能不減反增；此外，因利用人有於重製之照片下方載明「記者○○○翻拍自民○報」，佐以利用人係為「輔助撰文讓讀者得以為公評」而有利用系爭照片之必要，故本案亦已合於第52條所規定為報導而引用已公開發表之著作之合理使用情形。

　　對照與本案事實相似之Núñez案[377]亦可知，二者除「被

---

[376] 黃心怡，前揭註314，頁140。
[377] Núñez案之事實，同註314。

利用之攝影著作性質」、「著作權人與利用人之身分、其間有無競爭關係」不同[378]外，其他情形則極為相似，諸如：利用人利用著作之目的雖均有商業目的，惟二者均存在著「利用人欲藉由報導讓讀者為公評」此一偽轉化利用、被利用之著作均非高度創作[379]、被利用之原著作雖均達百分之百，惟若不刊登全部，將使事件之報導異常困難，致無法達到使讀者公評之利用目的、著作權人均無法舉證利用行為已影響攝影著作之潛在市場或現在價值，甚且二者之攝影著作均已非首次發行，是本案判決與Núñez案均認定利用行為合於合理使用情形，堪稱妥適。尤其係更審判決雖未明白表示利用人已屬轉化性使用，惟其判決理由實已慮及轉化性使用，故本文認為該見解頗值贊同。

第二項　智慧財產法院99年度民著上易字第1號民事判決及其原審智慧財產法院98年度民著訴字第45號民事判決[380]

本事件乃利用人以其部落格文章，引用他人之攝影著

---

[378] 本案自訴人之攝影著作係民○報為了報導新聞而使用，Núñez案原告（為專業攝影師）之攝影著作係供模特兒Giraud作為模特兒作品集使用。

[379] 本案之攝影著作為新聞性著作、Núñez案之攝影著作雖需拍攝技術，但該用供模特兒作品集之攝影著作，因僅係為了向公眾傳達模特兒之特質，並無法顯現拍攝者之思想與感情。

[380] 本件原告（即上訴人）除為系爭攝影著作「紅冠水雞」之著作權人，並曾將系爭著作授權予國立鳳凰谷鳥園網站使用於台灣鄉土鳥類網頁。被告（即被上訴人）在○○○部落格，設立「我們正在構築，屬於我們自己的歷史記憶」之部落格，並於2008年10月19日在該部落格之生態筆記中發表「一顆蛋毀了一座林」之文章，且在該文章中重製原告授權予國立鳳凰谷鳥園網站上之系爭攝影著作一張。

作為時事評論報導。本件之原審乃認被告符合第49、52條規定[381]，惟第二審則認均不符合[382]，所持理由之差異點在於：非以網路為時事報導為業之工作者，是否該當第49條[383]所定之「以網路或其他方法為時事報導者」？非媒體新聞工作者之利用人，為評論時事，於網路上所發表之文章引用他人已公開發表之攝影著作，是否符合第52條？原審採肯定說，第

---

[381] 其判決理由為：市定古蹟松山菸廠於2002年經台北市政府規劃為巨蛋體育館預定地，並於2006年間與廠商簽約，自此即有正反意見相持不下之情，被告於事件仍在餘波蕩漾之際，於部落格中引用系爭照片於其文章中，觀其前後文可知其目的係為傳達反對於該菸廠廠址與建巨蛋體育館之理念，雖被告並非傳統定義下之新聞工作者，惟按科技之發達，使人民關於國家政治、社會活動等各項資訊之獲得，已不僅限於所謂新聞媒體工作者，且何謂新聞媒體工作者，亦因科技之發達，使人人皆可成為新聞工作者。被告上開部落格之副標題亦載明「手牽緊一點-總有一天，我們會知道我們是誰！本部落格內容將以翻譯工作，生態隨筆，政治抒發為主」，可知被告之部落格亦係網路發達時代下，時事報導、評論之媒介。被告因關心社會公益所為之時事評論報導，符合立法者制定第49、52條，在保障著作權人之權利，及追求促進資訊流通之社會公益間所為之利益衡量。利用人使用系爭著作，其目的正當，並無任何證據證明被告非善意，且被告僅於文章最後提及「紅冠水雞和其它動物暗夜裡傳來的泣聲～～～」後，使用系爭著作一次，亦無證據證明被告有濫用之行為，核其所為，應屬「合理」、「必要」且「正當」。

[382] 其判決理由為：因被告非以網路為時事報導為業之工作者，核其所為，非屬第49條所規定之「以網路或其他方法為時事報導者」，至其行為是否符合第52條規定，則應另行檢視。…若僅因被告關心社會公益而謂其所為係時事評論報導，而將其視為受過專業訓練之新聞工作者，則任何人在網路上發表文章評論時事，皆認定為時事評論報導，而得任意使用他人之攝影著作，對攝影著作權人之保護顯有不及，況且撰寫文章搭配圖像照片，雖可提昇閱讀者之興趣，但亦非必要，且亦不能因被告於文章最後提及「紅冠水雞和其它動物暗夜裡傳來的泣聲～～～」後，即認其使用系爭攝影著作係合理、正當，因其文字內容本身，不須系爭著作之搭配，即可傳神地表達紅冠水雞和其它動物暗夜裡傳來的泣聲。故被告使用系爭著作之行為，實難符合立法者制定第49、52條，在保障著作權人之權利，及追求促進資訊流通之社會公益間所為之利益衡量。

[383] 本法第49條：「以廣播、攝影、錄影、新聞紙、網路或其他方法為時事報導者，在報導之必要範圍內，得利用其報導過程中所接觸之著作。」

二審則採否定說，而依第65條第2項審酌利用行為是否符合第52條所定之合理範圍內，該等判決之理由亦截然不同，原審認系爭著作雖為原告數年間之心血結晶，但本法本即非鼓勵辛苦勞力，而係鼓勵創新發展，該著作自1991年間流傳至今，隨著攝影技術發達，其受本法保護之強度，已與創作當年無法同日而語，惟第二審則認系爭著作受保護之強度，固無法同日而語，但其思想表達仍應受本法之保護；又，原審認被告雖使用系爭著作全部，但攝影著作本即難割裂引用，且被告僅於系爭文章利用一次，難認對系爭著作之潛在市場與現在價值有何實質之影響，況被告將系爭著作與文章結合之後，已改變原系爭著作之利用性質，第二審則認原告於系爭部落格發表文章雖未向瀏覽者收費，亦不須繳費予ISP業者○○公司，惟該業者仍可因系爭部落格網頁之點閱率上揚向第三人爭取於該網頁刊登廣告，而產生商業價值，足見ISP業者與部落格所有者（如被告）形成共生互利之關係，難謂被告並未獲得利益，亦難認被告係合理使用系爭著作。

　　本文認為第49條與第52條之規定，均未限定利用主體須為媒體新聞工作者[384]，是第二審判決限縮該等規定之利用主體，已有不當。另，原審雖認本案利用行為合於第49條，惟本文認為實不該當，蓋系爭文章乃利用人用以表達反對於

---

[384] 「本法第49條利用人主體除了廣播、攝影、錄影、新聞紙等傳統型的傳媒外，為因應網路之發展，新法特增訂以網路為時事報導者，亦為本條合理使用之主體。故本條之利用人，非只限於一般認知的企業型媒體機構，即使一般民眾，自行為時事報導行為，其相關之採訪過程所接觸的著作，亦得主張本條之合理使用。」，簡啟煜，前揭註55，頁393。

松山菸廠現址興建巨蛋體育館之時事評論報導，其雖引用系爭紅冠水雞照片，俾與該文章最後所載「紅冠水雞和其它動物暗夜裡傳來的泣聲～～～」相呼應，惟系爭攝影著作內之紅冠水雞既非棲息於松山菸廠內溼地之紅冠水雞，且該著作亦非利用人為時事評論報導過程中，感官所得知覺存在之著作，是否能該當第49條所定「報導過程中所接觸之著作」之要件，實有疑義。至於第65條第2項各款之審酌，因原審已考量「利用人將系爭著作與文章結合後，已改變原系爭著作之利用性質」此一轉化性使用，該判斷顯較第二審僅單純以利用人可因與ISP業者形成共生互利關係而獲得利益之考量，更符合本法所定合理使用規範之真諦；系爭著作雖屬高度創作而有一定之價值，惟考量該著作已授權鳳凰谷鳥園網站供不特定人點閱，其價值應已有所減損；系爭文章最後所載之文字意涵，已足以表達利用人為本件時事評論報導之理念，系爭文章引用系爭著作僅係錦上添花罷了，是本文認為其利用系爭著作全部，應已逸脫時事評論報導所需之範疇；雖謂轉換性使用較不易對原著作之現有價值或潛在市場有所影響，惟慮及本件著作權人已有授權市場，利用人未透過授權、給付權利金而為使用，難謂不致造成系爭著作之潛在市場與現在價值之影響，準此，原審及第二審均未審酌利用人何以能無須透過授權即逕予引用系爭著作全部乙節，亦未盡妥適，畢竟攝影著作雖仍得為被引用之著作類別，惟倘非僅引用少量或部分，而係引用全部著作，此等利用亦不得與著作權人對其著作之

正常利用相衝突[385]，從而倘著作權人已就其攝影著作提供適當且合理之授權管道，任何人即不得主張其未經授權而引用該攝影著作全部之利用行為合於合理使用[386]。綜上考量，本文傾向於本件利用行為應無法構成第52條之合理使用情形。

第三項　智慧財產法院100年度民著上易字第1號民事判決[387]

本事件乃電視製播人員重製他人之攝影著作，於電視新聞特輯公開播送。該判決乃以特輯與時事報導有別，認定系爭特輯乃歷史事件所生影響之社會報導文學，並非報導當時國內發生大陸地區軍民撤退臺灣之時事，故不符第49條規定[388]。復為判斷利用人引用系爭著作是否符合第52條所定

---

[385] 英國之「2014年著作權及表演權利（引用及戲謔改作）施行法（The Copyright and Rights in Performances（Quotation and Parody）Regulations 2014）」，章忠信，前揭註216，頁21。

[386] 同前註。

[387] 本件上訴人（即被告）東○電視為製播主題為大陸地區之軍民於1949年間撤退抵臺前對臺灣造成之影響特輯，曾前往戰爭與和平紀念館，就館內所展示之臺籍老兵珍貴史料（包括系爭攝影著作）進行拍攝。但東○電視並未於2009年7月25日之特輯中播放其於現場所拍攝之照片，反而係於未經著作權人授權之情況下，公開播放館方人員所贈光碟（該光碟存錄有館內所展示之照片）內之系爭攝影著作。經被上訴人（即原告，乃系爭攝影著作之著作權人）訴請東○電視及其負責人連帶賠償損害，東○電視則以系爭攝影著作為其於拍攝、採訪之過程中所合法接觸之已公開發表之著作，其以之作為新聞時事之報導使用，已符合本法第49條、第52條及第65條第2項規定「合理使用」之認定標準為辯。

[388] 智慧財產法院100年度民著上易字第1號民事判決：「所謂時事報導者，係指現在或最近所發生而為社會大眾關心之當時事件之報導，其包含政治、社會、經濟、文化、體育等議題，性質上不宜夾帶報導者個人之價值判斷。而所謂特輯者，則相當於平面媒體之社論、專欄或評論等，性質上並非針對時事之報導，而係針對某一事件之看法，其中常蘊藏有執筆者個人之專業知識及價值判斷，可以微論文視之。是以，倘在所謂之特輯、社論、專欄、評論或論文中重製他人之著作，又非合理使用時，仍有侵害他人著作權之

「在合理範圍內」，則依第65條第2項所定各款情形審酌而認定利用行為已逾越合理範圍，其理由略以：利用人乃以營利為目的，其利用系爭著作自應給付相當之對價始稱公允；所謂著作之性質，係指被利用著作之性質，系爭著作與一般攝影著作相比，顯有相當程度之創意，應受較高之保護；照片人物為系爭著作之要素，其餘之文字記載僅屬次要之地位，故直接引用照片即屬使用系爭著作之重要部分；衡量第4款因素，除應考量利用行為對現在市場之經濟損失外，亦應參酌對市場未來之潛在市場影響，兩者在判斷時應同具重要性，系爭著作並非已絕版，利用人可經同意或授權取得，詎其捨此不為，且系爭著作係使用於「臺灣兵影像故事」著作，有其一定市場經濟價值，倘任憑他人非法利用，將造成現在與潛在市場之損失。

本文肯認本判決所為系爭新聞特輯非屬第49條時事報導之認定，亦肯認本判決先依第49條本身之要件認定本件無第49條之適用后，再以第52條因有「在合理範圍內」字樣，而依第65條第2項之4款基準為判斷之法律見解，惟本判決就第65條第2項第1款之判斷，僅以利用人具營利目的即逕認不

可能。…東○電視…製作主題為大陸地區之軍民於1949年間撤退抵臺而對臺灣造成之影響特輯，…乃歷史事件所生影響之社會報導文學，並非指2009年7月25日（播出日期）國內發生大陸地區軍民撤退臺灣之時事，…揆諸前揭說明，系爭特輯內容與時事有別，非屬時事報導。縱……2009年間因龍○○之『一九四九大江大海』著作獲得廣大迴響，因而觸發製作系爭特輯之動機云云，惟所謂之「時事」者，亦應指龍○○上揭著作在市場上之銷售狀況、或作者、讀者就上開著作之看法、迴響等，與…系爭特輯…所呈現之評論式報導仍有不同，…東○電視於其所製播之系爭評論式特輯中利用系爭攝影著作，顯非因報導而合理利用他人著作之行為…。」。

符合，本文無法認同，畢竟第1款之判斷已不再單純二分商業及非營利（或教育目的），而應以是否有助於社會公共利益或國家文化發展為斷，尤其係利用人之新著作是否具轉化性，更為一足以稀釋商業目的利用之重要判斷基準，準此，如以轉化性理論來判斷本案之利用行為，本文認為本案之利用行為應合於合理使用，蓋系爭攝影著作乃供作臺籍老兵史料使用而於戰爭與和平紀念館展示，除用供民眾欣賞照片，亦具有記錄歷史之目的，而利用人利用原著作於新聞特輯中，則係為探討榮民撤退抵臺對臺灣所造成之影響，其利用目的除記錄歷史外，尚在於讓觀眾了解該歷史對臺灣之影響，進而使觀眾能有所思辨甚至省思，此一新的意義，應已具轉化性，尚非僅代替原著作達成照片欣賞及記錄歷史之目的而已，或謂其轉化程度並不高，但亦不低，自仍足以稀釋利用人所具有之商業性目的；另，本文雖肯認系爭攝影著作確為一高度創作性之著作，然考量該著作已展示於紀念館供民眾參觀，其價值應已有所減損；又利用人雖使用系爭攝影著作之全部，然此乃被利用著作為照片之性質使然，倘系爭著作於特輯中僅出現幾秒鐘，該利用之質量就利用目的而言，尚非不合理；再者，因系爭特輯乃係於電視播送，其是否有取代系爭著作市場之可能性，尚非無疑，遑論系爭著作或有可能會因電視播送之擴散效應而增加觀眾對系爭著作之詢問度，是綜合上開4款基準為判斷，應已構成合理使用。

第四項　智慧財產法院100年度民著上字第9號民事判決[389]

　　本事件乃報社記者重製他人之人像照片於新聞報導中。本判決先闡述第49條所稱「所接觸之著作」、「時事報導」之定義[390]，並據以認定系爭攝影著作僅係私人照片而非遺照，故系爭著作既非利用人至殯儀館現場以感官所得知覺存在之著作，自不符第49條所定合理使用要件。另因第52條規定得引用他人著作為報導之合理使用要件，限於已公開發表之著作，惟依第3條第1項第15款可知系爭著作僅係非公眾人物使用之私人照片，並非已公開發表之著作，自無第52條之適用，縱有適用，亦不符第65條第2項各款所定合理使用情形，蓋系爭報導乃為促使蘋〇〇報大量銷售而基於商業目的；本件被利用之著作，乃具隱私性之私人照片，隱私權既為憲法所保障之基本權利，自不得因報導自殺事件而以鉅細靡遺之方式揭露當事人（非自願性公眾人物）之隱私細節，畢竟以文字稿為揭露即已足，故利用人刊登系爭著作，顯無必要性，其新聞自由自應作適度之節制；系爭照片為單張攝影著作而構成1件著作，所利用之質量為百分之百；系爭照

---

[389] 本件上訴人（即被告）蘋〇〇報為報導被上訴人（即原告）之配偶自殺事件，未經原告同意或授權，即擅自重製其配偶之照片並刊登於2009年3月28日蘋〇〇報，嗣經原告訴請被告等連帶賠償損害及排除侵害。

[390] 智慧財產法院100年度民著上字第9號民事判決：「以新聞紙為時事報導者，在報導之必要範圍內，得利用其報導過程中所接觸之著作，並得散布該著作，此為關於時事報導之合理使用規定。所謂所接觸之著作，係指報導過程中，感官所得知覺存在之著作。而時事報導者，係指現在或最近所發生而為社會大眾關心之報導，其對象不問政治、社會、經濟、文化及體育等，其為單純傳達事實之新聞報導。」。

片已因繼承而由其繼承人繼承著作財產權，著作財產權既為經濟利用之支配權，並得讓與、授權或設質予第三人，自難謂利用行為不致減損該財產在市場之經濟價值。

　　本文肯認本判決針對第49條所指「所接觸之著作」、「時事報導」之闡釋，亦肯認本判決就本件利用人不符第49條之時事報導合理使用規定，與不符第52條所定「已公開發表著作」之合理使用要件等認定，至於依第65條第2項各款基準所為之判斷，本文雖與本判決同認不符本條項之合理使用，惟本文所持之理由略有不同，首先，就第1款之判斷，本判決僅以利用人具商業目的即逕認不符合，已因未考量轉化性而有率斷之情，蓋系爭攝影著作乃供作人像照片使用，而利用人利用原著作於自殺事件之新聞報導中，則係為新聞報導目的，倘佐以利用人所辯其利用系爭著作亦在提醒讀者勿輕易自殺，而應找尋各種救助管道以得到協助等語，應已因產生新的目的而生轉化效果，尚非僅代替原著作達成人像照片之使用目的而已，惟利用人是否有必要利用整張「未以馬賽克處理之非自願性公眾人物」之人像照片來達成提醒讀者之新目的，實有疑義，畢竟隱私權乃憲法所保障之基本權利，業經本判決詳加敘明，再加上勿輕易自殺之提醒以文字敘述即可達到新的目的，據此均顯見利用人利用整張照片實已取用過當，自已逾越允許利用之合理範圍，復以此一利用行為難謂不致減損系爭著作在市場之經濟價值，是本件利用行為自不應成立合理使用。

　　本案乃報社記者重製他報社之攝影著作於新聞報導中。該判決乃認定本案利用行為符合第49條，其理由略以：本規定之要件為：1.時事報導之行為；2.使用其所接觸之他人著作；3.須未逾必要範圍，準此，被告於當日下午發刊之晚報報導此新聞，就時效性言仍屬時事報導，且被告為能報導該新聞，非接觸告訴人之報導無以完成，為滿足民眾知之權利及新聞完整性，自有使用該著作必要，至於該利用行為有無逾越本條所定之必要範圍，應審酌一切情狀，尤應注意第65條第2項所列之判斷標準，查被告固為刺激報紙銷售量而具商業目的，然因該新聞事件具新聞價值，就滿足民眾知的權利言，尚不足以因具商業目的即認非時事報導而排除第49條之適用；系爭攝影著作之性質乃與新聞事件高度相關之著作，脫離新聞事件，縱照片具原創性，其價值亦不高；被告將主要部分刊登，所占比例不低，但此乃為使公眾知悉之需求所不得不然，縱使用最重要部分，其目的仍未逸脫時事報導所需之範疇；晚報刊登時間已晚於大部分媒體，對系爭著

---

[391] 本件被告謝○○（下稱被告1）、陳○○（下稱被告2）分別為聯○○報副總編輯、聯○報系攝影中心記者，均明知蘋○○報之「立委吳○○帶香奈兒美女上薇閣」新聞報導中所使用之孫○○照片之著作權屬於蘋○○報所有，竟共同意圖銷售而擅自重製，未經蘋○○報同意，由被告1下達指令，命被告2翻拍後以電子檔傳至聯○報系攝影中心，而共同於同日聯○○報A1及A3版新聞報導中，重製蘋○○報上開報導中就孫○○所拍攝照片之攝影著作2張（原攝影著作係孫○○正面及背面全身照片，被告則使用腰部以上裁切後之照片及步入汽車前之背影照片），以此方式侵害蘋○○報之著作財產權。

作之潛在市場與現在價值之影響已微乎其微。且為使報導得以完整而不得不使用他人攝影著作，得以主張合理使用，此在美國司法實務亦迭有判決（即Núñez案）可稽，且以美國為例（即Sony案），新聞報導所牽涉之問題除公眾知的權利外，另含有第一修正案之言論自由議題，在公眾知的權利以及言論自由之保護與著作財產權此一私權之保護兩者產生衝突時，仍以公益之保障為優先。

　　本判決析論第49條之要件有三，本文肯認之，惟本判決遽以被告為完成時事報導，不得不接觸「告訴人之獨家報導」為由，認定被告之利用行為符合第49條所定「利用其報導過程中所接觸之著作」之要件，實已不當擴張本條之適用範圍，蓋依本條立法理由[392]可知，此一要件係指報導過程中，感官所得知覺存在之著作，本案告訴人之獨家報導（含其中之系爭攝影著作）既非利用人於報導過程中，感官所得知覺存在之著作，自與上開要件有間，準此本案並無第49條之適用。此外，就被告報導時事所利用之系爭著作有無逾第49條所指之必要範圍乙節，揆諸最高法院103年度台上字第

----

[392] 1992年6月10日增訂第49條之立法理由：「按報導時事所接觸之層面極為廣泛，而於報導之過程中，極可能利用他人著作，於此情形，苟不設利用之免責規定，則時事報導極易動輒得咎，有礙大眾知之權利，當非著作權法保護著作權之本旨。又本條所稱『所接觸之著作』，係指報導過程中，感官所得知覺存在之著作。例如新聞紙報導畫展時事，為使讀者瞭解展出內容，於是將展出現場之美術著作攝入照片，刊登新聞紙上；廣播電台或電視台報導歌唱比賽時事，為使聽眾或觀眾瞭解比賽情形，於是將比賽會場之音樂著作予以錄音，於廣播或電視中予以播送等，為確達報導之目的，對該等著作有允許利用之必要。本條係參考伯恩著作權公約第十條之第二項、西德著作權法第五十條、日本著作權法第四十一條及韓國著作權法第二十四條之規定，增訂之。」

1352號民事判決[393]意旨，亦可知本判決逕依第65條第2項4款基準來認定，亦有將僅為豁免規定之第49條誤解為合理使用規定之情，實則，本判決當與本章節第三項判決與第六項之更審判決般，於認定利用行為不符合第49條后，再依第52條為認定，並於適用第52條時因其定有「合理之範圍內」等字樣，再依第65條第2項4款基準判斷是否符合合理使用，抑或以本案之利用行為，因屬第65條第2項之「其他合理使用情形」，而直接適用此一獨立之概括合理使用規定。

姑不論本判決業有上開適用法律錯誤之情，本判決依第65條第2項4款基準所為之認定，本文認為除第2款之認定尚稱妥適外，其餘各款之認定均屬不當，蓋被告利用系爭著作乃係為刺激報紙銷售量而具商業目的，其報導實未產生新意而僅生替代系爭報導之結果，且所利用系爭著作之「質」與「量」更非報導所必要，亦即雖僅使用業經裁切之腰部以上正面照片，惟該部分乃創作精華所在，遑論背面照片則係利用全部已達百分之百，本判決雖謂此乃為使公眾知悉之需求所不得不然，惟，縱立法委員之誹聞事件攸關其品德、操

---

[393] 最高法院103年度台上字第1352號民事判決：「按豁免規定與合理使用不同，豁免規定對於著作類別及專屬權種類設有限制，法院考量符合法律所定之構成要件者，即可豁免，無須再行斟酌其它合理使用之權衡要素。著作權法第49條係豁免規定，乃以新聞紙、網路等為時事報導者，在報導之必要範圍內，得利用其報導過程中所接觸之著作，並未規定於合理範圍內為之，得以阻卻違法，法院自無庸斟酌是否符合著作權法第65條第2項各款所定合理使用之事項，以為判斷標準。又第49條所稱『所接觸之著作』，係指報導過程中，感官所得知覺存在之著作。原審認系爭報導屬著作權法第49條時事報導行為，乃未查明蘋○○報為系爭報導時，如何以感官知覺，接觸上訴人之攝影著作，及其必要範圍，遽謂系爭報導符合著作權法第65條第2項所定合理使用之情形，具有阻卻違法事由，而為不利於上訴人之判決，已有違誤。」

守而事涉公益，然其誹聞對象之身形、樣貌究為何尚非關緊要，畢竟以文字報導即可滿足本判決所強調之「民眾知的權利」，是依第1、3款可知，被告使用系爭著作之質與量，就該重製之目的而言並非合理；系爭著作雖屬新聞照片，但因屬獨家報導，著作權人仍有授權著作之市場，遑論被告等人（含聯○報）本即應為蘋○○報之被授權人之一，從而本判決徒以時效性即認系爭著作之潛在市場及現在價值所受之影響微乎其微，似屬率斷。再者，本判決援引Núñez案意旨，即「為使報導得以完整而不得不使用他人攝影著作，得以主張合理使用」作為其立論之依據，則因兩案件之事實不同[394]而不宜比附援引。

第六項　智慧財產法院101年度民著訴字第26號民事判決及本事件之更審103年度民著上更（一）字第2號民事判決[395]

本事件乃報社重製他報之攝影著作於新聞報導中，並將該著作提供予另一新聞媒體而於該媒體之網站上公開傳

---

[394] 「Núñez案中所使用者並非新聞性攝影著作，且該案被告主張其刊登行為主要以評論為目的，與智慧財產法院101年度刑智上訴字第7號刑事判決之事實並不完全相符，是以智慧財產法院於該案件中援引Núñez案作為論理支持，並非完全妥適。若從事實近似觀點言，該案件涉及使用人為時事報導之目的，未經授權使用其他新聞媒體之攝影著作，較相近似之案件應為L.A. News Serv. v. KCAL TV Channel 9，惟KCAL案被告之使用行為並不構成合理使用」，黃心怡，前揭註314，頁145。

[395] 本件原告（即更審之上訴人）聯○報之記者曾○○曾攝得「立法委員邱○遭訴外人黃○○摘去假髮」之新聞照片（下稱系爭照片），聯○報並於2008年12月16日將系爭照片刊登於其發行之聯○報第A6版。被告（即更審之被上訴人）蘋○○報、壹○○明知系爭照片係聯○報享有著作權之攝影

播。就本件事實之法律適用，第一審乃於適用第49條時，依第65條第2項4款基準為判斷而認定合於合理使用，更審則係先依第49條本身要件認定本件無第49條之適用后，再以第52條因有「在合理範圍內」字樣，而依第65條第2項之4款基準審視，認定利用人均無法通過合理使用之檢驗。就第49條言，更審除已敘明本條所指得利用之著作，應以「利用人進行該次時事報導時所接觸者」為限，故倘報導與他媒體相同之新聞事件，卻未至現場採訪，直接使用他媒體就該新聞事件所刊登之著作，作為自己報導之一部分，則利用人所接觸者應屬「其他媒體同業之著作」而非「報導過程中所接觸之著作」，亦就本件利用方式何以已逾本條所稱「報導必要範圍」之程度為說明[396]。至於第一審、更審依第65條第2項分

著作，詎蘋○○報未經聯○報授權，即重製系爭照片於蘋○○報所出版之2010年8月25日蘋○○報A9版「摘邱○假髮黃○○賠30萬確定」報導中，且僅註明「翻攝畫面」而未註明出處，此外，並將系爭照片儲存在具有電腦數位檢索功能之蘋○○報圖片資料庫內，而得透過內部網路公開傳輸，使其編務人員隨時可檢索、重製，且提供予壹○○，而於同日壹○○蘋○○報網站上公開傳輸，該報導除於系爭照片下方記載「蘋○○報」，網頁底端尚標示「2008 Next Media Interactive Limited. All rights reserved.……壹○○…版權所有不得轉載」，聯○報遂以其等已侵害其就系爭照片之攝影著作財產權及姓名表示權為由，訴請蘋○○報暨其負責人、總編輯、核版主編與壹○○暨其負責人賠償損害、刊登道歉啟事及排除防止侵害。

[396] 就蘋○○報所辯系爭報導之照片並非直接翻攝聯○報之系爭照片，而係採訪訴外人黃○○時翻攝黃○○名片背面而得云云，更審乃係以其所辯者縱屬可採，然系爭報導使用訴外人黃○○該名片背面之完整照片，而無任何轉化使用，且所使用之篇幅占系爭照片之全部內容，其清晰度自系爭報導使用之版面觀之亦無模糊不清情事，已對原著作（即系爭照片）產生取代效果，又，系爭報導既係有關黃○○因摘邱○假髮遭法院判賠30萬元之新聞事件，報導此司法事件以文字描述即可，並無「非使用系爭照片無法達到報導目的」之情形，且蘋○○報記者亦於新聞事件現場拍攝有其他照片可資使用，系爭照片並非坊間唯一可呈現新聞事件當下的資料，若係基於

別判斷利用人是否合於該條之合理使用情形、是否符合第52條所定在合理範圍內之要件部分，卻有迥異之判斷，詳言之，雖均認利用行為有助其報紙銷售量故具商業目的，惟第一審認係為喚醒公眾對昔日新聞之記憶而屬新聞報導目的，更審則認所利用之系爭照片為百分之百，已完全取代原著作作為新聞報導之用，並未有任何轉化性使用；就系爭照片之性質，則均認定具原創性，且因獲獎自有一定程度之價值；第3款部分，雖均認系爭照片係遭利用百分之百，然第一審認系爭照片占「新著作」之比例不高，更審則闡釋本款所指之「整個著作」，係指享有著作權保護之「原著作」，本件利用之質量及占整個著作之比例達百分之百，且該照片並無模糊不清，就原著作亦無任何轉化性使用；另一歧異處則係第一審以聯〇報並未舉證系爭照片自流通於新聞媒體市場起，迄蘋〇〇報利用，有單獨存在之著作市場或獨立之市場價值，亦未舉證伊有因利用行為而減損系爭照片之潛在市場及現在價值，更審則認系爭照片之「新聞價值」雖未若新聞事件發生當時為高，然聯〇報就照片均可收取授權費，且照片得獎後尚發放獎金予拍攝者，故尚有一定程度之「經濟價值」在內；此外，第一審亦審酌一切情狀，即公眾知之權利及時事報導之完整性，而認定合於合理使用，惟更審則認公眾僅需知悉該判決之內容即可，該報導得僅以文字為之，如此對公眾知的權利與報導內容之完整性亦無影響。

以新聞照片喚起讀者對該新聞事件之記憶，亦可使用其他照片，而無一定得使用系爭照片之必要為由，認定已逾越「報導之必要範圍」。

本文肯認更審之判決，蓋更審於適用法律時所援引之最高法院判決，已明確闡釋豁免規定與合理使用不同，是更審以未明定「在合理範圍內」字樣之第49條為豁免規定、有明定「在合理範圍內」字樣之第52條為合理使用，故第49條僅須依條文本身之要件為認定，毋庸再依第65條第2項所定4款基準為審酌、第52條除須審酌條文本身之要件外，尚須審酌第65條第2項所定4款基準，為其判決理由，自屬適法，至於第一審未予區分豁免規定與合理使用，而認第49條及第52條均須審酌第65條第2項4款基準，已致使符合豁免規定之利用行為，因尚須依第65條判斷基準為檢驗，而產生合理使用範圍之不當設限，此顯非立法者設計豁免規定制度之初衷[397]。再者，更審非但已清楚釐清第49條所規定「報導過程中所接觸之著作」要件，而足資日後之著作權人與利用人遵循，就第65條第2項第1款之審酌，尚權衡有無轉化性使用，且就第3款所指之「整個著作」，闡釋係指享有著作權保護之「原著作」，甚至就被利用著作之潛在市場與現在價值之考量層面，亦較第一審為廣，是更審判決之認事用法顯較第一審妥適，自當予以肯認。

第七項　智慧財產法院103年度民著訴字第57號民事判決[398]

本事件乃電子報員工重製他人之攝影著作於該電子報之報導中。本判決乃認縱被告為侵權行為人，被告使用系爭

---

[397] 同註264。

[398] 本件原告將伊在美國維吉尼亞州波士頓紅襪小聯盟球隊主場，為現場採訪

攝影著作仍符合第52條、第65條第1、2項所定之合理使用情形，蓋該電子報係以部落格經營並以宣導政論時事為主，並無廣告及營利，且系爭報導引用系爭著作，意在補充蔣姓選手被交易到美國小聯盟首場出賽時即擊出2支安打之優異表現，乃為補充報導內容並與讀者共享，非出於商業目的；原告經營部落格之目的在於報導運動選手之現狀，且免費供不特定人搜尋點閱；系爭報導僅刊在生活新聞版面，且亦報導我國另2位選手於美國職棒出賽之結果，系爭著作僅占部分比例；系爭著作張貼於原告部落格後，迄至電子報引用，歷經2年餘，未見有何潛在或現實上之經濟價值存在，故該電子報使用系爭著作之結果，難認對該著作潛在市場與現在價值有何影響。此外，本判決並敘明原告之攝影著作並非被告員工於轉載編輯系爭報導過程中，以感官知覺所接觸者，故無第49條豁免規定之適用，且因該豁免規定並未明定「在合理範圍內」為之，自無庸斟酌第65條第2項各款所定合理使用之事項再為判斷。

本文肯認本判決就第49條、第52條、第65條第2項間之法律適用，惟本判決依第52條及第65條第2項認定該電子報之利用行為屬合理使用乙節，本文雖亦認已符合上開規定，然所持之理由尚與本判決有間，本文認為系爭報導使用系

而拍攝之我國職棒選手蔣〇〇打擊揮棒動作之照片，張貼在無營利、廣告之「台灣農場報報」部落格，而被告為美〇〇電子報之發行人，其員工於編輯版面時，未經原告之同意或授權，即以重製之方式將系爭照片右下角之浮水印予以切除且未註明出處，而於2011年8月2日轉載授權人中〇通訊社之「交易後首戰蔣〇〇敲2安」新聞報導至美〇〇電子報時，將重製後之系爭照片作為該新聞報導內容之圖片，並公開供一般不特定人瀏覽。

爭著作之目的與性質，既與原告相同，均為報導運動選手之動態並與上網瀏覽之讀者共享，系爭報導似有替代系爭著作達成該等目的之情，惟若自系爭報導除報導蔣姓選手於美國首場之優異表現外，尚報導我國另2位選手於美國職棒出賽之結果觀之，似亦有欲藉由該選手之優異表現，俾鼓勵我國選手之新意，其所增添之新意涵、新訊息，與原著作相較，似已屬轉化性使用而符合第1款；又，判斷被利用著作之性質時，應以其創作性之高低、經濟價值之多寡、公開發表與否等[399]為判斷，系爭著作既為原告於現場採訪所拍攝之選手打擊揮棒照片，此一完全展現原告思想與情感之創作，尚非低度創作，自屬有價值之著作，惟考量系爭著作已公開發表於原告之部落格並可由不特定人搜尋瀏覽，致其經濟價值有所減損乙節，此一因素對原告言尚非絕對有利，故本判決漏未審酌被利用著作之性質，亦未審酌系爭著作之價值是否有上開減損之情，遽以被利用著作乃無償供不特定人搜尋點閱故有利於被告，已屬不當，遑論被利用之著作縱為無償供不特定人搜尋點閱，抑或著作權人未使用技術措施排除他人搜尋、連結，亦不應因此即認著作權人有「默示同意（或授權）」利用人重製或公開傳輸，或認利用人符合合理使用；再者，本判決以系爭著作僅占系爭報導之比例為據，而非以利用人所利用者為系爭著作之百分之百來認定，業與第3款基準乃係以「使用內容占原著作之數量與重要性」為判斷者

---

[399] 謝國廉，前揭註279，頁214。

不符，本文認為已達百分之百之利用情形，雖致此款之判斷不利於利用人，惟慮及利用人乃係為達新的目的，其使用系爭著作全部，尚稱合理；至於該電子報之利用行為，對系爭著作之潛在市場與現在價值尚難謂不生任何影響，惟考量系爭著作已於原告部落格發表並供不特定人搜尋瀏覽乙節，應足資認定利用行為未必會減損尚未進入市場之系爭著作價值，職是，綜合4款基準之判斷仍應成立第52條之合理使用。

第八項　智慧財產法院105年度民著上易字第2號民事判決[400]

　　本事件乃新聞媒體之記者重製他人之攝影著作於電視之專題報導中，且該電視節目亦於該媒體之網站上公開傳輸。本判決乃援引第49條之1992年6月10日修正理由[401]而謂「時事報導」係指當日所發生之事實的單純報導，如就新聞時事另製作新聞性節目，就新聞事件為專論報導、評論等，則不屬之，並據此認定系爭節目僅係就總統候選人於選前所為採訪而製作之專題報導，並非即時性之新聞報導，且該節目係先單獨播放系爭攝影著作30餘秒後，方進入其專題報導主題，故該著作並非採訪或報導該人物過程中，不得不擷取之

---

[400] 本件被上訴人乃「民進黨十八人組黨工作小組」全體組員合照之著作人，該攝影著作除曾收錄於2本攝影集而公開發表，尚因被上訴人同意而懸掛在民進黨中央黨部，供進出之人觀覽，上訴人聯○媒體採訪記者於未經被上訴人同意下，曾進入上開黨部以攝影機定焦近距離翻拍重製該攝影著作，並在上訴人所經營○○○○新聞台於2015年4月3日播出之系爭節目片段中，將其翻拍之全影像（含邊框部分）方式製播，並有以水波紋之特效方式處理，播送時間約30餘秒，且系爭節目亦有以公開傳輸之方式上傳至上訴人經營之網站，供不特定人瀏覽、觀看系爭著作。

[401] 同註392。

新聞畫面，利用人自不能依第49條免責。另，利用人亦不能依第52條、第65條第1、2項主張合理使用，蓋其經營之電視台係以營利為目的，其就社會大眾關注之總統大選議題製作專題報導，有利收視率及廣告收益，應屬具商業目的之利用行為；系爭攝影著作僅為政黨建黨歷史背景之資料，並非利用人為新聞報導所不得不擷取之素材；利用人以近距離及慢動作移動方式拍攝該著作之全部，電視畫面播放之時間長達30餘秒，利用之質量甚高；系爭著作曾收錄於攝影集，著作權人並曾授權他人使用，未經權利人同意使用該著作之結果，自會對該著作之潛在市場及現在價值造成不利影響云云。

　　本文認為本判決認定系爭專題報導並非第49條所定之時事報導，且於認定不適用第49條後未再依第65條第2項各款為審酌，確屬的論，惟就利用人不符第52條、第65條第2項所定合理使用情形之認定，卻僅考量利用人係出於商業目的，即認定第65條第2項第1款部分不利於利用人，而未考量其利用目的已具轉化性，自屬不當，蓋系爭攝影著作之使用目的為建黨歷史背景資料，利用人將該著作用以作為總統候選人之專題報導，則已新增新聞報導、提供與公眾事務有關之總統候選人背景資料，俾選民深入了解並做出最佳之選擇等新的目的，自已生轉化效果，惟考量此一專題報導應係重在總統候選人之專訪，縱有轉化性，縱系爭著作乃全體組員合照，而有利用全部之必要，是否能謂長達30餘秒之利用就新目的而言為合理，尚容有爭議，是就第1、3款言，對利用人尚非有利；又，系爭著作雖屬創作性著作而有一定之價

值，惟考量該著作已懸掛在政黨中央黨部供人觀覽，其價值應已因此而有所減損；一般而言，轉換性使用，因與原著作為不同之創作目的，應能創造出與原著作相區別之價值或潛在市場[402]，惟考量系爭著作業經收錄於2本攝影集，而有其一定之授權市場，利用人未請求授權或支付通常應付之費用，即逕予公開播送長達30餘秒，並以公開傳輸方式上傳至其網站，供不特定人瀏覽、觀看系爭著作，原著作之潛在市場與現在價值豈可能不受到影響？是經綜合判斷已足認本件利用行為實難以成立合理使用。

第九項　本文見解（代結論）

一、第49條（或「經濟部版修正草案」、「立法院版修正草案」修正條文第49條）、第52條（或「經濟部版修正草案」、「立法院版修正草案」修正條文第52條）關於新聞報導之利用，有其差異性（詳如后表），故新聞報導應視其報導之性質，分別適用上開規定。

二、關於第49條、第52條及第65條第2項規定之法律適用：

因本章節所列之判決就「依第49條認定時，究否須再依第65條第2項各款所定情形為判斷？」乙節，有莫衷一是之情（多數判決係採否定說[403]，採肯定說

---

[402] 沈宗倫，前揭註139，頁78。

[403] 請參見本章節第三項之智慧財產法院100年度民著上易第1號民事判決、第四項之智慧財產法院100年度民著上字第9號民事判決、第六項之智慧財產法院103年度民著上更（一）字第2號民事判決、第七項之智慧財產法院103年度民著訴字第57號民事判決、第八項之智慧財產法院105年度民著上易字第2號民事判決。

	第49條	第52條
	修正草案修正條文第49條	修正草案修正條文第52條
利用主體	無限制	無限制
適用何種新聞報導	限於時事報導	非屬第49條所指時事報導之新聞報導，如：新聞評論、新聞專題報導等
利用方法	廣播、攝影、錄影、新聞紙、網路或其他方法[404]	引用[405]
		以引用之方式利用[406]
利用之範圍	在報導之必要範圍內	基於報導之必要，並在合理範圍內
		在報導之必要範圍內
得利用之標的	報導過程中所接觸之著作	已公開發表之著作
明示出處與否	應明示出處	應明示出處
	無須明示出處[407]	

（表來源：本文自行整理）

者[408]亦有之），由於否定說所採——未明定「在合理範圍內」字樣之第49條乃豁免規定，故而僅須考量第49條本身之要件，無庸再斟酌第65條第2項所定之4款基準此

---

[404] 諸如：本法第22條至第28之1條、第63條第1、3項規定。

[405] 引用型態，不限於重製，其他符合正當目的之行為亦屬之，如：公開播送、公開演出時引述他人之文章、言論，蕭雄淋，著作權法實務問題研析，五南，2013年7月，頁260。

[406] 「經濟部版修正草案」與「立法院版修正草案」修正條文第52條之說明第二項：「按引用行為，不僅包含引用行為本身，尚包經過合法引用之著作，附隨被引用著作內容之翻譯、散布及公開傳輸、公開演出等利用行為，均屬合法，例如：論文引用外文文獻，除可翻譯該文獻外，後續論文之發行仍得附隨利用該文獻。爰將得引用之用語修正為得以引用之方式利用之，以涵括前述引用型態，以資明確。」。

[407] 「立法院版修正草案」修正條文第64條之說明第一項：「…（一）按符合合理使用規定仍應明示出處，惟修正條文第四十六條及現行條文第四十九條分別涉及課堂教學及時事報導之合理使用規定，具高度時效性，實務上難以一一註明出處，爰不予列入。」。

[408] 請參見本章節第五項之智慧財產法院101年度刑智上訴字第7號刑事判決、第六項之智慧財產法院101年度民著訴字第26號民事判決。

一法律見解，與最高法院103年度台上字第1352號民事判決[409]及2014年1月22日第65條第2項之修正理由[410]所揭櫫之意旨相符，是本文亦採取否定說；而，就「依第52條認定時，究否須再依第65條第2項各款所定情形為判斷？」乙節，上開判決於適用時均係採肯定見解[411]而謂「第52條因其條文定有『在合理範圍內』字樣，自非豁免規定，故須再依第65條第2項4款基準判斷是否合於合理使用」，雖實務上偶有判決[412]表示第52條係屬豁免規定者，然上開2014年修正理由既已明示合理使用條文中有「合理範圍」之規定者，並非豁免規定，須依第65條第2項規定之4款基準為審視，是本文認為最高法院106年度台上字第215號民事判決就此部分之見解[413]實有違誤之情，而不應遽採。另，由於「經濟部版修正草案」與「立法院版修正草案」已將現行條文第44條至第63條等著作財產權限制規定之適用要件為修正，並刪除相關條文所定

---

[409] 同註393。

[410] 同註264。

[411] 請參見本章節第一項之最高法院92年度台上字第205號刑事判決與92年度台上字第3344號刑事判決、第三項之智慧財產法院100年度民著上易第1號民事判決、第四項之智慧財產法院100年度民著上字第9號民事判決、第六項之智慧財產法院103年度民著上更（一）字第2號民事判決、第七項之智慧財產法院103年度民著訴字第57號民事判決、第八項之智慧財產法院105年度民著上易字第2號民事判決。另，本章第二節第六、七、八項判決亦採肯定見解。

[412] 如最高法院106年度台上字第215號民事判決。

[413] 最高法院106年度台上字第215號民事判決：「按著作權法第52條所定，為報導、評論、教學、研究或其他正當目的之必要，在合理範圍內，得引用已公開發表之著作，係屬豁免規定，其與同法第65條第2項所定，合於『其他合理使用之情形』，而不構成著作財產權之侵害，係屬不同二事。原審混用二者，認系爭文章利用系爭著作，未侵害上訴人之著作權，已有可議。」。

「在合理範圍內」之要件（除現行條文第51條規定外），使其不須再依現行條文第65條第2項合理使用概括條款之判斷基準再行檢視，只要符合各該規定，即可利用（詳第三章第三節第一項），準此，上開判決所呈現「法條適用不一」之情形（僅指第44條至第63條及第65條第2項間之適用情形，不包含個別法條要件之適用），勢將因上開修正草案修正條文之公布施行而不復見。

三、上開判決依第65條第2項4款判斷基準所為之認定，亦呈現判斷不一之情，由於該判斷基準乃參考美國立法例而增訂，若未細究美國法相關案例，非但難以瞭解合理使用制度之真諦，更難於我國正確適用具有衡平概念之合理使用規範[414]，故自宜參酌美國法判決先例所採之審酌重點為認定，俾求判決一致性，本文業已試著依學者就美國案例所為之闡述[415]，評析上開判決，冀求此一不確定法律概念——合理使用，能有較一致性之認定標準。

四、再者，自上開判決之利用人均為新聞媒體且利用他人攝影著作之行為多集中在2011～2015年間、於2017年2月9日為上開第八項之判決后，已鮮少有新聞媒體因利用他人之照片為報導致被訴侵害著作權之案件[416]等情觀之，似可知能呈現如此之現象，或係因上開判決已逐漸

---

[414] 謝國廉，前揭註279，頁209-210。
[415] 請參閱第三章。
[416] 此為本文作者以司法院法學資料檢索系統、法源法學資料庫，以攝影著作關鍵字搜尋之結果；本章節第八項判決於2017年2月9日判決後，尚搜尋到一筆有關新聞媒體間之著作權爭議事件（即2020年4月28日所判決之智慧財產法院107年度民著訴字第87號民事判決）。

釐清時事報導與報導之相異處，並已闡述第49條、第52條、第65條2項各款判斷基準之審酌重點（雖其中仍存有法條適用不一、判斷基準未盡相同之不確定性），或係因該等案例已足為各家新聞媒體之借鏡進而於媒體內部強化著作權法令遵循制度（諸如：新聞自律公約、新聞自律規範），或係因新聞媒體之授權機制已建置完備（諸如：聯合知識庫有就其新聞、圖片、原版報紙影像、影音提供新聞授權，而依利用人之不同用途如重製或轉載於網站或出版品等，收取不同之授權費用[417]、自由時報電子報[418]或科技新報[419]均有載明授權方式俾利用人洽談授權事宜），猶如美國已建立普遍可得之著作授權機制[420]，無論原因如何，總是正向之發展！至於網路時事新聞轉載之合理使用規定，因「經濟部版修正草案」與「立法院版修正草案」已將現行法第61條修正如修正條文第61條，而擴張「網路時事新聞轉載合理使用」之適用範圍，業如第二章第五節所述，是此一修正亦勢將加速知識之傳遞與資訊之流通，可謂係與時俱進之修法。

---

[417] 聯合知識庫，新聞授權服務，https://udndata.com/authority/，最後瀏覽日：2020/06/19。

[418] 自由時報，著作權聲明，https://service.ltn.com.tw/copyright，最後瀏覽日：2020/06/19。

[419] TechNews科技新報，著作權與授權轉載聲明，https://technews.tw/copyright/，最後瀏覽日：2020/06/19。

[420] 美國有專業攝影公司與專業攝影師，授權其等所拍攝之新聞視聽及攝影著作予新聞媒體使用，並有專業之授權仲介公司，新聞媒體本身亦有授權部門，黃心怡，前揭註314，頁148。

第二節 為教學、評論、研究
或其他正當目的之必要而利用者

第一項 智慧財產法院98年度民著訴字第5號民事判決[421]

　　本事件乃大學助教重製並公開傳輸他人攝影著作於任教大學之網頁。本判決乃援引1998年1月21日第65條之修正理由而認本條為概括性規定，故而利用之態樣即使未符第44條至第63條，但以第65條審酌亦屬合理者，則仍屬合理使用，準此，利用人重製、公開傳輸系爭攝影著作，均合於第65條之合理使用，其理由略以：被告重製系爭著作於系爭網頁，乃為授課教授網頁製作之用，縱兼任行政職，亦無違其擔任教師之角色，是其並非商業用途而係與教育有關，應屬正當目的所必要之使用；原告授權野鳥協會網站使用系爭著作之性質與目的在於報導及教學，與被告相同，故利用行為尚在合理範圍內；系爭圖像畫質並不清晰、色彩亦非鮮明，實不足使原願向原告支付使用費之人，因系爭圖像之出現而改變付費意願，故利用行為對系爭著作之潛在市場與現在價值尚難認有影響。而公開傳輸部分，因第65條並未明文僅限於重製權而排除公開傳輸權，故系爭著作雖經重製並公開傳輸於

---

[421] 本件被告為真○大學電算中心助教，曾在該大學開設資料處理實習、套裝軟體實習、電子資料處理實習等課程，其未經原告之授權或同意，將原告授權予野鳥協會網站使用之「五色鳥」等4種攝影著作為重製，並公開傳輸於真○大學網站下之網頁「臺灣的留鳥」及「臺灣的候鳥」，經原告訴請該助教賠償損害，並於訴訟繫屬中以上開網站為該真○大學所有，追加該大學為被告，請求其等連帶賠償損害。

學校網頁，然並未對外連結，且為非營利之教育目的；系爭圖像經利用之質量在其在整個著作所占之比例甚微；系爭網頁乃經關鍵字費力搜尋至第21個搜尋結果頁面之第206個搜尋結果始能搜尋到，已足認該網頁非經刻意搜尋難以發現其存在，自對系爭著作之影響甚微。至於被告真○大學則僅係單純提供系爭網路空間予被告使用之人，自無侵害原告對系爭圖像之著作權。

本文認為本件重製行為應適用第46條[422]，並依第65條第2項4款審酌是否符合第46條所定「在合理範圍內」，而不應略過第46條而逕予適用第65條，否則即有判決不適用法規之違背法令之情，蓋被告既經本判決認定係在大學擔任教學之人，且係為學校授課教授網頁製作之需要而重製系爭已公開發表之著作，自應適用第46條，準此，被告利用目的既為教學，縱其單純重製系爭著作全部之目的與原告授權野鳥協會使用之目的相同，考量利用行為尚足以達成促進教育之社會價值，故而就第65條第1～3款言，對被告尚屬有利；另考量被告重製之系爭圖像品質未若系爭著作，且系爭著作雖有授權市場，惟系爭網頁並未對外連結，是對系爭著作之潛在市場與現在價值尚難造成影響，綜合上情，本文認為本件重製行為與第46條規定尚無不合。

至於公開傳輸部分，由於第46條規定並未及於公開傳

---

[422] 本法第46條：「依法設立之各級學校及其擔任教學之人，為學校授課需要，在合理範圍內，得重製他人已公開發表之著作。第44條但書規定，於前項情形準用之。」。

輸[423]，是本判決逕依第65條此一合理使用概括規定為認定，其法律之適用堪稱妥適，惟本判決認本件公開傳輸合於第65條，本文則無法肯認，蓋各級學校擔任教學之人公開傳輸他人已公開發表著作，如未以技術措施防止該課程學生以外之人接收，將因網際網路無遠弗屆之特性，使著作權人之權益受到侵害，準此，本件被告雖係因教育目的而公開傳輸系爭著作全部，且系爭網頁業經本判決認定並未對外連結，非經刻意搜尋難以發現其存在，惟該網頁既仍能讓任何人搜尋得到，而使不特定人得以瀏覽系爭著作全部，是否能謂對系爭著作之影響甚微，業有疑義，遑論本判決所認定「系爭圖像經利用之質量在其在整個著作所占之比例甚微」，亦有將第65條第2項第3款所指之「整個著作」，誤認係指「利用人之新著作」之違誤，職是，綜合上情，本文認為本件公開傳輸行為應無法成立第65條第2項之其他合理使用情形。

---

[423] 經濟部智慧財產局2009年7月22日智著字第09800060570號函：「一、按著作權法…第46條規定，依法設立之各級學校及其擔任教學之人，為學校授課需要，在合理範圍內，得『重製』他人已公開發表之著作，並得依本法第63第2項規定『散布』該著作，無需經過著作財產權人之授權，但是應以合理方式明示其出處。惟依本條可主張合理使用者，僅限於『重製』、『散布』等著作財產權之利用行為，並不包含於網路上『公開傳輸』之行為。…」、2008年5月1日電子郵件字第970501號函：「一、教師摘要某課本內容為powerpoint屬於重製行為，刊登在網路上供學生下載屬於公開傳輸行為，而『重製權』、『公開傳輸權』均屬著作財產權人所專有，任何人若欲將他人享有著作財產權的著作加以『重製』、『公開傳輸』，除符合著作權法…第44條至第65條合理使用之規定外，應事先取得該等著作之著作財產權人授權或同意，始得為之，否則即有可能構成侵害著作財產權之行為，而須負擔民、刑事責任。…」。

第二項　智慧財產法院99年度民著訴字第73號民事判決[424]

　　本事件乃大學講師重製並公開傳輸他人攝影著作於其個人之部落格。本判決乃依第65條第2項4款判斷基準，審酌本件利用行為尚不符合第46條所定「在合理範圍內」，其理由略以：第46條係基於促進教育之理由而予承認之合理使用範疇，惟被告雖係大學之產科臨床實習老師，然其個人部落格並非該大學之教學網站，被告除未作為授課教學之用，亦未與其所撰寫之教學文章相連結，雖單純將系爭著作張貼於該部落格之個人相簿，難認係為商業目的，惟其單純重製且以圖片方式予以呈現，與系爭著作所欲表現五色鳥之角度、光影、姿態等原始目的並無二致，係屬單純為系爭著作本質目的之使用，顯非為達其他社會價值或目的而「轉變性」利用；原告費盡心思拍攝系爭著作，並無任何明示或默示同意他人任意利用，單張攝影著作亦構成1件著作，被告完全重製所利用質量即為百分之百，且其供不特定人瀏覽之結果，亦會降低他人向原告尋求授權使用系爭著作之機會，對原告以系爭著作收取授權金之潛在經濟價值難謂毫無影響。

　　關於本件重製行為，本判決未因利用人為一名老師或其利用目的及性質尚非商業目的，即遽認其重製行為符合第46條，反而能再就利用人是否係為授課教學而重製、是否僅屬

---

[424] 本件原告為系爭「五色鳥」攝影著作之著作權人，被告為臺○○大學之產科臨床實習老師，其未經原告之同意或授權，在○○○○所設立之「個人相簿部落格」中，重製並公開傳輸系爭著作，供不特定人瀏覽，且未載明著作權人為原告，原告主張被告已侵害其重製權、公開傳輸權及姓名表示權。

單純重製而無轉變性地利用系爭著作等情為審酌，本文認為該判決已適切考量第65條第2項第1款，且其就本條項第2～4款所為全面性考量，亦堪稱妥適。至於公開傳輸部分，利用人是否合於合理使用，因本判決付之闕如，自有判決不適用法規之情，本文認為被告既僅係單純重製並公開傳輸，而使不特定人得以瀏覽系爭著作全部，應足生替代系爭著作之效果，佐以原告已有授權市場，被告未透過授權、給付權利金而為使用，誠難謂不致造成系爭著作之潛在市場與現在價值之影響，準此本件公開傳輸亦無法成立第65條第2項之其他合理使用情形。

第三項　智慧財產法院98年度民著上字第5號民事判決[425]

本事件乃學校講師重製他人攝影著作於教學網站。本判決乃依第65條第2項4款判斷基準，審酌本件利用行為符合第46條第1項所定「在合理範圍內」，其理由略以：被告完全重製系爭攝影著作，就各單張著作言，所利用質量雖為百分之百，但係為教導學生設計專題網頁而重製，嗣為供他人觀摩教學網站而開放不特定人登入，乃係為授課需要，屬非營利之教育目的；被告雖屬單純重製，未為任何轉化性使用，但其重製於系爭網頁上之系爭著作，部分為縮圖，視覺效

---

[425] 本件被上訴人（即被告）○○○為被上訴人（即被告）臺○○○學院之講師，講授程式設計、網站設計及資訊管理等科目，其未經同意或授權將上訴人（即原告）之「昆蟲圖鑑」、「昆蟲入門」2本書內之系爭攝影著作1,040件及系爭語文著作748則，重製於教學網站（有註明圖片及文字出處），該網站原有設密碼供系上學生瀏覽，嗣則解除密碼，開放供不特定人瀏覽。

果差，縱部分為大尺寸，其色彩飽和度、影像解析度亦遠遜於原始圖片，故利用效果甚難取代或影響系爭2本書於昆蟲類圖鑑市場上之地位，且既於其網頁上標示來源為系爭2本書，如對網頁上各該昆蟲產生興趣之網頁瀏覽者，即可循線查閱或購買該2本書，甚或有進而尋求授權使用之可能。

本文認為本判決僅適用第46條第1項，而未依同條第2項準用第44條但書規定[426]，已有判決不適用法規之違背法令之情，蓋第44條但書非但為一符合伯恩公約所揭示之三步測試（three-step test）原則之規定[427]，更業經明定為第46條第1項所應準用之規定，準此，法院適用第46條第1項時，即應準用第44條但書規定，依被利用著作之種類、用途及其重製物之數量、方法，判斷「為學校授課需要之重製」是否有害於著作財產權人之利益，職是，本件被告雖確係為授課需要而重製系爭攝影著作及語文著作，惟單就該等著作之重製物，其數量已分別高達1,040件、748則乙節觀之，實已無法通過三步測試原則中關於「不得有不合理損害著作權人合法權益情事」[428]之檢驗，而無法成立第46條第1項之合理使用。

承上，本件被告既僅係單純完全重製系爭著作，並使不特定人得以瀏覽鉅量之系爭著作，其利用行為應足生替代系爭著作之效果，佐以系爭著作已收錄於系爭2本書而有其一

---

[426] 本法第44條：「中央或地方機關，因立法或行政目的所需，認有必要將他人著作列為內部參考資料時，在合理範圍內，得重製他人之著作。但依該著作之種類、用途及其重製物之數量、方法，有害於著作財產權人之利益者，不在此限。」。

[427] 「立法院版修正草案」修正條文第44條之說明第三項。

[428] 謝銘洋，前揭註40，頁250。

定之授權市場，被告未透過授權、給付權利金而為使用，豈能謂不致造成系爭著作之潛在市場與現在價值之影響？綜上考量，本文認為本件重製行為無法成立第46條第1項之合理使用。

第四項　智慧財產法院98年度民著訴字第2號民事判決[429]

　　本事件乃病媒防治服務公司重製他人攝影著作於該公司營業用網頁。本件被告雖辯稱係為教育目的而利用，惟本判決不採且認定本件利用行為不構成第65條第2項之合理使用，其理由略以：被告於其營業用網頁使用系爭攝影著作，僅屬單純重製而無任何生產性或新生任何創意，且以圖片方式呈現，亦與系爭著作係為表現各昆蟲外觀之原始目的相同，故利用結果顯非轉化；原告費心拍攝之系爭著作，既經發行於書籍並載明「著作權所有・翻譯必究」，即已明示不同意他人任意利用；單張攝影著作即構成1件著作，被告完全重製並供人重製、下載，所利用之質量為百分之百；將系爭著作重製於系爭網頁，供人免費瀏覽，甚而容許使用者得免費重製下載，自會降低使用者購買原告之書籍或向原告尋求授權使用系爭著作之機會，將影響原告收取授權金之潛在經濟價值。被告雖另辯稱系爭網頁之所有圖片用途為教育家

---

[429] 因本件數被告中，僅有被告○卡○公司（下稱被告公司）主張合理使用，故本文僅就該被告之利用行為與本判決就此部分之判斷為論述。本件被告公司係以「病媒防治服務」為營業之公司，未經原告同意或授權即將原告之「白蟻」攝影著作，重製於該被告所架設之營業用網頁上，並可供網路使用者以「滑鼠右鍵」加以重製、下載，亦未標示該圖片之著作人姓名。

中有蟲害之人認識害蟲模樣，然該網頁係用供招攬客戶之商業營利目的，雖併設「害蟲介紹」簡介各種害蟲之外觀及習性，僅屬附帶性質之輔助營業工具，顯非專以教育目的而於合理範圍內引用原告已公開發表之著作，難認該利用行為對於後續創作之人有何鼓勵、貢獻或促進資訊之散布與流通。

本文認為本判決採取與本節第二項判決相同之考量，亦即審酌本件利用結果有無轉化、原告有無明示同意他人任意利用、被利用著作之質量、本件重製與公開傳輸是否會影響系爭著作之潛在市場與現在價值等情，尚稱妥適，惟美中不足者，乃本判決所為「利用人顯非『專』以教育目的而於合理範圍內利用系爭著作」乙節，本文認為該見解已就合理使用為不當設限，畢竟猶如Google Books案判決即曾指出幾乎所有列在美國著作權法第107條第1項前段之批評、評論、新聞報導、教學、學術、研究等6種利用，均具營利性質，惟因係「具生產性利用」而屬於合理使用，準此，營利目的並非絕對之判斷標準[430]，故本判決所為被告尚具營利目的而非「專」以教育為目的，難謂在合理範圍內為利用之認定，容有未洽。

第五項　智慧財產法院102年度民著訴字第54號民事判決[431]

本事件乃醫院及其醫生重製並公開傳輸他人攝影著作於該醫院官網。本判決乃援引最高法院84年度台上字第419

[430] 胡心蘭，前揭註229，頁224。

[431] 本件原告為心臟血管外科醫師，並開設診所專門治療靜脈曲張，原告將其所撰寫有關靜脈曲張之相關治療、預防等系列文章，輔以圖片、照片並經編排後上傳至其架設之診所網站。被告楊○○○醫院之血管外科主治醫師

號刑事判決意旨[432]而依第52條及第65條第1、2項認定本件重製、公開傳輸無成立合理使用之餘地，其理由略以：第52條所稱「為教學之目的」，應限於學校教師單純為直接課堂上教學活動之用而言，系爭語文、攝影著作既使用於被告醫院之企業網站上，且被告醫生亦從事治療靜脈曲張病症之業務，與原告間具有競業關係，被告醫生將靜脈曲張原因、治療方式等相關資訊置於被告醫院網站，具有建立自己專業形象及知名度，以招徠病患就診之目的，並非純為教學或非營利之目的，且未註明來源及出處，未將引用原告創作之部分與自己之部分加以區辨，顯已構成「抄襲」而非「引用」。

　　姑不論本判決僅審酌第52條及第65條第2項第1款而未審酌第65條第2項第2～4款，已有判決不備理由之情，本文認為本判決依第65條第2項審酌本件利用行為是否在第52條所定「合理範圍內」，尚無不合，惟本判決與上開最高法院判決均認第52條所稱「為教學之目的」，應限於學校教師單純為直接課堂上教學活動之用而言，本文不採，蓋自1992年6

○○○（即另一被告）未經原告授權或同意，重製系爭語文著作及13張攝影著作於楊○○○醫院官網上之「靜脈曲張門診說明」一文中，供不特定人任意瀏覽下載。

[432] 最高法院84年度台上字第419號刑事判決：「依著作權法第52條規定主張合理使用，其要件為：須為報導、評論、教學、研究或其他正當目的之必要；須有『引用』之行為；引用須在『合理範圍』內。黃○○編著『數控工具機』一書，非為報導、評論或研究之目的，自無疑問。而所稱『為教學之目的』，應限於學校教師單純為直接供課堂上教學活動之用而言。…『數控工具機』一書，供高○○經營之○○○書局印行銷售，係基於營利之目的，似與『為教學之目的』不合。又所謂『引用』，係援引他人著作用於自己著作之中。所引用他人創作之部分與自己創作之部分，必須可加以區辨，否則屬於『剽竊』、『抄襲』而非『引用』。」

月10日第52條之修正理由[433]與智財局函釋[434]觀之,均可知該規定並未限制利用主體,故本件利用行為雖非學校教師用以為課堂教學,倘確有衛教之教學目的,應仍有本條之適用。準此,即應判斷利用行為是否符合本條所指之「引用」、是否為教學所必要且在合理範圍內等要件,本文認為系爭攝影著作尚足以與利用人自己創作之語文著作區辨,是就此部分應屬引用,惟利用人自己創作之語文著作,則因無法與系爭語文著作區辨,是就此部分應與「引用」有間,蓋「引用」係指以節錄或抄錄他人著作,供自己創作之參證或註釋,亦即利用人本身要有創作,且以自己之創作為主,並得與自己創作之部分加以區辨[435],惟倘逕將他人著作作為自己之著作利用,或自己之著作與所引用之著作比例不相當,依一般社會通念,已非屬供自己創作之參證、註釋或評註,即非引用,而無合理使用之空間[436]。

---

[433] 1992年6月10日本法第52條之修正理由:「按現行法規(按:指1985年7月10日修正之第29條第1項第2款)得引用他人著作之情形,限於『供自己著作之參證註釋』,範圍過於狹隘,基於促進國家文化發展之目的,凡為報導、評論、教學、研究或其他正當目的之必要,在合理範圍內,引用他人已公表著作之行為,均應予承認。」。

[434] 經濟部智慧財產局2019年10月5日電子郵件字第1081005號函:「…按著作權法第52條所稱『引用』是指任何人基於報導、評論、教學、研究等相關或類似之正當目的,為自己的著作而節錄或抄錄他人著作,供自己創作之參證、註釋,且得與自己創作部分加以區辨,並以合理方式明示出處,即符合合理使用規定…」。另,經濟部智慧財產局2019年6月27日電子郵件字第1080627號函、2019年3月20日電子郵件字第1080320號函、2019年1月24日電子郵件字第1080124b號函均同此意旨。陳銘祥等人,前揭註138,頁282,亦同此意旨。

[435] 智慧財產法院104年度民著訴字第50號民事判決。經濟部智慧財產局2004年11月19日智著字第0930009217-0號函、2017年5月4日電子郵件字第1060413號函亦同其意旨。

[436] 經濟部智慧財產局2011年11月18日智著字第10000109420號函。

承上，系爭攝影著作乃經利用人引用至自己之語文著作而作為衛教之用，本文認為衛教用之醫學著作，以文字表達即已足，不一定非得輔以照片，遑論所利用者已高達13張，是自非教學所必要，至於該引用是否在合理範圍內，本判決以利用人與原告具競業關係而非純為教學或非營利之目的，認定未符合第65條第2項第1款之見解，亦與本章節第四項之判決相同，均已就合理使用為不當設限，實則本文認為兼具教學與營利目的之利用，雖較不易成立合理使用，惟如已屬有轉化性使用，尚仍有合理使用之空間，茲考量原告使用系爭攝影著作亦係作為衛教之用，利用人並未將之為轉化，縱系爭著作非屬高度創作且曾公開發表並由不特定人任意瀏覽，致其經濟價值有所減損，利用人重製系爭13張攝影著作全部俾搭配自己之語文著作，並公開傳輸，自足生取代系爭著作之效果，而影響該著作之潛在市場與現在價值，綜合上情，利用人實無法成立第52條之合理使用。

第六項　智慧財產法院103年度刑智上易字第33號刑事判決[437]

本案乃利用人重製並公開傳輸同業之攝影著作於部落格俾為評論。本判決乃依第65條第2項審酌，認定利用行為在第52條所定之合理範圍內，其理由除援引最高法院94年度

---

[437] 本案被告為一名禮儀師，其明知刊登在○○○○網站「禮儀師聯營網」部落格之花山、豎靈台及三寶架照片共3張（下合稱系爭照片），係告訴人公司享有著作財產權之攝影著作，其未經同意或授權，即擅予掃描、重製告訴人公司生前契約型錄內之系爭照片，並將系爭照片刊登在上開部落格中。

台上字第7127號刑事判決[438]而認利用人乃係「轉變性的」利用系爭攝影著作提供一己之評論[439]外，亦依其他各款判斷基準認定系爭著作乃與商品高度相關，脫離該商品，其價值並不高；縱利用全部，仍未逸脫評論目的所需之範疇；本件應審究者，乃「被告引用照片之結果，對照片之潛在市場與現在價值之影響」，要非「被告評論結果對告訴人公司營業利益之影響」，利用目的既在評論產品，而非在替代性地剽竊系爭著作，則引用結果對照片之潛在市場或現在價值之影響實微乎其微；引用目的乃在為產品比較而評論告訴人公司之產品或性價比低或有其他缺點，既然批評他人產品時引用照片，方能使閱聽者具體了解各該產品內容以形成自己之判斷，難謂非無引用之必要；照片前業經著作權人重製於其產品目錄上，而為已公開發表之著作，是亦符合第52條所定為評論之必要，而引用已公開發表之照片之要件。

---

[438] 同註320。

[439] 智慧財產法院103年度刑智上易字第33號刑事判決就此部分之判決理由為：「就被告經營之禮儀師業務，與告訴人公司有市場競爭關係而言，固難謂非含有商業目的之利用行為；然此種為評比他人與自己之產品或服務而衍生之著作利用行為，就促進消費資訊透明及流通之角度而言，實有社會公共利益存在，縱相關消費資訊來自市場競爭者，只要未踏踩刑法誹謗罪之不法紅線，即難謂其無增進消費者知的權利之社會公共利益，至於其評論是否有理、是否因被告為利害關係人而有所偏頗，當由消費者於言論自由市場採集各色資訊後自由判斷，要不得僅因評論者兼具市場競爭者身分，言論背後隱含商業動機，即一律壓縮合理使用空間，讓著作權人得藉由著作權之行使，而來自競爭者之批評於言論市場上消失。…利用方式，係『轉變的（transformative）』，而非『替代的（substitutive）』，換言之，並非剽竊著作，誤導消費者以為照片所示之產品為被告提供，相反地，其明確表示照片所示產品為『某大集團』提供，並批評其性價比或缺點，而屬『轉變性的』利用著作提供一己之評論。」

本文認為本判決就其何以認定具轉化性使用，已為相當精闢之闡述，復因系爭著作乃告訴人公司生前契約型錄內之商品照片，雖有原創性，惟尚非屬高度創作，是本判決認其價值不高，並無不合，且被告既係用以評論、評比系爭照片中之花山等商品，而有利用系爭著作全部之必要，則本判決認未逸脫評論目的所需之範疇且非無引用之必要，堪稱妥適，再者，因第65條第4款之真義，乃在「適度調高構成著作財產權侵害的標準，允許對於被利用著作之經濟利益僅造成輕微減損的利用行為，平衡著作權人的權益與資訊充分利用所帶來的公共利益」[440]，是本判決於權衡後認定引用結果對系爭著作之潛在市場或現在價值之影響微乎其微，亦無不合。

第七項　智慧財產法院106年度民著訴字第49號民事判決[441]

本事件乃利用人於電視購物節目中，使用他人之產品文宣與自己之商品為比較。本判決乃依第65條第2項與第52條

---

[440] 謝國廉，前揭註279，頁221。

[441] 本件原告主張其為販售「金○毯」產品，曾委託第三人就被拍攝之上開產品為構思，進而以文字及照片設計為傳單（下稱系爭著作），而被告公司（下稱被告1）為販售「能○毯」產品，則曾透過另一被告公司（下稱被告2）代為宣傳，詎料竟於未經原告同意或授權之情況下，在被告2於2016年12月4日之電視購物節目（下稱系爭節目）中，由被告2之節目主持人（即被告3），與被告1之業務人員（即被告4），使用系爭著作，且於系爭著作中對照並指謫原告產品價格過高牟取暴利云云。本判決先係以原告未善盡舉證責任而認定原告並非系爭著作之出資人且享有著作財產權，嗣則因系爭節目中所使用之圖片究否確為系爭著作，無法加以確認，致無從據此認定被告等人是否有侵害原告之著作權，最終本判決乃係以退步言認定被告等人縱有於系爭節目中使用系爭著作，亦屬合理使用。

認定被告等人成立合理使用，其理由略以：系爭圖片係原告為利銷售產品而屬免費發送予潛在消費者閱覽之產品文宣，是利用人縱予使用亦未反於原告發行該文宣之目的。況利用人乃為商品價格與品質之比較而於系爭節目使用系爭著作，不僅能滿足消費者欲比較不同廠牌商品間之差異或優缺點之需求，亦屬常見且合理之行銷方法，該利用方式與結果，尚難謂對系爭著作之潛在市場與現在價值有何不當之影響。且利用人所利用之質量極少及其在整個系爭節目中所占之比例極低。

　　本文肯認本判決所為法律之適用，雖本文亦認本件利用行為屬合理使用，惟所持之理由與本判決尚有不同，就第65條第2項第1款言，本文認為利用人雖兼有營利目的，然其已將原作為產品介紹之用之系爭著作，轉換作為比較、評論兩造產品之用，除具轉化性使用，更已增添系爭著作所無之價值（即讓消費者得以藉由利用行為判斷兩造產品之異同）；系爭著作乃產品文宣而屬低度創作，佐以此類文宣有大量散佈之可能，其價值自應有所減損；就第3款言，本判決以被利用著作在「整個系爭節目中」所占之比例為判斷，亦已有違誤（理由詳第三章第三節），實則利用人所利用之質量雖達百分之百，然仍未逸脫評論之合理範圍；再者，利用人就原著作之轉化性越強，對原著作之潛在市場與現在價值之影響可能性即越低，業有Perfect 10案之判決意旨足稽[442]，且

---

[442] 請參閱第三章第三節。

商品之比較、評論本即需讓電視觀眾知悉並了解利用人之論點，自亦符合第52條所定為評論之必要而引用已公開發表之著作之要件。

第八項　智慧財產法院97年度民著上易字第4號民事判決[443]

本事件乃觀光發展協會重製他人之攝影著作於觀光導覽地圖看板。本判決係依第65條第2項審酌，而認利用人符合第52條所定在合理範圍內之使用，其理由略以：系爭看板內容係以獅○鄉路線圖為底本，原告之7紙攝影著作僅係其中一部，並非主題，故該看板確為介紹獅○鄉觀光之導覽圖，其引用系爭著作介紹鳥類之樣貌，應屬正當目的所必要之使用；本件利用人觀光發展協會乃非以營利為目的之社會團體，故依該協會宗旨，利用系爭著作作為觀光導覽地圖之一部，介紹地方生態資源，尚難謂係出於商業或營利目的；原告所刊登之鳥類網頁內容係介紹臺灣鄉土鳥類之生態，其目的為報導及教學，且免費供不特定人搜尋點閱，故原告應可得預期不特定人均毋須再為點閱系爭著作而給付對價予伊，利用人重製使用系爭著作之性質與目的，既與原告將系爭著作授權使用於鳳凰谷網站之性質與目的相同，且利用人使用系爭著作之結果，亦難認對該著作之潛在市場與現在價值有何影響。

---

[443] 系爭鳥類圖像攝影著作係原告（即上訴人）授權使用於系爭鳳凰谷網站之鳥類網頁（該網頁係教育部所屬之鳳凰谷鳥園為教學目的所製作），乃免費供不特定人搜尋點閱者，本件被告（即被上訴人）獅○鄉產業文化觀光發展協會未經原告授權或同意，重製系爭7紙鳥類攝影著作，作為觀光導覽地圖看板之一部，懸掛於苗栗縣獅○鄉○○○○宮旁之牆壁上。

本文肯認本判決之法律適用，然不認同其所為合於合理使用之理由，蓋就利用系爭攝影著作之目的，本判決先認係觀光，惟嗣又認與本件著作權人相同，均係為報導及教育目的，姑不論此等目的未盡相同，能否同時存在實有疑問，縱同時具此等目的，何以利用人以相同之報導及教育目的為利用，不會有替代原著作之可能？抑或既兼有觀光目的，是否可能因此而認已具轉化性？原判決未論及此，即遽以單純二分商業或非營利教育目的為認定，容有疑義；系爭著作雖因授權鳳凰谷網站而免費供不特定人「搜尋點閱」，惟是否能因此即謂著作權人已容許網站使用者為搜尋點閱以外之「重製」行為，甚至毋庸就「重製」支付任何對價？又，本判決以被利用著作占新著作（即系爭看板）之比例，認定已符合第3款，非但已有違誤（理由詳第三章第三節），針對具有相當創作性高度之系爭7張系爭著作，全數被作為觀光用看板之利用乙節，縱觀光為正當目的，惟是否有必要全數利用，亦有討論之空間；再者，自著作權人乃授權系爭網站使用系爭著作乙事觀之，實可知系爭著作確有其授權市場，本判決未慮及此即率而認定該潛在市場與現在價值不致受影響，亦有可議。

第九項　智慧財產法院104年度刑智上易字第56號刑事判決[444]

　　本案乃利用人重製並公開傳輸他人臉書社群網站中之攝影著作於利用人之臉書社群網站。本案被告雖辯稱系爭攝影著作係用以評論，應屬合理使用等語，惟因系爭文章業經本判決認定有恐嚇危害他人安全之犯行，是本判決即據此進而認定被告將系爭攝影著作使用於系爭文章之後，並與被告所指遭告訴人虐死之流浪犬生前照片與虐死照片併列，已顯示被告係為達成於臉書網頁張貼系爭文章恐嚇危害告訴人夫妻之生命、身體、名譽安全之目的而使用系爭攝影著作，顯非基於正當目的之必要，而與第52條合理使用須基於「正當目的之必要」之要件未合。

　　本文認為本判決於判斷本案利用行為不符第52條所定「正當目的之必要」之要件後，即直接認定不合於該規定，而未再依第65條第2項審酌利用行為是否在第52條所定之合

---

[444] 本案被告原為流浪犬「芭比」之領養人，嗣因該流浪犬在被告轉由告訴人夫妻領養後，交由第三人領養前死亡，被告未經查證係遭流浪犬之死因，即遽認係遭告訴人夫妻虐待致死，被告除在其臉書上公開發表系爭文章（該文章亦經本判決認定係用以恐嚇危害告訴人夫妻之生命、身體、名譽安全者），並將擅自重製自告訴人臉書上之夫妻照片，列於該文章之後，併予公開傳輸。告訴人提起告訴，經法院認定被告係一行為觸犯加重誹謗罪及非公務機關未於蒐集特定目的必要範圍內利用個人資料罪，為想像競合犯，從較重之非公務機關未於蒐集特定目的必要範圍內利用個人資料罪論處，並認定被告一行為觸犯恐嚇危害安全罪、非公務機關未於蒐集特定目的必要範圍內利用個人資料罪、擅自以重製之方法侵害他人之著作財產權罪、擅自以公開傳輸之方法侵害他人之著作財產權罪為想像競合犯，從刑度及情節較重之擅自以公開傳輸之方法侵害他人之著作財產權罪處斷。

理範圍內，洵屬的論，蓋引用他人著作是否屬正當目的且有無必要，均為第52條之要件，其利用行為既非正當目的，自不符該要件而無從成立第52條之合理使用情形。然，第65條第2項既為獨立之合理使用概括條款，本判決未據以判斷利用行為是否合於該條項之其他合理使用情形，實已稍嫌草率，是本文認為縱被告利用目的兼有恐嚇危害他人之安全，該恐嚇犯行既有刑法第305條恐嚇危害安全罪足資適用且業經本判決予以適用，法院自仍應依第65條第2項4款判斷利用行為是否構成合理使用，否則應有判決不適用法規之違背法令之情，準此，自被告利用系爭著作兼有評論與恐嚇危害安全目的觀之，實可知被告並非單純取代系爭著作，而係已將原作為人像照片使用之系爭著作，為轉化性使用，惟考量該轉化性使用，尚無法達成其他社會價值或本法提升創作之目的，是第1款基準對被告言，尚非有利；系爭著作雖非高度創作且曾因公開發表於臉書社群網站，致其價值有所減損，但仍有其價值；姑不論被告乃為恐嚇系爭照片中之告訴人，而利用系爭著作全部已非必要，縱被告係為使臉書友人就告訴人是否有虐狗致死之情為公評，惟被告既未查證是否屬實，即利用系爭著作全部，自亦難認有其必要性；縱系爭著作僅供告訴人重製及公開傳輸之用，亦非意謂無授權第三人以收取對價之潛在市場，是該利用行為自仍有影響之可能，綜合上情，本案利用行為亦無法成立第65條第2項之其他合理使用情形。

第十項　本文見解（代結論）

一、關於第46條之適用：

綜觀本章節所列判決，實可知就第46條之適用，法院均會再依第65條第2項審酌利用行為是否在第46條所定「在合理範圍內」。另因第46條僅規範「重製」行為之合理使用情形，而未及於「公開傳輸」行為，就此，法院亦均能妥適適用[445]，惟就第46條所不及之「公開傳輸」行為，究應適用何規定認定是否合於合理使用，有逕依第65條第2項者[446]；亦有未予論及而有判決不備理由之情者[447]。

正因「公開傳輸」行為不得適用第46條之合理使用情形，已不足因應運用科技為遠距教學俾擴大教學效果之現代化需求，故「經濟部版修正草案」與「立法院版修正草案」均已將現行條文第46條為大幅修正[448]而將公開演出、公開上映、再公開傳達、公開播送、公開傳輸列為得適用之對象，並將現行條文第47條第3項移列為

---

[445] 諸如本章節第二、三項判決。

[446] 諸如本章節第一項判決。

[447] 諸如本章節第二項判決。

[448] 「經濟部版修正草案」與「立法院版修正草案」修正條文第46條：「依法設立之各級學校及其擔任教學之人，為學校授課目的之必要範圍內，得重製、改作、散布、公開演出、公開上映及再公開傳達他人已公開發表之著作。前項情形，經採取合理技術措施防止未有學校學籍或未經選課之人接收者，得公開播送或公開傳輸他人已公開發表之著作。第44條但書規定，於前二項情形準用之。」。

第46條之1[449]而擴大其適用範圍（亦即除公開播送外，另增訂公開傳輸）。

　　再者，法院適用第46條認定利用行為是否合於該規定時，亦有僅依第46條第1項為認定，而未依第46條第2項準用第44條但書者[450]，殊不知如此之認定已難以符合合理使用之上位規範「三步測試原則」！實則，現行條文第44條但書非但已符合伯恩公約所揭示之「三步測試原則」，為使該但書規定更加明確符合上開原則，上開草案更已依TRIPS第13條就第44條但書酌作文字修正[451]，準此，法院適用第46條為認定時，除應依第46條第1項為認定，亦應依第46條第2項準用第44條但書規定為認定，如此方能真正衡平著作權人之權益、社會公共利益與本法為促進國家文化發展之立法目的。

二、承上所述，因「經濟部版修正草案」與「立法院版修正草案」修正條文第46條、第46條之1（為現行條文第47條第3項所移列）均有增訂「公開傳輸」之合理使用情形，為明該等修正條文究係如何規範、施行後應如何適

---

[449] 「經濟部版修正草案」與「立法院版修正草案」修正條文第46條之1：「依法設立之各級學校或教育機構及其擔任教學之人，為教育目的之必要範圍內，得公開播送或公開傳輸他人已公開發表之著作。但有營利行為者，不適用之。前項情形，除符合前條第二項規定外，利用人應將利用情形通知著作財產權人並支付適當之使用報酬。」。

[450] 諸如本章節第三項判決。

[451] 「經濟部版」與「立法院版」修正草案修正條文第44條：「中央或地方機關因立法或行政目的所需，認有必要將他人著作列為內部參考資料時，得利用他人之著作。但違反著作之正常利用，且依該著作之種類、用途及其重製物之數量、利用方法，不合理損害著作財產權人之利益者，不在此限。」。

用該等規定、其間之異同又為何，爰將修正重點臚列如
后表：

	修正草案修正條文§46	修正草案修正條文§46-1
適用主體	依法設立之各級學校及其擔任教學之人	依法設立之各級學校或教育機構及其擔任教學之人（限非營利性者）（如：非營利性之磨課師課程平台）
要件	為學校授課目的之必要範圍內	為教育目的之必要範圍內
行為態樣	學校課程之同步教學及非同步遠距教學	廣播之同步傳輸及網路上之互動式傳輸（限非營利性之遠距教學）
利用行為	重製（同現行條文§46Ⅰ）改作（自現行條文§63Ⅱ納入）散布（自現行條文§63Ⅲ納入）公開演出（修正條文§46Ⅰ）公開上映（修正條文§46Ⅰ）再公開傳達（修正條文§46Ⅰ）公開播送（修正條文§46Ⅱ）公開傳輸（修正條文§46Ⅱ）	公開播送（現行條文§47Ⅲ移列）公開傳輸（修正條文§46-1Ⅰ）
利用客體	已公開發表之著作	已公開發表之著作
上課對象	限「有學校學籍」或「經選課」之學生	未限制
性質	合理使用	法定授權
法律效果	毋庸支付使用報酬	支付使用報酬即可利用
準用與否	須準用§44但書[452]	無須準用§44但書
明示出處與否	無須明示出處（修正條文§64Ⅰ）	須明示出處（修正條文§64Ⅰ）

---

[452] 自「立法院版修正草案」修正條文第46條說明第三項：「按現場課堂教學活動之遠距教學，為現場課堂教學之延伸，具有重大公益性質，對知識傳

	修正草案修正條文§46	修正草案修正條文§46-1
備註	1. 均無須再審酌修正條文§65Ⅱ各款判斷基準。 2. 就修正條文46Ⅰ及§46-1Ⅰ所指「必要範圍」之判斷，學者有謂應參考德國Meilensteine der Psychologic判決，以伯恩公約之三步測試法為依據，惟因該判決乃認不分支付使用報酬與否，均有該測試法之適用，此與上開修正條文乃以支付使用報酬與否，作為是否準用修正條文第44條但書（相當於該測試法）之規定尚有不同，是我國法院在考量三步測試法上容有不同[453]。 3. 因修正條文§46Ⅱ及§46-1之利用主體有重疊，故符合§46Ⅱ者，即得公開播送或公開傳輸，無須適用§46-1支付使用報酬。	

（表來源：本文自行整理）

三、自歐盟於2019年4月17日正式公告之「2019/790數位單
一市場著作權及相關權利指令（Directive (EU) 2019/790
of the European Parliament and of the Council of 17 April
2019 on copyright and related rights in the Digital Single
Market and amending Directives 96/ 9/ EC and 2001/ 29/
EC）」[454]（以下簡稱2019年歐盟著作權指令）第5條關

播具有重大意義，但遠距教學若違反著作之正常利用，且依該著作之種類、用途及其重製物之數量、利用方法，如不合理損害著作財產權人之利益者，例如：主要供教學使用而製作、出版或銷售之著作（例如教科書），仍應排除其適用，併予敘明。」觀之，即可知立法者何以於修正條文第46條第3項明定：「第44條但書規定，於前二項情形準用之。」。

[453] 王怡蘋，教學目的之著作權限制——兼論著作權法修正草案，月旦法學雜誌（No.278），2018年7月，頁152。

[454] 許曉芬，歐盟數位單一市場著作權指令之變革，會計研究月刊（406），2019年9月，頁96，doi：10.6650/ARM.201909_（406）.0014；歐盟執行委員會（European Commission）於2016年9月提出之「數位單一市場著作權指令」（The Directive on Copyright in the Digital Single Market）提案，於2019年2月13日由歐洲議會、歐盟理事會與歐盟執行委員會達成最終協議，歐洲議會與歐盟理事會並分別於2019年3月26日、2019年4月15日通過提案，歐盟理事會嗣於2019年4月17日簽屬正式指令，許哲銘編譯整理，歐盟理事會通過爭議不斷的歐盟數位單一市場著作權指令，資策會科技法律研究所，

於數位與跨境教育活動之規範[455]觀之，亦可知我國上開修正草案修正條文與「2019年歐盟著作權指令」之立法意旨相符，均同為與時俱進之立法。

四、關於第52條之適用：

上開判決適用第52條時，亦均會再依第65條第2項審酌利用行為是否在第52條所定「在合理範圍內」[456]。而就第52條之適用，較易生違誤者乃漏未審酌「是否係為報導、評論、教學、研究或其他正當目的之必要」此一要件[457]。

至於第52條所指之「其他正當目的」為何？自其中之判決觀之，已可知非以營利為目的之社會團體倘係依該團體之宗旨為利用，應已符合前者，惟倘利用目的係為恐嚇危害著作權人之安全，則不該當前者[458]。而該規定所指之「評論」，又該如何方能成立合理使用？自其中一則判決觀之，實可知法院乃著眼於「增進消費者

https://stli.iii.org.tw/article-detail.aspx?no=64&tp=1&i=92&d=8233&lv2=92，最後瀏覽日：2020/06/15。

[455] 「指令第5條規範在數位與跨境教育活動中，若是單純為教學說明且非商業目的，其數位使用得構成著作權及相關權利之例外。此數位使用限於教育機構負責之教學活動場域，或只有教育機構學生與教師透過安全之電子網路始能進入的網站進行，此外必須附有作者姓名之來源說明。但對於市場上容易取得教學使用授權之著作，或主要為教育市場提供之文本或樂譜，指令採取保留態度，讓各成員國自行決定是否排除於前述之例外或限制，而成員國得規定就此一使用行為對權利人之損害為公平之補償。」，許曉芬，前揭註454，頁99。

[456] 諸如本章節第六、七、八項判決。

[457] 諸如本章節第五、七項判決。

[458] 諸如本章節第八、九項判決。

知的權利之社會公共利益」，據以衡酌兼具市場競爭者之評論者，為評比產品而為之利用，其評論雖有商業動機，亦不應一律壓縮合理使用空間，使著作權人得藉由著作權之行使，讓來自競爭者之批評於言論市場上消失[459]，其所持之見解非但已顯現賦予「評論」合理使用之空間，乃為呈現不同面向之思考、想法與見解俾為思辨，更已顯現憲法第11條之言論自由與著作權及知識傳遞其間究係如何為調和，不論如何，該見解不正是本法所揭櫫為促進知識之流通與人類智識之發展之立法目的所在！

五、關於第65條第2項各款之認定：

上開判決就第65條第2項各款之認定，除第2款較無疑義外，就第1款言，則多有逕以單純二分商業或非營利教育目的為認定者[460]，且更有將焦點置於「非專以教育目的」、「非純為教學或非營利目的」之利用行為，而就合理使用為不當設限者[461]，惟亦有為數不少之判決已就利用人是否有將被利用著作為轉化性使用乙節為考量[462]，而使具有營利目的之利用行為，仍能因具轉化性使用，成立合理使用。

第3款部分，則有頗多判決仍將該規定所指之「整個著作」，以「利用人之新著作」為判斷，致生認定錯

---

[459] 諸如本章節第六項判決。
[460] 諸如本章節第一、五、八項判決。
[461] 諸如本章節第四、五項判決。
[462] 諸如本章節第二、三、四、六項判決。

誤之情[463]。

第4款部分，由於上開判決所考量之面向不一，有以利用人係以合理之行銷方法為利用，或以利用人與著作權人之使用性質與目的相同為由，而認難對原著作之潛在市場與現在價值有何影響，並以一語帶過者[464]；有以利用人之網頁難被發現，而認對原著作之影響甚微者[465]；有以利用效果是否難以取代或影響原著作市場上之地位而為認定者[466]；亦有自利用結果是否將降低他人尋求授權使用原著作之機會，而判斷獲取授權金之潛在經濟價值是否受影響者[467]，頗有莫衷一是之情，除後二者判決之判斷較有跡可循而具參考價值，倘欲自前二者判決窺得司法實務上究係如何判斷本款基準，實非易事！話雖如此，仍有一則極具亮點之判決，能明確釐清在利用原著作為評論之情形，本款基準應重在引用原著作之結果，對原著作潛在市場及現在價值之影響，而非在於該評論結果對著作權人經濟利益之影響，並據此認定利用人倘非替代性剽竊原著作，而係轉化性使用，該利用結果對原著作之潛在市場或現在價值之影響實已微乎其微[468]。

---

[463] 諸如本章節第一、七、八項判決。
[464] 諸如本章節第七、八項判決。
[465] 諸如本章節第一項判決。
[466] 諸如本章節第三項判決。
[467] 諸如本章節第二、三、四項判決。
[468] 諸如本章節第六項判決。

第三節　利用行為不符合著作權法 第44條至第63條所定之情形者

第一項　智慧財產法院98年度民著上易字第3號民事判決[469] 與另案智慧財產法院98年度民著訴字第44號民事 判決[470]

　　上開判決雖係不同案件，惟因兩案之事實均為利用人重製並公開傳輸他人攝影著作於利用人之網頁，且兩案之判決理由幾近相同，故本文遂一併探討。上開判決乃先認定利用行為不合於第44條至第63條所定「著作財產權之限制」之要件，嗣再接續依第65條第2項各款審究該重製及公開傳輸行為非屬合理使用，其理由略以：利用人非單純透過超連結俾介紹系爭鳥園之網站予瀏覽利用人網頁之人，而顯意在誤導瀏覽者使其誤認該鳥園之網站為利用人所製作，進而向利用人詢問如何「自己輕鬆的」架設如該鳥園網站般「專業的電子商務網站」，或使瀏覽者誤認系爭圖像為其著作，是顯具商業性，而非為非營利教育目的。該利用方式係替代的而非轉變的，乃完全剽竊系爭著作，非為達其他社會價值或目的

---

[469] 本件原告拍攝有松雀鷹等8張攝影著作，其曾授權國立鳳凰谷鳥園網站使用於台灣鄉土鳥類網頁。被告未經其同意或授權，重製及公開傳輸系爭著作於○○○及○○○網站之網頁，並連結到其銷售產品即「○○養生機」…及「自己輕鬆的架設專業的電子商務網站」等之網頁。

[470] 本件原告為拍攝1張黑面琵鷺攝影著作之著作權人，其曾將系爭攝影著作授權國立鳳凰谷鳥園網站使用於台灣鄉土鳥類網頁。被告未經原告授權或同意，重製及公開傳輸系爭著作於其○○○公司之網頁，供不特定人瀏覽、列印。

而「轉變性的」利用系爭著作，難謂其利用在合理範圍內；系爭著作之原創性程度非低，被告所利用者又係最精華部分，其比例幾乎已達百分之百；利用結果，雖不致直接與系爭著作市場有直接競爭之關係，然已侵蝕著作權人透過系爭著作本可獲取之授權利益，是其利用對系爭著作潛在市場非無影響。

本文認為上開判決審酌利用方式係替代的而非轉變性使用系爭著作、被利用著作非屬低度創作且遭利用之質量幾近全部、該等重製與公開傳輸行為已侵蝕原可獲取之授權利益，堪稱妥適，準此，自應傾向保護著作權人之著作財產權，俾確保其創作誘因。

第二項　智慧財產法院100年度民著訴字第31號民事判決[471]

本事件乃利用人重製並公開傳輸專屬被授權人之攝影著作至利用人之網站。本判決乃依第65條第2項認定本件被告非屬合理使用，其理由略以：利用系爭著作係為銷售商品，具營利性而不具公益或教育性；系爭著作乃以肉眼無法觀察

---

[471] 本件原告與被告均為防蟎寢具之廠商，原告為系爭塵蟎與其排泄物攝影著作之專屬被授權人，被告未經原告之同意或授權，將系爭攝影著作重製於被告之網站，供不特定人瀏覽或下載，原告主張其著作財產權已受到侵害。如后為本事件之系爭攝影著作：

之塵蟎等作為創作素材，具高度創作性，受保護程度與創作性呈正比；單張攝影著作構成1件著作，利用質量為百分之百；原告取得系爭著作在臺灣地區之專屬使用權利，其經濟效益在於自身與授權他人使用，以獲取商業利益或授權金，被告無償利用致原告經濟利益受重大不利影響，使其無法確保市場獨占地位。

本文雖肯認本判決依上開規定所為之判決結果，惟就第1、4款所為之判斷則有些許不同，蓋本判決僅單純二分本件利用性質為營利或非營利教育即為判斷，未就系爭著作是否業經利用人為轉化性使用為考量，誠難凸顯利用人確為單純完全重製而無任何轉化性使用致生替代系爭著作效果此一不合於合理使用規範真諦之利用行為，至於第4款基準，倘另著眼於兩造均為防蟎寢具之廠商，利用人本身顯有可能成為系爭著作之專屬被授權人（即原告）之潛在被授權人，其未思獲取授權即逕予利用，更足證此一「搭便車」之利用行為應為合理使用規範所不容。

第三項　智慧財產法院102年度刑智上易字第60號刑事判決[472]

本案件乃利用人重製並公開傳輸他人攝影著作至利用人

---

[472] 本案告訴人於2010年4月25日新竹孔廟第一屆獒犬單獨展中，經由名為「夯」之藏獒犬之飼主即被告同意，為「夯」拍攝照片，告訴人嗣於同年月27日在「○○○與蘇俄狼犬的群聚生活」之○○部落格內撰寫張貼「寵物攝影～99.04.25（新竹孔廟～第一屆獒犬單獨展）～藏教的眼神」一文，並將系爭攝影著作置於其內文。被告未經同意或授權，重製系爭著作，並去除系爭著作之邊框與右下方所標示之「photo by Lorelei」字樣，其後則將之公開傳輸至被告所建置之「○○藏獒會館」○○部落格，而以「並排顯

之部落格。本判決乃依第65條第2項認定本案利用人不合於該規定之其他合理使用情形，其理由略以：縱被告之非商業性質部落格乃供不特定人瀏覽、經驗分享，而有教育、社會交流功能，惟其將系爭著作作為背景圖片並無教育目的，且自告訴人所標示字樣實可知其未明示或默示允許他人任意利用，被告僅單純重製、並排顯示系爭照片，未注入新意或具不同之特性，自無轉化或增添價值，非屬轉化性或生產性使用；告訴人係將高度創作性之系爭著作，以部落格做為個人藝術表現之分享；被告將系爭著作去除邊框等，並以多幅系爭著作作為部落格背景圖片，利用之質量幾近百分之百；告訴人就系爭照片難認有單獨存在之著作市場或獨立之市場價值，且從事建築業之被告，其部落格既無營利行為，亦難認因此取代告訴人現有寵物美容及教學等業務，進而影響告訴人之事業經營，是利用行為是否將發生取代系爭著作市場之效果，並非明確；因投注生產知識、資訊開發之成本，遠高於重製、散布成本，被告既能以電子郵件商洽授權竟不為，實可能因此降低告訴人之創作誘因，故利用結果對人類智識文化資產之整體影響並無價值或助益，自應傾向著作權之保護以調和網路之資訊自由與著作權。

本文肯認本判決就法律之適用，尤其係本判決適用第65條第2項時，除已審酌第1款至第4款判斷基準，尚衡酌該條項所指之「一切情狀」，即利用結果對於人類智識文化資產

示」系爭著作之方式作為背景圖片，告訴人認被告業已侵害其對系爭著作之著作權，遂對被告提起告訴。

之整體影響等情狀，如此全面性之考量足堪肯定，遑論本判決亦已就第1款部分，併予審酌利用目的及性質究為商業目的或非營利教育目的，與利用結果有無轉化或增添系爭著作之價值。

第四項　臺灣臺北地方法院104年度智易字第37號刑事判決[473]

本案乃利用人重製並公開傳輸他人之攝影著作至利用人之臉書社群網站，另供予記者用以搭配電子媒體之報導。本判決乃依第65條第1、2項認定本案事實一.之利用行為，非屬合理使用、本案事實二.之利用行為合於合理使用，就事實一.所持之理由為利用人重製並更改球衣上之字樣，係為特別彰顯「国○桌球」並使之與「國○桌球館」相結合，利用目的顯非單純原狀使用，而係為提升該桌球館知名度及商業利益，具商業目的，當不符合理使用，又雖臉書使用條

---

[473] 本案之事實有二：其一為「國○桌球館」之負責人林○○（下稱被告1）及其配偶○○○（下稱被告2）明知桌球發球瞬間照片（下稱系爭發球照片）為該館培訓隊員之家長（即告訴人）所拍攝，未經其同意或授權，由被告2自告訴人相關網頁擷取系爭發球照片，復將該名隊員上衣印製「D○○」字樣更改為「国○桌球」，並上傳至被告1名義之Facebook帳號；其二為被告1及被告2明知桌球接球瞬間照片（下稱系爭接球照片）為告訴人所拍攝，未經其同意或授權，由被告2自告訴人相關網頁擷取系爭接球照片，復將之上傳至被告1名義之Facebook帳號，另由被告2以移轉所有權之方法交付給不知情之記者，進而登載在○○新聞電子媒體，以該照片搭配報導內容包含「打桌球可以預防近視」、「桌球教練林○○說…有預防近視的效果」等宣傳文字，公開散布該照片之重製物。本判決就上開事實一之行為乃認係犯本法第91條第1項擅自以重製之方法侵害他人之著作財產權罪；就上開事實二之行為乃認不構成本法第91條第1項擅自以重製之方法侵害他人之著作財產權罪嫌，及同法第91條之1第1項擅自以移轉所有權之方法，散布著作重製物而侵害著作財產權罪嫌。

款僅限使用「公開」設定情形，惟告訴人就系爭著作之分享對象僅限於「朋友的朋友」，非屬「公開」條件，利用人自不能以此作為使用系爭著作之合理事由、就事實二.所持之理由則為利用人重製系爭著作並轉貼於臉書社群網站，另供予記者登載於新聞電子媒體，有無商業目的或影響系爭著作價值、是否合於合理使用，雖非無疑，惟系爭著作並無何圖樣、特徵，要難使一般人逕自與「國〇桌球館」產生聯想，當非商業使用，且系爭著作所搭配之報導既無強調該桌球館之意，益徵被告並未利用系爭著作充作商業目的，況合理使用有其規範之目的，被告此等行為雖有不妥，然此祇原狀使用系爭著作，要無加工、後製等行為，未減損系爭著作價值，要可信實。

　　本文雖肯認本案應依第65條第1、2項為認定，惟本判決僅審酌該條第2項第1款，就其餘各款則隻字未提，已有判決不備理由之違背法令之情，再者，其認定理由亦有諸多違誤，本文不予苟同，蓋事實一.部分，關於第1款基準，僅見其祇判斷利用人是否為商業目的，如此草率甚至判決利用人有罪之刑事判決豈容維持？尤有進者，本判決竟以「利用目的顯非單純原狀使用」即遽認不符合理使用，莫非其不知曉「單純原狀使用」方為合理使用規範所不容之「單純完全重製」？莫非其亦不知「顯非單純原狀使用」方有可能屬轉化性使用而成立合理使用？至於事實二.部分，本判決徹頭徹尾地以不同面向說明其何以認為被告不具商業目的，如此之認定不禁讓人質疑第65條第2項各款，僅有「利用目的是否

具商業目的」此一判斷基準，其餘基準根本僅係具文罷了！同樣地，本判決又再次以「祇原狀使用系爭著作，要無加工、後製等行為，未減損系爭著作價值」作為是否合於合理使用之認定基準，試問：如此之見解豈非意謂利用人就原著作所為之改作，絕無可能成立合理使用？祇要經過加工、後製，原著作之價值就一定會減損？果如此，豈非意謂「單純完全重製」勢必不會影響原著作之現在價值？若「單純完全重製」勢必不會影響原著作之現在價值，又何須判斷新著作是否有替代原著作之可能？凡此種種，豈能謂與合理使用規範無違？此外，就本案之公開傳輸行為究否合於上開規定，亦未見本判決為審酌，自已有判決不適用法規之違背法令之情。

第五項　智慧財產法院104年度刑智上易字第60號刑事判決[474]

本案乃利用人重製被授權人之圖庫系統內之攝影著作，用以搭配刊載於某雜誌之官方網站上之文章。本判決乃依第65條第2項認定本案利用行為顯非合理使用，其理由略以：將系爭攝影著作用以搭配文章，可吸引讀者瀏覽而增加該文章及網頁之點閱率，進而增加網站上廣告之曝光率及收益，

---

[474] 本案被告為赫○○公司（下稱被告1）及其所僱用之員工陳○○（下稱被告2），被告2於被告1之新媒體部擔任網站娛樂編輯乙職，負責選擇適合被告1所刊登文章情境之圖片作為副圖等業務。被告2未經系爭圖片著作權人（即告訴人）之授權或同意，在著作權人授權第三人使用之圖庫系統內，擅自擷取後重製系爭照片，用以搭配被告1刊載於「○○○雜誌」官網上之文章，並分別張貼於網頁，使不特定人點選系爭網頁後即可瀏覽系爭照片，以此方式公開傳輸系爭照片，而侵害系爭攝影著作之著作財產權。

屬商業目的之營利使用；重製整張系爭著作，利用質量為百分之百；具高度創作性之系爭著作，應給予較高之保護；利用結果將致使告訴人授權系爭照片予第三人之機會減少。

本文雖肯認本判決就法律之適用及其判決結果，惟就第1、4款基準所為之考量則有些許不同，蓋本判決僅單純以利用人為營利使用即為判斷，未就系爭著作是否業經利用人為轉化性使用為考量，準此，倘考量告訴人係將系爭著作授權第三人做為圖庫使用，而被告將系爭著作用以搭配刊載於他人之雜誌官網上之文章，此一利用之方式與目的，與被告於取得告訴人授權後之使用方式與目的，並無二致，根本無任何轉化性使用，實已足證利用人無法通過第1款之檢驗，正因利用人本身確屬系爭著作之潛在被授權人，利用人未取得告訴人之授權即逕予利用，更足證利用人亦無法通過第4款之檢驗。

第六項　臺灣士林地方法院107年度聲判字第78號刑事裁定[475]

本案乃利用人重製並公開展示他人之攝影著作用供評論。本裁定乃依第65條第1、2項認定本案利用行為合於合

---

[475] 本案乃聲請交付審判案件，本案聲請人（即告訴人）南○公司係他國汽車在臺灣之經銷商，其曾委請第三人拍攝、設計其所經銷之汽車攝影著作1張，並經第三人將該著作之著作財產權專屬授權予告訴人。被告未經同意或授權，自網路新聞擷取、重製系爭著作，並以之作為網路論壇帳號大頭貼之顯示照片，告訴人則認被告係以公開傳輸、公開展示之方法，供不特定之人觀賞系爭著作，已侵害其享有之著作財產權。被告則辯以其利用系爭著作乃為於該論壇中之討論區（即告訴人所經銷之特定廠牌汽車之討論區）評論告訴人所經銷汽車之品質等事，故屬合理評論。

理使用，其理由略以：本案被告將系爭攝影著作作為論壇之大頭貼照片，僅係將該著作供作自己之識別標誌，未作為營利使用；告訴人雖將系爭著作用於廣告行銷汽車之營業用途上，但並未單獨銷售該著作，是利用結果並未減損系爭著作之市場價值或致告訴人在該著作之營收減少。

　　本文雖肯認本裁定就法律之適用與該裁定之結果，惟所持之理由尚有不同，蓋本裁定亦著眼於利用目的是否為營利而單純二分營利或非營利目的，實則，本案被告雖係自網路新聞完全重製系爭汽車攝影著作，而將該著作作為網路論壇之大頭貼照片，惟其之所以將之充作大頭貼照片，乃為於該論壇中之討論區（即告訴人所經銷之系爭汽車之討論區），就系爭汽車之品質、車主之素養為評論，是利用人顯已將原作為「展示或介紹系爭汽車」用途之商品照片，轉變為評論系爭汽車品質等之用途，應屬轉化性使用；被告雖完全重製系爭著作致利用質量已達百分之百，惟此乃基於評論目的，自未逸脫合理之範疇；系爭著作雖非低度創作，惟既曾使用於網路新聞，其價值應有所減損，佐以系爭著作業經利用人為轉化性使用，其所創造之價值與市場，應已與系爭著作有別，自難謂利用結果將使系爭著作之潛在市場及現在價值受影響，本判決雖就第4款基準，以告訴人未單獨銷售該著作，而認其市場價值不致受影響或致告訴人在系爭著作之營收減少，惟本文誠難認同，畢竟本款之考量，不應僅就著作權人能否自其著作本身獲取授權利益為斷，即使無授權市場，倘著作權人尚能以其著作用以行銷其商品俾獲取經濟利

益，自難謂利用結果不無侵蝕告訴人使用其著作以行銷商品之潛在市場，是本文認為本款基準之考量實應著眼於本案已因轉化而新增得以與系爭著作有所區別之價值與市場，而認本款有利於利用人。綜上考量，本案利用行為應合於合理使用。

第七項　臺灣新北地方法院108年度智易字第4號刑事判決[476]

本案乃利用人重製並公開傳輸他人之商品圖片用以販售其網拍商品。本判決乃依第65條第1、2項認定被告非屬合理使用，其理由略以：本案被告係為商業行為，而擅自使用系爭商業性攝影著作9張，使用比例為全部，且此商業行為對該等著作之潛在市場有所影響。

本文雖肯認本判決就法律之適用與判決結果，惟本文認為本判決之理由稍嫌草率，蓋本判決亦與本章節第六項之裁定相同，均僅著眼於利用人是否為商業目的而單純二分營利或非營利目的，並未考量有無轉化；雖認系爭著作有一定創作高度，惟其價值是否已因公開發表於網路上致其價值有減損，則未見為考量；縱有判斷第4款基準，亦僅係一語帶過，而未說明該商業行為何以對系爭著作之潛在市場有所影響，實則，與著作權人處於競爭地位之利用人，其未為任

---

[476] 本案告訴人為系爭行車記錄器、行車安全警示器等商品照片（下稱系爭著作）之著作權人，被告未經同意或授權，以電腦連結網際網路，進入○○○線上購物中心之行車記錄器等相關商品頁面，重製系爭著作，再將重製之照片或圖文檔案上傳至被告所管領拍賣平臺之帳號在○○○拍賣網站所經營之商品拍賣網頁內，並刊登系爭著作9張，用以銷售行車記錄器等相關產品，並使不特定多數人瀏覽該網頁時，得以自行點選觀看。

何轉化而單純完全重製系爭著作，已使原著作之合法經濟利益受到侵蝕，致生原著作之市場遭新著作替代之效果，系爭著作之潛在市場與現在價值自當受到一定程度之影響，關此，學者亦有依美國法院之見解而謂：「當被告之著作與原告之著作直接競爭時，法院傾向認定合理使用不成立。於此種案件，法院會容易傾向於在第四基準中，認定為有損害的效果。」[477]，遑論Harper案已指出：「利用他人著作卻未支付一般費用，以致其從中獲利，亦無法被認為是一種合理使用。」[478]。

第八項　臺灣士林地方法院108年度智易字第10號刑事判決[479]

本案乃利用人重製並公開傳輸他人之商品圖片用以販售網拍商品。本判決乃依第65條第1、2項認定被告非屬合理使用，其理由略以：被告重製並公開傳輸系爭攝影著作作為販售商品之圖片，屬商業目的，且毫無轉化幅度；系爭著作表現出作者之個性及獨特性，應予相應之保護；聲請人亦有販

---

[477] 王敏銓，前揭註226，頁142-143。

[478] 馮震宇，前揭註280，頁541。

[479] 緣本案聲請人（即告訴人）曾就被告違反著作權法之犯行提出告訴，嗣經臺灣士林地方檢察署為不起訴處分，告訴人不服遂聲請再議，嗣經臺灣高等檢察署智慧財產檢察分署為駁回再議處分，告訴人不服遂聲請交付審判，嗣經臺灣士林地方法院以107年度聲判字第116號刑事裁定交付審判確定，視為案件已提起公訴（刑事訴訟法第258條之3第4項參照），嗣經臺灣士林地方法院以108年度智易字第10號受理並判決在案。本案事實為：被告預見系爭商品圖片係他人享有著作財產權之攝影著作，未經著作權人（即聲請交付審判之聲請人）之同意或授權，擅自上網下載系爭商品圖片3張後，上傳至其於○○○拍賣網站之網路拍賣商店，作為販售「○○○麵」之商品圖片，使不特定人得以瀏覽。

售相同商品，被告重製聲請人之原始廣告內頁圖片，並用以販售相同商品，以質、量而言，所占之比例顯然極高，且亦不無侵蝕利用該原始廣告內頁圖片以行銷產品之潛在市場。

本文認為本判決就法律之適用與第65條第2項各款之判斷，均堪稱妥適。此外，尤應注意者，乃針對如同本案被告之犯行，即其重製、公開傳輸行為分別該當第91條擅自以重製方法侵害他人之著作財產權罪、第92條擅自以公開傳輸方法侵害他人之著作財產權罪，司法實務上就論罪部分之法律見解相當分歧[480]，為此，司法院108年度智慧財產法律座談會[481]即曾就「被告擅自重製他人享有著作財產權之圖片，再上傳至網路頁面」法律議題，做成研討結果，而認該等行為「係以數個舉動接續進行，而侵害同一法益，此為包括一罪，應從後階段之著作權法第92條之擅自以公開傳輸方法而侵害他人著作財產權罪嫌處斷。被告重製之行為屬與罰之前行為，不另論罪。」，從而本判決亦援引上開見解認定本案被告係犯第92條擅自以公開傳輸方法侵害他人之著作財產權罪。

---

[480] 有採高度行為吸收低度行為，論處本法第91條第1項擅自以重製方法侵害他人之著作財產權罪者；有採情節較重部分，論處本法第92條擅自以公開傳輸方法侵害他人之著作財產權罪者；有採想像競合說，論以情節較重之本法第91條第1項擅自以重製方法侵害他人之著作財產權罪者；有採想像競合說，論以情節較重之本法第92條擅自以公開傳輸方法侵害他人之著作財產權罪者；亦有論以本法第91條第2項擅自以重製方法侵害他人之著作財產權罪者。

[481] 2019年5月6日司法院108年度「智慧財產法律座談會」「刑事訴訟類相關議題」提案及研討結果第3號。

第九項　本文見解（代結論）

一、法院為侵害著作財產權之認定，均有其一定之順序：

綜觀本章節所舉之判決，實可知法院認定利用人利用他人照片之行為，是否構成著作財產權之侵害，均會先認定被利用之照片，是否屬於本法所保護之著作，如屬著作，即會再認定該著作是否具有原創性而屬於攝影著作，如屬攝影著作，方會再就該利用行為，判斷究係為何目的而利用。

以「利用他人攝影著作，搭配利用人所撰寫之文章」為例，倘利用人係為報導而利用，則會依報導之性質，分別適用第49條或第52條（請參見本章第一節），亦即如屬時事報導並符合第49條所定要件，即依該規定認定利用人合於合理使用，而毋庸再依第52條為認定，惟如非屬時事報導，則會再判斷該報導是否符合第52條所定之要件〔即（一）須為報導之必要；（二）須有引用之行為；（三）引用須在合理範圍內；（四）引用之著作須為已公開發表之著作〕，此時，因「引用須在合理範圍內」為其中之一要件，故法院尚會依第65條第2項審酌利用行為是否在合理範圍內，如均合於該等要件，則成立第52條之合理使用，惟倘利用行為並不符合第52條所定之報導、評論、教學、研究或其他正當目的，抑或均不符合第44條至第63條所定之合理使用情形，法院即得單獨適用第65條第2項此一合理使用概括

規定，認定利用行為是否符合該規定所定之其他合理使用情形。

　　另因本法所規定之刑事責任，乃以行為人具有侵害之故意為構成要件，而本法所規定之民事責任，則以故意或過失為要件，故而法院亦會因利用人涉訟者為民事事件或刑事案件，而分別就其主觀為何予以認定。

　　據上足明法院為侵害著作財產權之認定，均有其一定之順序，唯有遵循此等順序一層一層地依應適用之規定為認定，方能作出妥適而令人甘服之裁判。

二、關於第44條至第63條與第65條第2項之關係：

　　本法第三章第四節第四款「著作財產權之限制」其中第44條至第63條與第65條第2項之關係，將會因「經濟部版修正草案」與「立法版修正草案」就第44條至第48條、第50條至第52條、第54條至第55條之1、第61條及第63條至第65條所為之修正，致與現行規定之判斷模式顯不相同，關此，請參閱本文第三章第三節第一項，茲不再贅述。

三、關於第65條第2項各款之認定：

　　由於網際網路無所不在，總能於彈指之間即以重製、公開傳輸或公開展示等方式利用他人著作，本法雖已就特定之合理使用情形明定於第44條至第63條，惟非屬該等規定所規範之情形亦所在多有，法院即應依第65條第2項為審酌，業如上述。

　　為明法院究係如何依第65條第2項為審酌，本章節

業以數則裁判為探討，本文發現其中尚有為數不少之裁判仍著眼於單純二分商業目的或非營利教育目的者[482]，甚至亦有並未4款基準均為判斷而有判決不備理由之違背法令之情者[483]，雖上開規定明定法院應審酌「一切情狀」，惟有審酌「一切情狀」者卻僅有一則[484]，再者，第1、4款基準之判斷，竟有誤認「單純原狀使用」方屬合理使用，反之即不屬之，甚而以利用人是否有對原著作為加工、後製等行為，作為是否會減損原著作價值之判斷者[485]，尤其係第4款基準，亦如同本章第二節所舉之判決般呈現判斷標準不一之情，其中有尚非妥適之考量，諸如：逕以原著作未經單獨銷售，而認其市場價值不致受影響或致著作權人在其著作之營收減少[486]、以原著作未遭加工或後製，而認其價值未受減損[487]、以「利用人之商業行為對原著作之潛在市場有所影響」一語帶過[488]等，亦有妥適之考量，諸如：以著作權人原可獲取之授權利益是否已受影響[489]、以利用結果是否會生取代原著作市場之效果[490]、以利用人因有販售相同商品，而

---

[482] 諸如本章節第二、四、五、六、七項裁判。
[483] 諸如本章節第四項裁判。
[484] 諸如本章節第三項判決。
[485] 諸如本章節第四項裁判。
[486] 諸如本章節第六項裁定。
[487] 諸如本章節第四項判決。
[488] 諸如本章節第七項判決。
[489] 諸如本章節第一項所列之智慧財產法院98年度民著上易字第3號民事判決、98年度民著訴字第44號民事判決、第二、五項判決。
[490] 諸如本章節第三項判決。

認已侵蝕著作權人使用其著作以行銷產品之潛在市場[491]等，不失為極具參考價值之判斷標準而得以衡酌著作權人權益與本法立法之目的。

誠如上述，上開判決確已呈現判斷不一之情，倘再僅單就刑事判決觀之，更已彰顯如此繁簡不一之審酌，將使人民處於無法確切知悉何種態樣之利用行為方會構成刑事責任之風險當中，猶如第四、五、七項刑事裁判均以具商業營利目的之利用行為而認非屬合理使用，此等認定已足使人民產生祇要係商業營利目的即非屬合理使用而應擔負刑事責任，故而伊祇要不具該等利用目的即非屬著作財產權之侵害之誤解，殊不知不具該等利用目的之行為，亦可能因無法通過第65條第2項之檢驗而構成侵害著作財產權之刑事責任（諸如第三項判決），準此，為免徒增不可預見性或不確定性，本文認為手操刑案被告生死大權之審判者，仍應謹慎、縝密地一一審酌上開規定，俾作出妥適之判決，而不應心存反正祇是論處罰金刑（或得易科罰金之有期徒刑）而未論處自由刑之想法，作出如第四、七項判決般粗略草率之認定，畢竟該等刑責仍屬有罪，審判者實應慎而為之！

四、併此敘明者，由於著作權侵權案件之利用人經常辯稱其不知所利用著作之著作權人為何人云云，姑不論其所辯者是否為真，從現今網際網路上確充斥著諸多未經標示著作資

---

[491] 諸如本章節第八項判決。

訊之著作，致著作權人處於其著作隨時有遭侵權之可能，而無法獲取授權金或利益分配、利用人處於隨時涉訟之風險、孤兒著作[492]無法經由合法管道被利用等事觀之，實可知本法尚有亟待改進之處，且倘著作權人與利用人亦能協力，勢將使我國之著作權制度更為完善，為此，本文認為宜依學者之見解為修法之建議，茲分述之如后：

（一）為促進著作之合法利用，應建立有效之授權機制，並健全著作權集體管理團體機制，否則應就「利用人無法透過任何授權管道取得絕版，或用以作為非商業性之文化、教育活動之著作之授權」情形，擴大其合理使用之空間：

1. 由著作權人就其著作自行建置授權機制：

誠如第四章第一節所述，因新聞（電子）媒體已逐步就其著作建置授權機制，故新聞媒體被訴侵害他人著作權之案件已相形減少，據此足明如此之方式，非但已能確保著作權人之權益，亦能促進著作之合法利用，對知識之傳遞及流通更係一大助益，對於各方面而言，均不失為一絕佳之著作權授權機制。

---

[492] 「『孤兒著作』係指著作財產權保護期間尚未屆滿，但其著作財產權人不明或所在不明，致無法洽談授權利用之著作。」，章忠信，利益均衡的著作權法制──歐盟著作權指令之新思維探討，收錄於施茂林、顏上詠編著智慧財產權與法律風險析論：人工智慧商業時代的來臨，五南，2019年9月，頁235；「根據孤兒著作指令，所謂的孤兒著作是指尚在著作權保護期間內，但其權利人不明或已盡勤勉搜尋義務卻仍不知權利人所在（located）等情況。」，馮震宇，歐盟著作權指令體制與相關歐盟法院判決之研究，收錄於劉孔中主編，國際比較下我國著作權法之總檢討（上冊），中央研究院法律學研究所，2014年12月，頁505。

2. 健全著作權集體管理團體機制，俾發揮其應有之成效[493]：

　　由於著作權人不盡然係如上1.所示之企業而得自行建置完備之授權機制，抑或授權使用之著作其數量僅係寥寥可數，甚或零星、分散或小部分之授權其授權利益可能微乎其微，以致著作權人與各個利用人，或利用人與各個著作權人，不欲耗費過高之成本與對方個別洽商授權事宜，為解決此等授權成本過高之問題，歐陸法系之著作權法制即有所謂之「著作權集體管理團體」（下稱集管團體）產生。我國亦訂有著作權集體管理團體條例，惟因我國之集管團體目前之運作並不順遂[494]，是自應落實由集管團體與利用人協商訂定使用報酬率、由著作權人所組成之集管團體仍應依法立於中介之地位，兼顧著作權人及利用人之權益、利用人應秉持著「使用者應支付使用報酬」之態度，正視「申請審議費率」僅係對於集管團體所訂定使用報酬率之異議而已，尚非得據以抗拒或逃避支付使用報酬等[495]。

---

[493] 劉孔中，前揭註24，頁37。

[494] 「集管制度於我國之運作，目前仍不算順遂，一方面在於集管團體之定位不清，導致利用人難以信服其所定使用報酬率，有機會拒絕或延遲支付。另方面，著作權法之刑責過度介入，導致著作權人有機會捨集體管裡較有效率之管理，採刑事訴訟以獲取較高之損害賠償」，章忠信，我國著作權集體管理制度之實務發展與未來，慶祝智慧局20週年特刊，經濟部智慧財產局，2019年10月，頁123。

[495] 章忠信，前揭註494，頁124-126。

3. 倘著作權人未自行建置授權機制或加入集管團體，
   應委託其所屬職業團體或公會或協會代為處理授權
   事宜：

   　　緣學者鑒於本法之體系不盡理想，曾提出修法建
   議俾解決本土困難與問題，而就其中之難題：「一般
   人及利用人守法的交易成本很高」，所建議之修法之
   道乃「課與著作權人降低使用人合法取得授權交易成
   本之義務」，亦即著作權人不欲使用集體管理機制而
   個別行使著作權者，應委託其所屬職業團體或公協
   會行使[496]。本文認為在我國尚無全國代表性之集管團
   體、集管團體運作亦不順遂，甚且目前僅有音樂、錄
   音、視聽著作等著作類別方有集管團體[497]，其他類別
   著作則付之闕如之際，學者之上開建議亦不失為一解
   決之善策。

4. 倘著作權人不願建置授權機制、加入集管團體或委託
   其所屬職業團體或公會或協會代為處理授權事宜，致
   利用人無法透過任何授權管道取得絕版，或用以作為
   非商業性之文化、教育活動之著作之授權時，應擴大
   其合理使用之空間：

---

[496] 劉孔中，前揭註24，頁46。

[497] 現有之著作權集體管理團體計有社團法人中華音樂著作權協會（MUST）、
社團法人亞太音樂集體管理協會（ACMA）、社團法人台灣錄音著作權人
協會（ARCO）、社團法人中華有聲出版錄音著作權管理協會（RPAT）等4
個，經濟部智慧財產局，https://topic.tipo.gov.tw/copyright-tw/cp-448-857771-
cd560-301.html，最後瀏覽日：2020/06/15。

緣學者有謂「2019年歐盟著作權指令」其重要功能之一乃在解決科技所致之著作利用之困境，蓋為改善此困境，歐盟內部各權責組織曾於討論上開指令草案過程中展現其思維：授權管道無法輕易運作之責任，乃在著作權人，此時，為免絕版著作或用以作為非商業性之文化、教育活動之著作，因難以取得授權，致文化無法被接觸、散布或典藏，為教育活動之著作利用受到嚴格限制，即應擴大其合理使用之空間[498]。此一極為特別又全面性之思考模式，著實為上開困境之解決良策，足資為本法未來之修法方向。

5. 為解決孤兒著作難以利用，致著作無法流通、文化無法保存等問題，應參考歐盟於2012年10月通過之「孤兒著作指令（Directive 2012/ 28/ EU of the European Parliament and of the Council of 25 October 2012 on Certain Permitted Uses of Orphan Works）」[499]，於本法增訂相關規定：

緣伯恩公約[500]與本法[501]均採創作保護主義，使著作人無待登記、註冊或標示即得於著作完成時取得著作權、攝影著作其上甚少有為著作相關資訊之標示、

章忠信，前揭註492，頁229-230。

馮震宇，前揭註492，頁503。

「伯恩公約1971年巴黎修正案第5條第2項前段：『著作權之享有與行使，不得有形式要件之要求。（The enjoyment and the exercise of these rights shall not be subject to any formality,…）』」，章忠信，孤兒著作利用困境之解決與立法，智慧財產權月刊VOL.203，2015年11月，頁9。

本法第10條前段：「著作人於著作完成時享有著作權」。

網際網路之發達造成諸多著作易於被分散利用等因素，已致孤兒著作有日益增加趨勢[502]，我國雖於文化創意產業發展法[503]與「院會通過版修正草案」修正條文第80條至第82條[504]訂定「孤兒著作條款」，惟因二者尚有諸多疑慮，亦即：二者均係以申請許可強制授權之方式為之，未若上開指令係以法定例外方式為規範，且前者之適用範圍僅限於文化創意產業，致公共服務性質之機構恐仍面臨無法利用孤兒著作之困境、後者雖未限定適用主體與利用目的，惟如此寬鬆之規定恐將如脫韁野馬般造成難以收拾之局面（諸如：任何人如欲先行利用，僅需提存著作權專責機關核定之保證金，不待許可授權即可先行利用，尤其係不問是否為商業目的均得為之，甚且著作權人一旦出現，亦僅能領取使用報酬而不得反對利用，此時，即產生——何以本法係選擇保障非基於公共利益目的之利用人，而置著作權人權益於不顧？難道孤兒著作本即無須受到本法較周全之保護？），是故，非但已有學者表示：「孤兒著作之利用係重新考量私權與公益之均

---

[502] 章忠信，前揭註500，頁8-12。

[503] 文化創意產業發展法第24條：「利用人為製作文化創意產品，已盡一切努力，就已公開發表之著作，因著作財產權人不明或其所在不明致無法取得授權時，經向著作權專責機關釋明無法取得授權之情形，且經著作權專責機關再查證後，經許可授權並提存使用報酬者，得於許可範圍內利用該著作。…」。

[504] 「院會通過版修正草案」修正條文第80條至第82條，請參見行政院網站，https://www.ey.gov.tw，最後瀏覽日：2020/06/15。

衡之重要議題，歐盟孤兒著作指令限縮利用範圍，不待申請，極小化行政成本，全面允許公益性組織有限利用，顯較符合合法、簡易、明確性之立法原則」[505]，上開修正條文亦因仍有疑慮而未增訂於嗣後之「經濟部版修正草案」或「立法院版修正草案」。

然，孤兒著作條款既仍有必要制定且應妥適地制訂，值此之際，本法自宜參考利用範圍較為限縮之歐盟孤兒著作指令，俾循序漸進地奠定孤兒著作利用之最佳立法模式，茲將上開指令之規定簡略載明如后：

歐盟上開指令乃要求其會員國應立法明定重製權及對公眾傳輸權之「法定例外」規定，並將孤兒著作之利用，限定於特定情況（即：適用之主體限於歐洲圖書館等文化或典藏機構；利用之客體包含一般著作、視聽著作、錄音著作等，但不含獨立之攝影著作；利用之前提要件為已盡勤勉搜尋義務確認屬孤兒著作並為登錄；利用方式有兩種，一為提供公眾利用，一為基於文化保存等非營利目的之數位化重製）[506]，此外，孤兒著作之著作權人亦可終止孤兒著

---

[505] 章忠信，前揭註500，頁34。

[506] 歐洲境內之圖書館、教育機構、博物館、檔案機構、電影或語音保存機構及公共服務之廣播機構，得就其典藏（包含紙本、書信、手稿、視聽著作、錄音著作及該等著作中所附帶之相關著作，但不包含獨立之攝影著作），依該著作之不同類別透過適宜之資源查尋著作權利歸屬狀態，並於善盡該勤勉搜尋著作權人之義務，而得以確認屬孤兒著作之情形下，向歐盟指定之機構為孤兒著作之登錄（在任一歐盟會員國登錄後，即可適用於全歐盟），其後即得基於提供目錄、類型化、保存或修復（Indexing, cataloguing, preservation or restoration）目的為數位化重製，與提供公眾為線

作之狀態，自行行使著作權，並取得先前之使用報
酬[507]。

（二）應廣為推行著作標示，並採行「非強制性」之著作權
登記制度：

　　為使著作之權利歸屬與行使有所依循，本法雖於
第13條規定在著作之原件或其已發行之重製物上，或
公開發表著作時，有為一定之標示者，推定為著作人
或著作財產權人，然實際運作上，未依該規定為標示
者亦所在多有，以語文著作及攝影著作為例，實體圖
書（含攝影輯）幾乎不可能欠缺俗稱之版權頁，而數
位化文章雖常見有浮水印或著作權標示，惟於通訊軟
體廣為流傳之文章則少見著作權標示，尤其係照片更
係少之又少，是為降低著作遭侵權或成為孤兒著作之
機率、利用人能自著作物上判斷孰人為著作權人俾自
行決定是否利用並進而洽商授權事宜，自應廣為推行
著作標示。

　　雖謂著作標示乃抽薪止沸之道，惟一般常人是否
有能力為浮水印、後製，實有疑慮，遑論尚須仰賴特
定技術之著作標示，更非易事，故而為求多方面解決
上開問題，併行「非強制性」之著作登記制度，由著

上跨國境之利用（亦即須出於滿足公眾之需要及利益，並用於推廣文化和
教育發展之非營利之目的），章忠信，前揭註500，頁29；馮震宇，前揭註
492；陳怡靜、韋德棻，前揭註56，頁29-30。

[507] 章忠信，歐盟通過孤兒著作指令有利資訊數位化上線，著作權筆記，http://
www.copyrightnote.org/ArticleContent.aspx?ID=54&aid=2248，最後瀏覽日：
2020/06/15。

作權人依其意願決定是否為登記，應屬良方，蓋「全面性恢復著作權登記制度」雖經學者倡議多年，並曾經智財局於本法修正草案第一稿明列「是否恢復著作權登記制度，有待進一步討論」，惟嗣後仍無疾而終（有謂係因恢復此一制度恐將加重主管機關之行政負擔），未見列於目前之修正草案[508]。姑不論吾人處於現今一瞬千里之科技時代，僅為形式上登記而無須實質審查之「全面性著作權登記制度」應已非難事，縱仍有加重行政負擔之疑慮，以退而求其次之姿，改採「非強制性」之著作登記制度，並依學者之建議將此登記事務委託民間機構承辦[509]，堪稱為兼顧各方權益之一劑良方。

五、本法除應賦予「實際從事創作之人」將其著作專屬授權於他人之撤回權，並應使其享有適當報酬請求權，俾確保其分配到本應獲取之經濟利益：

授權著作確能促使著作流通，業如上四、（一）所述，惟若觀以商業性之著作權授權或轉讓契約，即會發現著作人常屬較為弱勢之一方，是為免著作人於授權或轉讓著作權后，有顯失公平情事發生，致無法獲取適當之利益分配，自應依學者建議，賦予「實際從事創作之人享有適當報酬請求權，包括事前約定報酬不適當、給付與對待給付事後顯不相當時的同意變更契約請求權，

---

[508] 章忠信，前揭註500，頁31。
[509] 曾勝珍，前揭註227，頁81。

以及轉讓後才產生或知悉使用著作之方式額外報酬請求權。」[510]。

　　而，自「2019年歐盟著作權指令」第18條至第20條等規定已彰顯歐盟欲使作者得到合理利益分配之立法意旨[511]觀之，亦足見除學者之上開建議有其必要性外，本法更應賦予「實際從事創作之人」將其著作專屬授權於他人之撤回權。

---

[510] 劉孔中，前揭註24，頁37。

[511] 「指令特別規定成員國應確保作者和表演者就其著作或其他內容之利用（包含數位利用），可以得到公平且適當之報酬（第18條）。此外，在考應各領域之特殊性下，須確保作者或表演者可自其所授權或讓與權利之當事人處，得到定期、精確、相關且完整之資訊，特別是利用方式、產生之收入與應給付之報酬，用以維持每一領域皆有高水準之透明度（第19條）。指令也規定成員國應確保在沒有可適用之集體談判協議或與指令第20條相類似之契約調整機制情形下，若原定報酬相較於利用著作或表演所產生之收入和利益不成比例時，作者與表演者有以契約調整的權利。最後則是賦予作者與表演者將著作或其他內容專屬授權於他人之撤回權。」，許曉芬，前揭註454，頁99。

第五章
衍生著作、明示出處與合理使用之關係

第一節　衍生著作與合理使用之關係

第一項　重製、改作、衍生著作、轉化性使用之定義

一、重製之定義：

　　按著作人除本法另有規定外，專有重製其著作之權利[512]。所謂重製，係指以印刷、複印、錄音、錄影、攝影、筆錄或其他方法，直接、間接、永久或暫時之重複製作。於劇本、音樂著作或其他類似著作演出或播送時予以錄音或錄影；或依建築設計圖或建築模型建造建築物者，亦屬之[513]，準此，諸如影印書中之一篇文章、以相機拍攝電影畫面等，亦即「將著作內容再現」者，均屬廣義之重製概念[514]。

二、改作、衍生著作之定義：

　　按著作人專有將其著作改作成衍生著作或編輯成編輯著作之權利[515]。所謂改作，係指以翻譯、編曲、改寫、拍攝

---

[512] 本法第22條第1項。
[513] 本法第3條第1項第5款前段。
[514] 簡啟煜，前揭註69，頁157-158。
[515] 本法第28條：「著作人專有將其著作改作成衍生著作或編輯成編輯著作之

攝影著作之合理使用：臺灣實務研究

192

影片或其他方法就原著作另為創作[516]，而該規定所指「其他方法就原著作另為創作」，係指以翻譯、編曲、改寫、拍攝影片以外之方法，就原著作另為創作，諸如：將1張或多張照片、圖片使用電腦程式裁切加工後製合成或在其上繪畫等均屬之[517]。而，衍生著作，則係以內面形式存有原著作之表現形式，而在外面形式變更原著作之表現形式[518]，諸如：將某作曲家之鋼琴獨奏曲改變為交響樂、西洋音樂與國樂相互間之轉變，均屬以編曲之方法將原著作改作成衍生著作、將小說改編為劇本即屬以改寫之方法將原著作改作成衍生著作[519]。

併此敘明者，我國學者雖有以本法第6條第1項：「就原著作改作之創作為衍生著作，以獨立之著作保護之。」為法條之文義解釋，而認為改作只要符合該保護要件，其改作之著作即可受本法保護，且認為除了未經「仍受本法保護之原著作之著作權人」同意即予改作之作品，不應賦予衍生著作之保護之外，其餘之改作均應為衍生著作[520]，惟該見解本文不採，蓋其僅以改作具有原創性，即認均屬改作，非但已使改作之適用範圍過於廣泛，更有未慮及「是否屬改作，尚應以改作之新作品是否再現原著作之內容為斷」乙節，致本應

權利。但表演不適用之」。
[516] 本法第3條第1項第11款。
[517] 智慧財產法院105年度刑智上訴字第7號刑事判決。
[518] 同前註。
[519] 蕭雄淋，前揭註130，頁101-102。
[520] 羅明通，著作權法論[I]，5版，台英國際商務法律事務所，2004年1月，頁216、219-222。

歸於獨立著作或合理使用範疇之新創意遭壓縮，此當非本法立法精神所期盼，是本文係依學者所採「衍生著作」之定義應自本法立法沿革觀之，並據以解釋為「原始著作內容之重現」，而不應將所有之改作，均認為係衍生著作，且因「改作權」本即與其他著作財產權（諸如：重製權）此等專有權般，應因社會公共利益之考量而同受著作財產權之限制，自宜將「改作」解釋為「改作成『衍生著作』或另為其他具有原創性之著作」，俾適度限縮改作與衍生著作之適用範圍等見解[521]，為本章節之立論依據。

三、轉化性使用之定義：

轉化性使用，係指利用人利用前人之著作，但以有別於原著作之創作目的或方法為創作，若將該著作與原著作相較，利用人之新作品已傳達出新的資訊、新的美感、新的眼光及概念，甚至雖未改變原著作或於原著作為增添，而仍能產生不同之功能或目的者，即屬之[522]，諸如，Campbell案之模仿性嘲諷著作、Google Books案之圖書館館藏數位化、Núñez案將原作為模特兒作品集使用之攝影著作轉變為具有資訊告知功能之新聞報導、iParadigms案之防止剽竊比對系統已將原為學生上傳之報告轉變為一有利於社會公共利益之資訊系統、Perfect 10案將原為娛樂、美學或資訊性之攝影

---

[521] 熊誦梅，變調的涼山情歌——解開衍生著作的緊箍咒，當公法遇上私法 II——雲端上之智慧財產權，元照，2018年11月，頁29-41。

[522] 沈宗倫，前揭註139，頁77；楊智傑，前揭註136，頁311；盧文祥，前揭註224，頁160-161；王偉霖，前揭註278，頁365；胡心蘭，前揭註229，頁216。

著作轉變為一指示網站使用者尋求或接觸資訊之導引工具等案，均因屬轉化性使用而通過合理使用檢驗之最佳適例[523]。

第二項　重製、改作、衍生著作、轉化性使用之區別及區別之實益

由於重製、改作、衍生著作、轉化性使用均會涉及原著作，故若以接觸原著作之人之立場而言，其接觸後如有產生新作品，該新作品之作者，是否會構成原著作著作權之侵害？如未構成原著作著作權之侵害，該新作品究係屬原著作之衍生著作，還是獨立之著作？均攸關原著作人與新作者之權益，是自有區別實益：

一、重製與改作之區別：

將著作內容再現，乃廣義之重製概念業如上述，正因改作亦係將原著作之內容再現，是學者有謂「於概念上，改作屬於廣義的重製」[524]。而，為瞭解本法就改作之真正意涵，學者亦有以本法1985年7月10日所新增第3條第27款關於「改作權」之定義：「指變更原著作之表現型態使其內容再現之權」來釐清[525]，並以該次新增之第3條第23款就「重製權」之定義：「不變更著作型態而再現其內容之權」，來區別重製與改作[526]，準此，依上開條款就重製、改作所為之定義，即

---

[523] 請參閱第三章第三節。

[524] 李筱苹，混搭創作與合理使用，收錄於黃銘傑主編，著作權合理使用規範之現在與未來，元照，2011年9月，頁229。

[525] 熊誦梅，前揭註521，頁29-31；李筱苹，前揭註524，頁232-233。

[526] 李筱苹，前揭註524，頁232-233。

足明二者均會再現原著作之內容，祇是前者不會變更原著作之型態，後者則會變更原著作之型態。此外，因重製權與改作權均屬原著作人專有之權利[527]，故倘未經原著作人或原著作財產權人之同意或授權，即逕予重製或改作，即會侵害原著作人或原著作財產權人之重製權或改作權，而分別構成本法第91條重製罪[528]、第92條侵害重製罪以外之專有權罪[529]。

茲舉例之[530]，倘將感光元組件供應廠所公布之電路參考圖資料（即原著作），加以修訂改良而作成「電路圖」（即新作品），如僅係就原著作做小部分修正，而未達加入新創意之「改作」之程度，則仍不出「重製」原著作之範圍，已構成原著作著作權之侵害[531]、將告訴人網頁編排配置之編輯著作及廣告文案之語文著作，予以修改並轉貼在利用人之網頁上，若修改幅度不大，未增任何創意，修改部分不具創作

---

[527] 請參見本法第22條第1項、第28條。

[528] 本法第91條第1項至同條第3項：「擅自以重製之方法侵害他人之著作財產權者，處三年以下有期徒刑、拘役，或科或併科新臺幣七十五萬元以下罰金。意圖銷售或出租而擅自以重製之方法侵害他人之著作財產權者，處六月以上五年以下有期徒刑，得併科新臺幣二十萬元以上二百萬元以下罰金。以重製於光碟之方法犯前項之罪者，處六月以上五年以下有期徒刑，得併科新臺幣五十萬元以上五百萬元以下罰金。」。

[529] 本法第92條：「擅自以公開口述、公開播送、公開上映、公開演出、公開傳輸、公開展示、改作、編輯、出租之方法侵害他人之著作財產權者，處三年以下有期徒刑、拘役，或科或併科新臺幣七十五萬元以下罰金。」。

[530] 因我國實務上多係以改作具有原創性，作為衍生著作之要件，而未如本文所採之上開立論依據，再以改作是否變更原著作之表現型態、是否再現原著作之內容，作為認定之依據，是本文所舉國內之相關案例，亦均僅以改作是否具有原創性為判斷，該等案例就此部分之見解雖不為本文所採，惟其他部分之見解仍足供作為重製、改作、合理使用等定義之區別，是為明我國實務究係如何判斷，仍以我國實務案例為例，並維持該等案例之原意，本文並未予以修改。

[531] 經濟部智慧財產局2006年12月21日令智著字第09500121490號函。

性，侵害行為會被認定屬原著作之「重製」行為，若修改幅度大，相較之下具有創作性之可能性較高，可能會被認為是一全新之著作，需取得著作權人有關於「改作」之授權，否則即構成違法行為[532]。

二、改作與衍生著作之區別：

承上所述，改作乃指變更原著作之表現型態使其內容再現，是如欲使改作之新作品成為本法第6條第1項之衍生著作，該改作尚須具有原創性。準此，學者有謂本法第6條第1項應僅適用於「改作成具有原創性之衍生著作」[533]，至於無原創性之改作，則非該條項所指之衍生著作，而僅為重製，自已構成原著作著作權之侵害。舉例來說，販售著作人之語文著作之書店，在該語文著作封面，附加該書店之標示，因該等附加標示之行為，並未就原著作另為創作，不具原創性，自與本法之改作要件不符[534]、僅就攝影著作微調（黑底改為白底），洵難認已投入精神作用加入新創意，故其改作結果尚不屬本法所保護之衍生著作，仍屬重製[535]、將他人之音樂著作為改作，能否構成「衍生著作」而獨立受到本法保護，應視具體情形究係單純「重製」或「改作」而定。若已達「改作」（就原著作另為創作）之程度，則會構成一新的衍生著作而獨立受到著作權法之保護，反之，若未達「改

---

[532] 智慧財產法院101年度刑智上易字第58號刑事判決。

[533] 熊誦梅，前揭註521，頁438。

[534] 智慧財產法院104年度民著上易字第6號民事判決。另，智慧財產法院102年度民著上字第2號民事判決、103年度民著訴字第29號民事判決均同此意旨。

[535] 智慧財產法院103年度民著訴字第29號民事判決。

作」之程度，則僅係單純「重製」，不會構成新的音樂著作[536]。

三、重製、改作、衍生著作，與轉化性使用之區別：

「重製、改作、衍生著作」與「轉化性使用」之區別，除後者轉化性使用為合理使用判斷基準之一外，最大之區別乃在於新作品是否有「再現原著作內容」，蓋轉化性使用已具新的意涵、新的目的、新的功能，而非「再現原著作內容」，自與前三者均有「再現原著作內容」不同。而，改作與合理使用之關係，自智財局之函釋[537]觀之亦足明。

至於，我國法院究係如何認定有無侵害著作權之事實？關此，法院均持相同之見解，茲自其中之判決所清楚闡釋：「…認定著作權侵害的兩個要件，即所謂接觸及實質相似為審慎調查，接觸分為直接接觸與間接接觸，此為確定故意抄襲之主觀要件。…實質相似者，包含量之相似與質之相似，此為客觀要件。…量之相似者，係指抄襲的部分所佔比例為

---

[536] 經濟部智慧財產局2017年8月30日智著字第10600063380號函。

[537] 經濟部智慧財產局2008年3月14日電子郵件字第970314b函：「一、翻譯他人著作，依著作權法（下稱本法）規定係為改作之行為，又本法第28條規定著作人專有改作之權利，除符合本法第44條至第65條合理使用之規定外，非經著作財產權人同意或授權，不得改作他人著作，故『翻譯』他人著作之行為，原則上均應取得著作財產權人對於『改作權』之同意或授權，否則即有可能構成侵害著作權之行為，而須負民、刑事責任。」、2019年9月25日電子郵件字第1080925函：「…公開演出中文譯本之劇本，除符合本法第44條至第65條合理使用規定情形外，應徵得中文版及原文版本著作財產權人的同意或授權，始得合法利用…來信所詢欲利用英國劇作家之劇作，惟無法聯繫上著作權人，僅取得中文翻譯本之版權金，然貴單位之公演屬公開售票演出，對著作權人權益影響甚大，合理使用之空間有限，仍需取得原著作之著作權人的授權或同意為宜，以免侵權，需負擔民刑事責任。」。

何，本法之實質相似所要求之量，其與著作之性質有關。…質之相似者，在於是否為重要成分，倘屬重要部分，則構成實質之近似。…在判斷圖形、攝影、美術、視聽等具有藝術性或美感性之著作是否抄襲時，如使用與文字著作相同之分析解構方法為細節比對，往往有其困難度或可能失其公平，因此在為質之考量時，尤應特加注意著作間之『整體觀念與感覺』。…」等語觀之足明[538]。

第三項　衍生著作之效果

　　利用已存在之部分（即原著作）為改作，倘改作之新作品再現原著作之內容、骨幹或精神，該改作部分如具原創性，即屬衍生著作業如上述，此時，依本法第6條：「就原著作改作之創作為衍生著作，以獨立之著作保護之。衍生著作之保護，對原著作之著作權不生影響。」，乃以獨立之著作予以保護，反之，若該改作部分不具原創性，則僅屬「重製」之範圍，而非「改作」，自無從產生衍生著作而受到本法保護。

　　而，上開規定所定「以獨立之著作保護之」、「對原著作之著作權不生影響」究何所指？自本法1992年修法時之立法說明：「係指原著作與衍生著作各自獨立，各受本法之保

---

[538] 智慧財產法院101年度民公上字第6號民事判決。另，最高法院97年度台上字第3121號刑事判決、97年度台上字第6499號刑事判決、智慧財產法院99年度民著訴字第36號民事判決、102年度民著訴字第54號民事判決、104年度民著上字第7號民事判決、104年度民著訴字第33號民事判決、105年度刑智上易字第5號刑事判決、105年度刑智上訴字第7號刑事判決、107年度民著上字第16號民事判決均同此意旨。

護，互不影響與牽制。」觀之即足明[539]，準此，原著作並不會因被改作而減損其權利之完整性[540]，利用衍生著作時，仍須就原著作及衍生著作皆取得授權[541]，且衍生著作如遭第三人侵害，改作人即可對第三人主張侵害著作權[542]。又，著作財產權已因存續期間屆滿而消滅，致不受本法保護之著作，亦不會因衍生著作乃受本法保護，導致對原著作應重新加以保護[543]。

第四項 改作未經原著作權人之同意或授權，是否仍能成為衍生著作而受到著作權法之保護

一、合先敘明者，乃美國著作權法第103條（a）項[544]後段規定，對於未經授權改作他人之著作，不賦予著作權，係基於「毒果樹理論」或「法律不保護不乾淨之手」等衡平法原則，明文排除保護[545]，是一旦依該規定認定後著作為衍生著作，即應得前著作權人之同意或授權始得為

---

[539] 熊誦梅，前揭註521，頁30。

[540] 林洲富，前揭註43，頁50。

[541] 經濟度智慧財產局2019年9月25日電子郵件字第1080925號函。

[542] 內政部1995年1月27日台（84）內著會發字第8401635號函：「⋯翻譯人未經原著之著作財產權人之授權而逕予翻譯，不論該原著作是否受我國著作權法之保護，其所翻譯之著作（即衍生著作）如符合上開條文規定者，即屬另一獨立之著作，翻譯人就其所翻譯之著作亦得依著作權法受保護，第三人侵害上述衍生著作之著作權，其權利人自得依著作權法第六章『權利侵害之救濟』及第七章『罰則』之規定為救濟。⋯」。

[543] 林洲富，前揭註43，頁50。

[544] 美國著作權法第103條（a）：「編輯及衍生著作可作為著作權之客體，但對於非法利用前著作資料之著作則不受保護。」，熊誦梅，前揭註521，頁33。

[545] 章忠信，未經授權改作之衍生著作可否享有著作權？著作權筆記，http://www.copyrightnote.org/ArticleContent.aspx?ID=9&aid=2604，最後瀏覽日：2020/5/26。

之[546]，該規定與本法關於衍生著作之規定並不相同。

二、就衍生著作之著作權，是否以經原著作人或著作財產權
　　人之同意或授權為要件，我國司法實務採肯定說且幾乎
　　已成定見，惟學者多採否定說[547]：

　　　　肯定說認為：「未經原著作人或著作財產權人同
　　意，就原著作擅予改作，即係不法侵害原著作人或著作
　　財產權人之改作權，其改作之衍生著作自不能取得著作
　　權。」[548]、「…性質上屬於衍生著作，乃是利用已存在之
　　著作予以改作，賦予原創性，所產生之二次著作，則此
　　項改作行為，自必須以適法為前提，凡未經原著作權人
　　同意之改作，係侵害原著作權人之改作權，其因侵害他
　　人權利所產生之著作，應不受著作權法之保護。」[549]。

　　　　近期我國司法實務已見採否定說者：「特定之表達
　　能否享有著作權，係以其有無智慧之投入為依據，而
　　非以有無獲得授權為判斷。是就他人著作改作之衍生
　　著作，不問是否取得授權，均於著作完成時享有獨立之
　　著作權。至於其利用他人著作，是否構成侵害著作權而
　　應負侵害他人著作權之責，要屬別一問題，與其享有著

---

[546] 熊誦梅，前揭註521，頁33。
[547] 章忠信，前揭註545；謝銘洋，前揭註23；熊誦梅，前揭註521，頁32。
[548] 最高法院87年度台上字第1413號民事判決。另，最高法院102年度台上字第
　　548號民事判決、智慧財產法院104年度刑智上易字第84號刑事判決、102年
　　度民營訴字第4號民事判決、102年度民著訴字第54號民事判決、100年度民
　　著訴字第33號民事判決、97年度刑智上易字第27號刑事判決、臺灣高等法
　　院臺南分院92年度上訴字第1292號刑事判決均同其意旨。
[549] 臺灣高等法院83年度上訴字第5996號刑事判決。

作權者無關。」[550]、「就原著作加以改作，是否取得著作權之保護，應以其是否具有原創性為斷，至於有無獲原著作權人之授權，對衍生著作取得著作權保護不生影響，此乃因此要件並非條文明定取得衍生著作之要件，自不應加諸法條所無之限制，致衍生著作取得著作權之要件與其他著作有所不同。況且，若謂具原創性之衍生著作因未得原著作權人之同意而不受著作權法之保護，則任何人均得任意侵害該等具原創性之衍生著作，而無須對衍生著作人負侵權責任，實與著作權法之立法目的在保護具原創性著作之立法精神不符。」[551]，本法之主管機關[552]亦採此說，多數學者亦同，其中有謂本法第6條從未區隔衍生著作是否經原著作之著作財產權人授權，始賦予著作權保護，且本法既無與美國著作權法第103條（a）項後段相同之規定，自無不保護侵害他人著作權之著作[553]；或謂美國雖有上開規定惟本法則無，故

---

[550] 最高法院106年度台上字第290號民事判決。

[551] 智慧財產法院104年度民著上字第5號民事判決（業經最高法院107年度台上字第148號民事裁定維持而告確定）。另，智慧財產法院105年度刑智上訴字第7號刑事判決亦同此意旨。

[552] 經濟部智慧財產局2008年3月14日電子郵件字第970314b號函：「…三、另參照前著作權法主管機關內政部84（1995）年1月27日台（84）內著字第8401635號函見解：『語文著作之翻譯人未經原著作之著作財產權人之授權而逕予翻譯，不論原著作是否受我國著作權法保護，翻譯人就其翻譯之著作亦得依著作權法受保護。』但須注意，如此等改作行為未經授權，仍屬侵害改作權之行為，須負擔法律責任。惟於司法實務上有採與上述不同見解者，認此等翻譯著作既屬侵權產物，因此不能對第三人主張著作權保護（參臺灣高等法院83年上訴字第5996號刑事判決）。」。

[553] 章忠信，前揭註545。

只要有創作之事實行為，縱於創作時侵害他人之權利，亦僅係對於被侵害之人應負侵權責任而已，自無礙於該創作仍可產生著作權而受到本法保護[554]；更有立基於本法之立法精神，而謂上開肯定說見解已悖離本法乃為促進國家文化發展之立法目的與鼓勵著作物流通及使用之立法精神，畢竟同為著作財產人專有權利之「改作成衍生著作之權」，既應與其他專有權一樣，仍有本法合理使用之適用，何以其他專有權受有合理使用之限制時，毋庸取得著作財產權人之授權或同意，惟改作成衍生著作之權利符合合理使用情形時，卻尚應取得原著作權人之同意？[555]本文亦採此說，而認「侵害改作權與否之判斷」與「衍生著作成立與否之判斷」乃屬二事，不應混為一談。

第五項　衍生著作與合理使用之關係

綜上所述，新作品究屬重製？改作？衍生著作？轉化性使用？應依是否「再現原著作之內容、骨幹、精神」而定，如屬「再現」，即非屬轉化性使用，自得再以表現型態有無變更、有無原創性，區分重製、改作或衍生著作，反之，如非屬「再現」，即非重製、改作或衍生著作，而應再判斷是否屬轉化性使用：

---

[554] 謝銘洋，前揭註23。
[555] 熊誦梅，前揭註521，頁32。

一、如未再現原著作之內容、骨幹、精神，即非改作，亦非衍生著作，此時，為判斷新作品有無侵害原著作之著作權，即應以新作品之作者「有無接觸原著作？」及「新作品與原著作兩者間是否實質近似？」來判斷，倘有接觸且亦構成實質近似，則不能成立合理使用，而已構成原著作著作權之侵害；縱有接觸但不構成實質近似，甚至已有轉化之情，則符合合理使用，自不構成原著作著作權之侵害；若未接觸，亦無實質近似，則屬獨立著作，當然亦不構成原著作著作權之侵害。

二、如屬再現原著作之內容、骨幹、精神，則須視新作品有無變更原著作之表現型態、有無原創性而定，若有變更原著作之表現型態，且改作部分具有原創性，依本法第6條第1項規定，該新作品即應屬衍生著作，反之，若未變更原著作之表現型態，抑或有變更原著作之表現型態但改作部分無原創性，則無從依本法第6條第1項使新作品成為衍生著作，而僅屬「重製」，自為一侵害原著作著作權之侵權行為。

三、茲自智財局就「利用他人著作，另行創作之同人作品」乙節所為之闡述觀之，應足以看出衍生著作與合理使用之關係：

    利用他人之著作，另行創作同人作品（或稱同人誌[556]）之利用行為，可能會涉及原著作之「重製」與

---

[556] 「同人誌係來自於日文，指一群同好共同創作出版，並沒有特別限定創作的類別，但一般常用於與漫畫或與漫畫相關的二次創作。同人誌是基於共

「改作」，除有本法第44條至第63條或第65條合理使用之規定外，應徵得被利用著作之著作財產權人之同意或授權始得為之，否則將侵害原著作之著作權。準此，若利用人係利用他人著作（諸如：小說、動畫、漫畫、電影、遊戲作品等原著作）所創造之角色，另行創作同人小說，倘所利用之角色，為民眾所熟知性格與情節色彩者，諸如：海賊王的索隆、神奇寶貝的皮卡丘，因該等人物或角色已經過作者清晰描繪而含有更多的表達成分，利用人欲藉此素材（思想）來發揮之表達空間，即顯而較少，是此一涉及「改作」他人著作之行為，應徵得被利用著作之著作財產權人之同意或授權始得為之，否則將侵害原著作之著作權。惟，若利用人另行創作之同人小說本身具有原始性及創作性，則該另行創作之部分，仍得構成一獨立之「衍生著作」，而受本法之保護，然因本法第6條第2項規定衍生著作之保護，對原著作之著作權不生影響，故而衍生著作之著作權人如欲創作、販售同人小說，原則上仍需向原著作之著作財產權人取得同意或授權始得為之[557]。

同的喜好，與該諧仿作本質上並不相同。」，2013年10月28日經濟部智慧財產局著作權修法諮詢小組2013年第42次會議紀錄。

[557] 經濟部智慧財產局2019年12月19日電子郵件字第1081219號函。另，經濟部智慧財產局2019年12月19日電子郵件字第1081219號函、2019年12月19日電子郵件字第1081219號函均同此意旨。

第二節 明示出處與合理使用之關係

第一項 明示出處之意義

按「著作人於著作之原件或其重製物上或於著作公開發表時,有表示其本名、別名或不具名之權利。」[558],此乃著作人格權中關於姓名表示權之規定。所謂姓名表示權,包括積極表示姓名或名稱(含本名或別名)及消極不表示姓名或名稱之權利[559]。基於保護著作人姓名表示權,本法亦就部分合理使用他人著作情形,訂定明示出處之義務[560];所謂依法利用他人著作者應明示出處,自第64條第2項規定(本章節僅載條號,本法二字均予以省略)可知,乃係就著作人之姓名或名稱,除不具名著作或著作人不明者外,應以合理之方式為之。準此,除不具名著作、著作人不明者或第16條第4項所定情形或契約特別約定外,利用他人之著作應表明著作人之姓名或名稱,以示尊重[561]。

由於第64條第2項[562]僅規定明示出處之方式,應以合理

---

[558] 本法第16條第1項:「著作人於著作之原件或其重製物上或於著作公開發表時,有表示其本名、別名或不具名之權利。著作就其著作所生之衍生著作,亦有相同之權利。」。

[559] 最高法院106年度台上字第54號民事判決。

[560] 即本法第64條第1項所定之合理使用情形。

[561] 智慧財產法院106年度民著訴字第29號民事判決。

[562] 本法第64條:「依第44條至第47條、第48條之1至第50條、第52條、第53條、第55條、第57條、第58條、第60條至第63條規定利用他人著作者,應明示其出處。前項明示出處,就著作人之姓名或名稱,除不具名著作或著作人不明者外,應以合理之方式為之。」。

之方式為之，惟何謂「合理之方式」？本法雖未明文，惟自智財局函釋可知，舉凡：依實際利用方式，標明原著著作人、著作名稱（例如書名及版次）、出版社名稱、利用之部分（例如書中之章節頁次），或網站資訊（例如圖片）名稱及其原著作人姓名與網址，均屬之[563]。而，自智慧財產法院判決意旨：「系爭手冊第145頁固有記載『摘自輕鬆自在玩催眠』等語…，惟該段記載係註明在系爭手冊，並非系爭影片，且授課大綱裡縱有列出系爭書籍，然一般人實無從依系爭影片之內容即得知系爭催眠引導詞係來自原告系爭書籍，顯非以合理方式為之，核與合理使用而有明示出處之規定不符。」[564]觀之，亦足明註明出處之方法及位置，宜使社會上一般人容易瞭解被利用著作係出自何處。

第二項　明示出處與合理使用之關係

　　倘利用人利用他人著作已明示出處，是否即意謂其利用行為合於合理使用？反之，倘利用行為合於合理使用規範，如利用人未明示出處，是否會影響合理使用之成立？抑或僅應依第96條科處罰金刑而負擔刑事責任即已足？實務上雖多採「明示出處與否」與「合理使用成立與否」，其間並無必然關係之見解，惟亦有採「是否明示出處」會影響合理使用之成立之見解，茲分述之如后：

---

[563] 經濟部智慧財產局2013年3月1日電子郵件字第1020301號函、2015年3月3日電子郵件字第1040303號函、2014年10月3日電子郵件字第1031003號函。

[564] 智慧財產法院108年度民著訴字第74號民事判決。

一、「明示出處與否」與「合理使用成立與否」無必然關係：

　　司法實務上採此見解者，乃認為第64條第1項規定並非著作合理使用（或著作財產權限制）之必要條件，合理使用之法律效果，係不構成「著作財產權」之侵害，但未註明出處，則屬違反第64條規定[565]。「明示出處」和「是否構成合理使用」並無必然關係，即使違反明示出處義務，亦非當然構成著作財產權之侵害，仍應檢視該利用行為是否合於合理使用各條文之規定，如合於合理使用之情形，就未明示出處部分，則應依第64條及第96條處罰之，另一方面，即使有明示出處，仍然可能不構成合理使用，而侵害著作權[566]。

　　此說之理由略有：明示出處與合理使用，分屬「著作人格權中之姓名表示權」、「著作財產權之限制」，故無須在著作財產權之限制處判斷有無明示出處，且第64條固將適用對象列為第44條等規定，惟其違反之法律效果卻僅第96條有規範，甚且基於罪刑法定主義，亦應僅有第64條所列之合理使用規定（其中並未包括第65條第2項），方有明示出處之義務[567]。學者亦多採此說[568]，另亦有學者認為自第64條第1

---

[565] 智慧財產法院104年度刑智上易字第6號刑事判決。

[566] 臺灣高等法院97年度智上易字第11號民事判決、臺灣高等法院95年度智上字第47號民事判決、智慧財產法院97年度民著上易字第4號民事判決。另，最高法院105年度台上字第1850號民事判決及其原審臺灣高等法院103年度上國字第27號民事判決、最高法院106年度台上字第215民事判決亦同此意旨。

[567] 李治安，合理使用誰的著作——論合理使用與出處明示的關聯，政大法學評論第126期，2012年4月，頁362-363。

[568] 違反著作權法第64條規定明示出處時，多數學者認為仍可成立合理使用，而不構成著作財產權之侵害，但仍須依同法第96條之規定負刑事責任，李貞儀，「著作權之合理使用」相關實務判決評析，全國律師19卷7期，2015年7月，頁19。學者李貞儀所指之多數學者見解為羅明通，《著作權法論

項文義觀之，似無意影響該條所列合理使用情形（諸如：第52條）之成立與否，而係對於符合第52條之利用人附加標示出處之義務而已[569]。

二、「明示出處與否」與「合理使用成立與否」會相互影響：

採此見解者，雖均認其等間會相互影響，惟影響之程度為何，則有所不同，有將「明示出處與否」做為判斷合理使用成立與否之必要條件[570]者；有將「明示出處與否」做為第65條第2項所指之「一切情狀」並與其他4款判斷基準綜合判斷，而以：「經審酌著作權法第65條第2項各款情事，及被告引用照片，雖未明示出處，但核係為避免直接點名批評之舉，實際上已表示照片所示者為某集團產品，無致閱聽人誤認係被告產品之虞等情狀後，認為被告使用照片，係為評論之必要引用他人已公開發表之著作，未逾合理範圍，符合第52條合理使用之規定，自屬阻卻違法，而不構成第91條第1項、92條規定之違反」為由認定[571]者；有將「明示出處與

（Ⅱ）》，台英國際商務法律事務所，2014年，頁276、蕭雄淋，《新著作權法逐條釋義（二）》，五南，1999年，頁213-214及章忠信，《著作權大哉問》，書泉出版社，2001年，頁208。

[569] 王怡蘋，戲謔仿作與著作權保護，智慧財產評論第十一卷第一期，2013年6月，頁9。

[570] 臺灣臺北地方法院87年度易字第4315號刑事判決：「被告其著作內大量引用，而未註明出處，難謂係合理使用」；臺灣臺北地方法院95年度智簡上字第3號民事判決等判決，李治安，前揭註515，頁367；智慧財產法院108年度民著訴字第74號民事判決：「被告…利用原告之系爭講義，卻絲毫未註明出處，亦未標示著作人原告之姓名，此觀系爭手冊之參考資料中並未提及系爭講義即明…，顯然並未依照著作權法第64條第1項之規定註明出處，並非屬合理使用。」。

[571] 智慧財產法院103年度刑智上易字第33號刑事判決。

否」做為認定合理使用之前置指標[572]者。學者亦有採綜合判斷者，而認為其等間雖無必然關係，惟第64條既規範於本法第三章第四節第四款「著作財產權之限制」，應可推知立法者亦認其等間具相當關聯，否則大可將明示出處之問題單純以第16條處理即可，故主張分析利用行為是否構成合理使用時，實應將利用人是否明示出處列為考量因素之一[573]。

第三項　本文見解（代結論）

一、本文認為明示出處之規定雖明定於「著作財產權之限制」規範，惟如此亦僅係表示第44條至第65條之合理使用規範中，僅有第64條第1項所列之利用他人著作之規定，即44條至第47條、第48條之1至第50條、第52條、第53條、第55條、第57條、第58條、第60條至第63條等規定，方應明示其出處而有明示出處之義務，如有違反，方能依第96條之規定科處罰金刑，故本文認為應嚴守「罪刑法定主義」，而不應將明示出處之義務，擴張至第64條第1項未予明定應明示出處之其他合理使用情形，畢竟未予列為第64條第1項之其他合理使用情形，如有違反姓名表示權，已可依第16條負擔侵害著作人格權之損害賠償責任，自不應再依第96條科處罰金刑。準此，本文亦認為「明示

[572] 臺灣臺北地方法院99年度訴字第1552號民事判決：「系爭期末報告未載明系爭樹狀圖之出處，為原告所承認，足認業已違反著作權法第64條之1之規定，系爭樹狀圖之引用究否該當學術研究之合理使用範圍，自值商榷。」，李治安，重建出處明示於合理使用規範中之定位，收錄於黃銘傑主編，著作權合理使用規範之現在與未來，元照，2011年9月，頁287。

[573] 李治安，前揭註567，頁364-366。

出處與否」與「合理使用成立與否」並無必然關係。

二、再者，自第64條第1項規定並未將第65條第2項合理使用情形列為應明示出處者，與「經濟部版修正草案」或「立法院版修正草案」仍大致維持現行法第64條第1項規定（諸如：第65條第2項獨立之概括合理使用條款，亦維持「無須明示出處」；第52條為報導、評論、教學等合理使用規定，亦維持「應明示出處」），甚且將原應明示出處之部分條文，修正為「無須明示出處」（諸如：第46條「課堂教學」規定，與第49條「時事報導」規定，均以該等合理使用「具高度時效性，實務上難以一一註明出處」為修正理由，修正為「無須明示出處」；將本即為「權利耗盡原則規定」之第60條，亦未予列入應明示出處）等情觀之，亦已足明第64條明示出處之規定，雖係規範於本法第三章第四節第四款「著作財產權之限制」，惟是否應明示出處，並未一體適用，立法者仍有意將「著作財產權之限制」此一合理使用規範，分別情形予以適用或不適用，從而「明示出處與否」與「合理使用成立與否」並無必然關係，應有其必要性。綜上所述，實可知利用行為如經認定不能構成合理使用，並不會因利用人有明示其出處，而使其利用行為構成合理使用，反之，雖違反明示出處義務，仍應依合理使用規範認定是否構成合理使用，如合於合理使用即不構成著作財產權之侵害，惟利用人仍須依第96條之規定負刑事責任。

茲將「現行法第64條第1項」與「『經濟部版修正草案』或『立法院版修正草案』修正條文第64條第1項」關於明示出處之規定，列表如后，俾明上情：

	「經濟部版修正草案」或「立法院版修正草案」修正條文第64條第1項	現行法第64條第1項
應明示出處	第44、45、47、48-1、50、52、53、57、58、61、62、63條 新增第46-1條（為現行條文第47條第3項所移列） 第55條第3項第1款	第44、45、47、48-1、50、52、53、57、58、61、62、63條 第46、49、60條 第55條
不須明示出處	第48、51、54、56、59、65條 第46條（課堂教學之合理使用規定，具高度時效性，實務上難以一一註明出處） 第49條（時事報導之合理使用規定，具高度時效性，實務上難以一一註明出處） 第60條（係權利耗盡原則規定，爰不予列入） 第55條第1、2、4項及同條第3項第2款 新增第55-1條 新增第56-1條 新增第61條第1項第2款	第48、51、54、56、59、65條

（表來源：本文自行整理）

四、併此敘明者，本法第96條並未區分「未明示出處者」是否具有商業規模，而係一律規定祇要違反明示出處義務即應科以刑責，惟本文認為如此之規定誠屬不當，縱我國因屬WTO會員國而有遵守TRIPS第61條[574]義務，致本

---

[574] TRIPS第61條：「會員至少應對具有商業規模而故意仿冒商標或侵害著作權

法無法全面除罪化，然為使著作權法制正常運作，仍宜依學者之建議，節制著作侵權之刑事制裁[575]：

緣我國常見著作權人寧捨加入著作權集體管理團體而改採「以刑逼民」方式，以刑事告訴為手段致使侵權人畏於刑責而以高額賠償金換取告訴人撤回告訴，此一方式非但為人所詬病，更使除罪化之聲浪四起，而成為司法改革國是會議之討論議題，面對此聲浪，智財局雖以我國受到TRIPS第61條規範為由，表示無法除罪化[576]，惟細譯該規範，實可知應訂定刑事程序及罰責者，乃係「具有商業規模而故意侵害著作權之案件」，惟本法卻非僅就「具有商業規模而故意侵害著作權之案件」訂定刑事責任，猶如本法第96條即不分「未明示出處者」是否具有商業規模，而規定祇要違反明示出處義務即應科以刑責。

職是，本文贊同學者之見解——本法應回歸刑事謙抑本質，不可過度，為此，為節制著作侵權之刑事制裁，自應依學者之建議：「限縮著作權侵害刑事責任之範圍於為個人財務所得或商業目的之侵害行為」，並

之案件，訂定刑事程序及罰則。救濟措施應包括足可產生嚇阻作用之徒刑及（或）罰金，並應和同等程度之其他刑事案件之量刑一致。必要時，救濟措施亦應包括對侵權物品以及主要用於侵害行為之材料及器具予以扣押、沒收或銷燬。會員亦得對其他侵害智慧財產權之案件，特別是故意違法並具商業規模者，訂定刑事程序及罰則。」，經濟部智慧財產局，https://www.tipo.gov.tw/public/Attachment/831417333434.pdf，最後瀏覽日：2020/06/15。

[575] 劉孔中，前揭註24，頁45。

[576] 自由時報電子報，著作權除罪化　智財局：不可能，https://news.ltn.com.tw/news/focus/paper/1121030，最後瀏覽日：2020/06/15。

「將刑事責任一律改為告訴乃論、未涉及重大公共利益者，檢察官得依職權為不起訴處分。」[577]。

[577] 劉孔中，前揭註24，頁45。

第六章
結論與建議

一、著作原創性之「創作性」要件，宜採美國法之最低創作性或德國法小銅幣理論所指之「單純個性」：

　　誠如本文第二章第二節所述，就著作原創性之「創作性」要件，因最高法院與智慧財產法院均有不同之認定標準（即分採德國法之個性概念、美國法之最低創作性，或兼採上開二者），為免因標準不一致生歧異之裁判，本文認為宜將著作之創作程度要求，一律採取美國法之最低創作性或德國法小銅幣理論所指之「單純個性」。

二、就攝影著作之原創性認定標準，宜視不同之類別分別認定：

　　緣臺灣實務就產品、人像等攝影作品有無原創性之判斷標準每有分歧，本文認為就實體人事物（不含已屬公共財之文物）之動、靜態攝影、使用科技產品但未展現特殊技術之攝影，近期裁判兼以「攝影者於攝影過程中，有無就攝影主題、對象、角度、構圖為選擇、安排或調整」，與「作品於客觀上可否展現攝影者之思想或感情」作為有無創作性之判斷，且不再以被攝影之對

象是否僅為實體之靜態人事物或係以實用目的所作成、攝影者究係使用何種等級或種類之相機或智慧型手機、是否有就光圈、景深、光量、快門等攝影技巧為調整等事為判斷，堪稱係極為妥適之見解，畢竟攝影著作之創作程度要求，以「具有微量程度創作或小銅幣理論般之單純個性」即已足，攝影者既已就攝影主題、對象、角度、構圖有其想法並予以表達，即已符合最低創作性，縱所表達之作品係藉由科技而無需任何攝影技巧而得者，此技巧之有無亦僅係作為判斷是否為高度或低度創作之標準而已，衹要係獨立創作，即應屬本法所保護之攝影著作。

而，歷史文物保存機構就已屬公共財之文物為攝影之攝影作品，究否具原創性而屬本法之攝影著作乙節，本文認為此等以「保存歷史文物原作，並保留其最真實之樣貌使原作不致因時光流逝而無法流傳千古」為目的之機構，其委由專人攝影文物，其意必在「求真」，如此一來，除立體文物尚可能因光線等之不同而容其發揮思想、創意而有不同表現，致能與「原立體文物」呈現出足夠之實質變化而具原創性外，平面文物幾乎已無任何空間可讓其發揮而呈現實質之變化，致攝影者僅能心存「必須攝影出與原作一模一樣之攝影作品俾留存或做為數位典藏之用」想法，是攝影此等平面文物之作品，實可能會因國內外判決之影響，致被認定該攝影與「用影印機或掃描器保存原件」此等機械式之操作無異，而

僅屬盲從重製之單純複製行為，根本不具原創性故不受本法保護。

　　至於新聞紀實照片，我國法院亦有認定標準不一之情，是此類攝影作品，本文認為宜參考學者黃心怡就瞬間拍攝攝影著作所指之原創性因素為整體判斷，如此方不致有所偏廢而異其判斷。

三、本法宜就「有助於傳播知識、文化之非屬人類精神上創作之視覺影像或拍攝成果」（諸如：不具人格作用而僅係純粹技術性之成果、以電波望遠鏡拍攝與電腦演算法所呈現之黑洞及黑洞陰影之視覺影像、微縮膠卷等），與表演、錄音著作一般，以「著作」保護之，以免此類成果因不符著作之要件——須為人類之精神上創作，而成為公共財，惟倘認不宜以著作保護，亦應以「鄰接權」保護，抑或增設「照片」專章，俾保護該等視覺影像或拍攝成果，與「未能達到最低創作性之攝影作品」。

　　誠如上述，本法乃以「人類」精神之創作為著作權之保護要件，故就AI生成作品，我國實務向認非屬本法保護之著作，惟如此之見解恐將使AI創作之成果落入公共領域而任由他人免費利用，此絕非本法鼓勵創作之本意，是宜參考本文第二章第一節第二項所示之他國立法例（或立法趨勢）及學者之建議，俾AI生成作品能受到著作權法之保護。

四、合理使用之法律性質，學說尚有爭議，雖通說係採侵權

行為阻卻說，而認合理使用僅係利用人於訴訟上之抗辯事由，惟本文認為應採阻卻構成要件說，從而法院即應依職權調查利用行為是否符合合理使用規定。

五、綜觀本文第四章所舉之裁判，實可知臺灣實務就攝影著作合理使用之認定有莫衷一是之情，實則，法院雖得依個案判斷，惟仍宜有一致性之認定標準，以免利用人之利用行為存在著是否構成侵害著作財產權之不確定性，徒增法律風險：

（一）關於第46條、第49條、第52條及第65條第2項（本章僅載條號，本法二字均予以省略）之法律適用：

我國裁判就「依第49條認定時，究否須再依第65條第2項各款所定情形為判斷？」乙節，見解不一，惟揆諸最高法院103年度台上字第1352號民事判決及2014年1月22日第65條第2項之修正理由，已足明第49條乃豁免規定，故僅須考量第49條本身之要件，無庸再斟酌第65條第2項4款基準為審視。

至於「依第52條認定時，究否須再依第65條第2項各款所定情形為判斷？」乙節，雖偶有判決（諸如最高法院106年度台上字第215號民事判決）表示第52條係屬豁免規定者，然上開2014年1月22日之修正理由既已明示合理使用條文中定有「在合理範圍內」字樣者，並非豁免規定，須再依第65條第2項4款基準為審視，據此亦已足明該判決就此部分之見解，實屬違誤而不應遵採。

而，就「依第46條認定時，究否須再依第65條第2項各款所定情形為判斷？」乙節，我國裁判之見解較為一致而均採肯定說。

另，因「經濟部版修正草案」與「立法院版修正草案」，有就現行條文第44條至第63條著作財產權限制規定其中之部分條文，與第65條第2項為修正，故修正後之判斷模式將與現行規定之判斷模式不同。

（二）為學校授課需要而利用之情形：

1. 法院依第46條認定利用行為是否合於該規定時，尚有僅依該條第1項為認定，而未依該條第2項準用第44條但書者，惟如此之認定不僅誠難符合合理使用之上位規範「三步測試原則」，更已有判決不適用法規之違背法令之情，是本文認為法院依第46條為認定時，應併依第46條第1項，與第46條第2項準用第44條但書規定為認定，如此方為一適法判決，而能真正衡平著作權人之權益、社會公共利益與本法為促進國家文化發展之立法目的。

2. 就第46條所不及之「公開傳輸」行為，究應適用何規定認定是否合於合理使用，上開裁判未盡相同（有逕依第65條第2項者；有未予適用致生判決不適用法規之違背法令之情者），而應力求一致性，關此，本文認為依第65條第2項為認定之見解方屬妥適。

再者，因「經濟部版修正草案」與「立法院版修正草案」均已將現行條文第46條為大幅修正，而將公

開演出、公開上映、再公開傳達、公開播送、公開傳輸列為得適用之對象，並將現行條文第47條第3項移列為第46條之1而擴大其適用範圍（亦即除公開播送外，另增訂公開傳輸），俾因應運用科技為遠距教學，以擴大教學效果之現代化需求，故上開見解不一致之情，勢將因上開修正而不復見。

（三）為報導而利用之情形：

1. 為時事報導而利用者：

就為時事報導之「利用主體」部分，業見同一案件之上、下級審採不同之見解，關此，本文認為第49條之利用主體並不限於以廣播、攝影、錄影、新聞紙、網路為業之工作者。而，就其「行為態樣」，上開裁判見解頗為一致而認僅限於時事報導，不包含新聞特輯或新聞專題報導。

見解較歧異者，乃第49條所指「報導過程中所接觸之著作」部分，雖然該條之立法理由已說明限於「感官所得知覺存在之著作」，惟仍有不少判決認為「利用人利用其他媒體同業之著作」，亦符合此一要件，而遭上級審廢棄，關此，本文認為應以上開立法理由為當。

2. 為報導、評論、教學、研究或其他正當目的之必要而利用者：

就為報導、教學而利用之「利用主體」部分，亦見上開裁判有分採第52條之利用主體「限於媒體新聞

工作者」、「限於學校教師單純為課堂上教學活動」
之見解者，惟本文認為該規定並無如此之限制。

　　而，為評論而引用他人之著作，如何方能成立合
理使用？我國裁判乃依個案，考量究應如何調和「資
訊自由權或憲法第11條之言論自由」與「著作財產
權」兩者間之衝突，如認以前者之保障為優先，即會
限縮著作權人之權利而成立合理使用，反之則無合理
使用之空間。本文認為如此之見解堪稱妥適。

　　至於，如何之利用情形方屬第52條所指「其他正
當目的」？業有判決指出「非以營利為目的之社會團
體，若依其宗旨為利用」，乃係正當目的，惟倘利用
目的係為恐嚇危害著作權人之安全，則不該當。

　　此外，就第52條之適用，較易生違誤者乃漏未審
酌「是否係為報導、評論、教學、研究或其他正當目
的之必要」此一要件，故為免裁判有不適用法規之
情，法院自應併予審酌。

3. 第49條與第52條關於新聞報導之利用，有其差異性，
業如本文第四章第一節第九項所述，是新聞報導自應
視其報導之性質，分別適用上開規定。

（四）法院依第65條第2項4款判斷基準所為之認定，有稍嫌
混亂致欠缺一致性之情，由於該判斷基準乃參考美國
立法例而增訂，自應探究美國法相關案例，俾瞭解具
有衡平概念之合理使用規範之真諦，並據以內化為適
合我國國情之衡酌基準，冀求裁判一致性，是本文業

依我國學者就美國案例所為之闡述，評析第四章之裁判，並嘗試做成如后之結論與建議：

1. 第65條第2項4款判斷基準應逐一審酌，否則即有判決不備理由之當然違背法令之情：

   該4款基準究應如何加總、各有何權重，本法雖未說明，惟仍不宜單取一項判斷基準，而應以人類智識文化資產之公共利益為核心，綜合判斷著作利用之型態與內容。

   至於，該4款所定情形，是否均應逐一審酌？我國法院多採肯定說，縱我國學者有認我國應如美國法院般，依「個案分析原則」選擇性適用上開4款，俾符賦予裁判者最大彈性裁量權之立法原意，惟基於兩國之立法體制不同，為免降低法之安定性，本文認為不宜遽而仿效，而仍應遵照最高法院93年度台上字第2176號刑事判決意旨逐一為審酌，否則即有判決不備理由之違背法令之情。

2. 審酌第1款判斷基準，除應考量利用目的與性質，究為商業目的或非營利教育目的，尚應考量利用人是否為「轉化性使用」：

   自第四章所舉之裁判互見「僅單純二分為商業與非營利教育目的，致具商業營利目的之利用行為，難以成立合理使用」、「除審酌商業或非營利教育目的，尚審酌利用人是否有為轉化性使用」、「依最高法院94年度台上字第7127號刑事判決意旨（即偏向轉

化原則之見解），以本法第1條之立法精神為斷」等不同見解觀之，已足明本款之判斷有多歧異！

　　雖轉化並非是否成立合理使用之絕對標準，然因轉化性使用往往能顯現出原著作所無之新意涵、新目的、新信息、新功能，或創造出原著作所無之社會價值，而足以達成本法為促進社會公共利益與國家文化發展之立法目的，是一併審酌有無轉化，自較僅單純二分之判斷更為妥適。關此，自「採單純二分見解之上開裁判」，一經本文以有無轉化性使用為合理使用之檢驗后，即呈現相異之裁判結果乙情觀之亦足明。

3. 第2款判斷基準所應考量者，乃被利用著作之創作性高度及其價值、有無公開發行或出版等事項：

　　由於本款所涉者乃被利用著作之性質，故第四章所舉裁判就攝影著作創作性高度及其價值之判斷多屬妥適，惟有無公開發表或出版之考量，較之美國判決，我國法院則甚少審酌，本文認為該因素既攸關被利用著作之價值有無減損，自亦應併予審酌。

4. 審酌第3款判斷基準，除應以利用人所利用之質與量，占「整個原著作」之比例為斷，亦應連同前兩款基準為審酌，俾判斷被利用之質量，是否為利用目的所必需而屬合理：

　　緣我國裁判常有以利用之質量，占「整個新著作」或「被利用著作及新著作」之比例為判斷，然參諸美國判決先例可知本款僅需考量利用內容占「被利

用著作」之數量與重要性，且本款之目的，既在於以利用原著作之質量，來判斷利用人之新著作是否有取代原著作之可能性，則僅有自原著作究被利用多少質量，方能判斷原著作能否因此被取代。

又，第四章所舉之裁判雖能同時審酌本款所指之「質」與「量」，並認定「質」的重要性，應大於「量」的重要性，惟就本款之考量，常判斷至此即嘎然而止，多有未針對「被利用著作之質與量，就利用人利用之目的而言是否合理」乙節再為論述之情，實則本款既應連同前兩款基準為審酌，俾判斷被利用之質與量，是否為利用目的所必需而屬合理，自應併為審酌，否則誠難謂為妥適之判決。

5. 第4款判斷基準既為判斷是否成立合理使用之最重要基準，自應審慎衡酌並與前3款併為考量，尤其係第1款基準，蓋利用人就原著作之轉化性越強，對市場造成影響之可能性即越低，再者，此款判斷基準雖將因個案而有不同面向之考量，惟仍應有一致性之認定基準，俾免無所適從：

自第四章所舉之裁判觀之，實可知該等裁判雖均認為本款應審酌利用結果對原著作現在市場之經濟損失，與對潛在市場之影響，惟觀之極為紛雜之判決理由，已讓人存有合理使用規範確實充斥不可預見性與不確定性之疑慮，令人無所適從！

為求解決，自應以一致性之認定標準為判斷，諸

如：利用結果是否對原著作之經濟市場產生「市場替代」效果，致原著作之經濟利益受影響、具轉化性使用之利用結果，是否有創造出與原著作相區別之市場，致易於成立合理使用、利用結果是否將降低他人尋求授權使用原著作之機會，致獲取授權金之潛在經濟價值受影響、利用人是否與著作權人處於競爭地位，致已侵蝕原著作之潛在市場、原著作之常態市場（即傳統、合理或可能開發之市場），是否會因利用人之市場先占而遭剝奪、將利用人之新著作與原著作二者在相關市場中之功能為比較，該新著作是否具備有別於原著作之功能，而不易取代原著作之市場等。

6. 第65條第2項既明定4款判斷基準以外之「一切情狀」亦應審酌，法院自應併予審酌：

　　姑不論個案或因無該規定所指之「一切情狀」致無須審酌，上開裁判有就「一切情狀」為審酌者仍屬少數，惟上開規定既明定4款判斷基準以外之「一切情狀」亦應審酌，法院自應併予審酌，從而，法院於個案依第65條第2項就合理使用之判斷，除明文例示之4款判斷基準外，尚應審酌該等基準以外之一切情狀，諸如：著作權之本質與目的、行為妥當性、利用人之活動所促進之公共利益、利用人係惡意或善意、人民知的權利、社會福利、公共領域、相關產業之慣例、利用著作之人企圖借用其本身著作與被利用著作之強力關聯而銷售其著作，而非其本身著作所具有之

想像力與原創性為重點等。

六、衍生著作、明示出處與合理使用之關係：

（一）重製、改作、衍生著作、轉化性使用，乃不同概念，
　　　自應詳加區別俾免生爭議：

　　　　　本文第五章第一節業依所立論之依據，先以新作
　　　品（即後著作）是否「再現原著作之內容、骨幹、精
　　　神」，為「重製、改作、衍生著作」與「轉化性使
　　　用」之區分，復以「表現型態有無變更」，用以區分
　　　「重製」與「改作、衍生著作」，再進而以「有無
　　　原創性」區分「改作」與「衍生著作」，如此應足以
　　　釐清。

（二）未經原著作權人同意之改作，僅係侵害原著作權人之
　　　改作權而應對被侵害之人負侵權責任而已，自無礙於
　　　該創作仍可產生著作權而受到本法保護，蓋：

　　　　　「侵害改作權與否之判斷」與「衍生著作成立與
　　　否之判斷」分屬二事，且「改作成衍生著作之權」既
　　　同為著作財產權人之專有權利，自應與其他專有權利
　　　般，有本法合理使用之適用，從而其他專有權利受有
　　　合理使用之限制時，既毋庸取得著作財產權人之同意
　　　或授權，「改作成衍生著作之權」自亦無庸取得著作
　　　財產權人之同意或授權。

（三）「明示出處與否」與「合理使用成立與否」，其間並
　　　無必然關係：

　　　　　第64條明示出處規定，雖明定於「著作財產權之

限制」規範，惟如此亦僅係表示第44條至第65條之合理使用規範中，僅有第64條第1項所列之適用對象，方應明示其出處而有明示出處之義務，如有違反，方能依第96條規定科處罰金刑，故本文認為應嚴守「罪刑法定主義」，而不應將明示出處之義務，擴張至第64條第1項未予明定應明示出處之其他合理使用情形，畢竟未列為第64條第1項之適用對象，如有違反姓名表示權，已可依第16條負擔侵害著作人格權之損害賠償責任，自不應再依第96條科處罰金刑。

準此，本文認為「明示出處與否」與「合理使用成立與否」並無必然關係，利用行為如經認定不能構成合理使用，並不會因利用人有明示其出處，而使其利用行為構成合理使用，反之，雖違反明示出處之義務，仍應依合理使用規範認定是否構成合理使用，如合於合理使用，即不構成著作財產權之侵害，惟利用人仍須依第96條規定負刑事責任。

七、因多數法院尚能依個案分析原則斟酌具體案情，依豁免規定、合理使用規定或第65條第2項此一富有彈性之獨立概括合理使用規範，為妥適之個案認定，故而縱目前之修正草案尚未公布施行，抑或未來之利用型態亦將不斷變化，均不致面臨亟待修法而無法律足資適用或因應之窘境：

蓋自法院仍能依本法第二章第四節第四款「著作財產權限制」，審酌本文第四章所示之多樣化利用態樣

（諸如：實體之報紙或看板或廣告文宣、電視節目、新聞電子媒體、網路論壇、教學或醫院官方網站、雜誌或拍賣網站、個人或學校或營業用網頁、Facebook等社群網站、部落格、教學平台）觀之，已足明立法者創設本法時，雖未能預料未來可能因新興科技、新技術或新媒體之出現，澈底改變內容之創造、接觸與散布，而產生新的利用態樣，然現行法之合理使用規範仍係足資因應的，遑論目前尚有「經濟部版修正草案」、「立法院版修正草案」已就著作財產權限制規定提出更能因應網路及數位時代需求，甚至更加明確之修正條文（諸如：修正條文第44條至第48條、第50條至第52條、第54條至第55條之1、第61條及第63條至第65條），並將第65條第2項修正為一用以彌補現行條文第44條至第63條列舉式合理使用之不足（例如：詼諧仿作、混搭利用著作等），俾因應各種可能之著作合理使用行為，避免遺漏之合理使用規範，自足使法院作出與時俱進之判決，而不致面臨無從適用法律之窘境。

綜上所述，亦足明正係因本法之合理使用規範本即具有衡平論理法則之性質，故而即使立法者未事先依所預見之各種利用型態，逐一將衡平考量後之結果，鉅細靡遺地明定於條文文義中，抑或因未能預料未來之利用型態將因新興科技、新技術或新媒體之出現致改變，而未事先訂定相關之規定，審判者亦能依個案分析原則，衡量審酌具體案情，進而為衡平之判斷。

參考文獻及書目

（裁判以外之部分，按姓名筆劃順序排列）

一、中文文獻

（一）中文專書

1. 王怡蘋，論著作權法第65條第2項與其他各條之關係，收錄於黃銘傑主編，著作權合理使用規範之現在與未來，元照，2011年9月。
2. 王敏銓，美國法的合理使用，收錄於黃銘傑主編，著作權合理使用規範之現在與未來，元照，2011年9月。
3. 王偉霖，搜尋引擎著作權爭議問題研究，收錄於黃銘傑主編，著作權合理使用規範之現在與未來，元照，2011年9月。
4. 李治安，重建出處明示於合理使用規範中之定位，收錄於黃銘傑主編，著作權合理使用規範之現在與未來，元照，2011年9月。
5. 李筱苹，混搭創作與合理使用，收錄於黃銘傑主編，著作權合理使用規範之現在與未來，元照，2011年9月。
6. 李劍非，著作權與網路資訊自由，元照，2011年11月。
7. 沈宗倫，還原工程與合理使用——以中間重製的適法性為探討核心，收錄於黃銘傑主編，著作權合理使用規範之現在與未來，元照，2011年9月。
8. 沈宗倫，人工智慧科技與智慧財產權法制的交會與調和——以著作權法與專利法之權利歸屬為中心，收錄於劉靜怡主編，人工智慧相關法律議題芻議，元照，2019年3月。
9. 林利芝，從KUSO創作探討戲謔仿作的合理使用爭議，收錄於黃銘傑主編，著作權合理使用規範之現在與未來，元照，2011年9月。
10. 林洲富，著作權法——案例式，4版1刷，五南，2017年8月。
11. 胡心蘭，數位環境著作權法新思維——論數位著作權之本質、耗盡、

與歸屬，華藝，2015年5月。

12. 章忠信，著作權法逐條釋義，5版，五南，2019年9月。

13. 章忠信，利益均衡的著作權法制——歐盟著作權指令之新思維探討，收錄於施茂林、顏上詠編著智慧財產權與法律風險析論：人工智慧商業時代的來臨，五南，2019年9月。

14. 許忠信，WTO與貿易有關智慧財產權協定之研究，2版第1刷，元照，2015年6月。

15. 許曉芬，法國著作權法上之著作財產權例外規範，收錄於黃銘傑主編，著作權合理使用規範之現在與未來，元照，2011年9月。

16. 陳銘祥、吳尚昆、陳昭華、張凱娜，智慧財產權與法律，5版第1刷，元照，2019年9月。

17. 梁哲瑋，從德國著作權法對著作權之權利限制看著作權之合理使用，收錄於黃銘傑主編，著作權合理使用規範之現在與未來，元照，2011年9月。

18. 黃銘傑，日本著作權法合理使用規範之現況及修法議論，收錄於黃銘傑主編，著作權合理使用規範之現在與未來，元照，2011年9月。

19. 馮震宇，智慧財產權發展趨勢與重要問題研究，2版第1刷，元照，2011年1月。

20. 馮震宇，鳥瞰21世紀智慧財產：從創新研發到保護運用，元照，2011年5月。

21. 馮震宇，歐盟著作權指令體制與相關歐盟法院判決之研究，收錄於劉孔中主編，國際比較下我國著作權法之總檢討（上冊），中央研究院法律學研究所，2014年12月。

22. 曾勝珍，智慧財產權法專論——智慧財產權法與財經科技的交錯，五南，2018年5月。

23. 曾勝珍，智財權新研發——財經科技新興議題，五南，2019年5月。

24. 楊智傑，著作權法判決與評論，新學林，2018年5月。

25. 楊智傑，美國著作權法——理論與重要判決，元照，2018年5月。

26. 熊誦梅，當公法遇上私法——台灣智慧財產訴訟制度之今昔，元照，2011年5月。

27. 熊誦梅，當公法遇上私法II——雲端上之智慧財產權，元照，2018年11月。

28. 劉孔中、馮震宇、陳昭華、沈宗倫、王敏銓、扈心沂、陳育廷、謝銘

洋，商標權與關鍵字廣告，元照，2018年7月。

29. 蔡惠如，著作權之未來展望——論合理使用之價值創新，元照，2007年8月。

30. 蔡惠如，我國著作權法合理使用之挑戰與契機，收錄於黃銘傑主編，著作權合理使用規範之現在與未來，元照，2011年9月。

31. 盧文祥，智慧財產權不確定法律概念的剖析研究——以專利進步性、商標混淆誤認及著作權合理使用為主之論述，瑞興，2006年2月。

32. 謝國廉，英國著作權法關於合理使用之規範，收錄於黃銘傑主編，著作權合理使用規範之現在與未來，元照，2011年9月。

33. 謝銘洋、陳家駿、馮震宇、陳逸南、蔡明誠，著作權法解讀，2版，元照，2005年5月。

34. 謝銘洋，我國著作權法中「創作」概念相關判決之研究，收錄於劉孔中主編，國際比較下我國著作權法之總檢討（上冊），中央研究院法律學研究所，2014年12月。

35. 謝銘洋，智慧財產權法，9版第1刷，元照，2019年8月。

36. 蕭雄淋，著作權法實務問題研析，五南，2013年7月。

37. 蕭雄淋，著作權法實務問題研析（二），五南，2018年6月。

38. 蕭雄淋，著作權法論，8版3刷，五南，2019年2月。

39. 簡啟煜，著作權法案例解析，4版第2刷，元照，2018年10月。

40. 顏上詠，人工智慧商業時代及智慧財產權研究，收錄於施茂林、顏上詠編著智慧財產權與法律風險析論：人工智慧商業時代的來臨，五南，2019年9月。

41. 羅明通，著作權法論[Ⅰ]，8版，三民，2014年5月。

42. 羅明通，著作權法論[Ⅱ]，8版，羅明通，2014年5月。

（二）中文期刊

1. André Lucas著，陳思廷譯，歐盟、法國法院近來著作權判決研究——以數位環境為中心，月旦法學雜誌（No.273），2018年2月。

2. 王怡蘋，戲謔仿作與著作權保護，智慧財產評論第十一卷第一期，2013年6月。

3. 王怡蘋，新聞事件報導與著作權合理使用，全國律師19卷7期，2015年7月。

4. 王怡蘋，教學目的之著作權限制——兼論著作權法修正草案，月旦法

學雜誌（No.278），2018年7月。

5. 李治安，合理使用誰的著作──論合理使用與出處明示的關聯，政大法學評論第126期，2012年4月。

6. 李貞儀，「著作權之合理使用」相關實務判決評析，全國律師19卷7期，2015年7月。

7. 沈宗倫，著作權法之基本用語與法律體系概述，月旦法學教室第150期，2015年4月。

8. 吳彥容編譯，簡介歐盟數位著作權指令草案──以第15條及第17條為中心，經貿法訊第249期，2019年4月10日。

9. 林利芝，玉笛誰家聽落梅──評高等法院「九十二年度上易字第三九九號判決」，月旦法學雜誌（No.178），2010年3月。

10. 林利芝，教學講義找麻煩，合理使用費思量──評析智慧財產法院九十九年度刑智上易字第六一號刑事判決，月旦法學雜誌（No.207），2012年8月。

11. 林利芝，初探人工智慧的著作權爭議──以「著作人身分」為中心，智慧財產權月刊第237期，2019年9月。

12. 林洲富，保護著作人格權之姓名表示權──評最高法院106年度台上字第54號民事判決，月旦裁判時報（No.74），2018年8月。

13. 胡心蘭，轉化才是王道？論合理使用原則轉化性要素之適用與影響，東海大學法學研究第53期，2018年1月。

14. 郭雨嵐、顏于嘉，數位化時代對著作權法合理使用之挑戰──試從美國與歐陸個案觀察我國著作權法之因應方向，萬國法律（No.177），2011年6月。

15. 章忠信，英國著作權法最新修法趨勢與觀察，智慧財產權月刊VOL.197，2015年5月。

16. 章忠信，孤兒著作利用困境之解決與立法，智慧財產權月刊VOL.203，2015年11月。

17. 章忠信，我國著作權集體管理制度之實務發展與未來，慶祝智慧局20週年特刊，經濟部智慧財產局，2019年10月。

18. 許忠信，著作之原創性與抄襲之證明（上）──最高法院九十七年度台上字第一二一四號判決評析，月旦法學雜誌（No.171），2009年8月。

19. 許忠信，著作之原創性與抄襲之證明（下）──最高法院九十七年度台上字第一二一四號判決評析，月旦法學雜誌（No.172），2009年9月。

20. 許忠信，論著作財產權合理使用之審酌因素——最高法院九十六年度台上字第三六八五號刑事判決評析，月旦法學雜誌（No.188），2011年1月。

21. 許曉芬，歐盟著作權最新修法趨勢與挑戰，智慧財產權月刊VOL.197，2015年5月。

22. 許曉芬，歐盟數位單一市場著作權指令之變革，會計研究月刊（406），2019年9月。doi：10.6650/ARM.201909_（406）.0014。

23. 陳冠中，智慧財產權之合理使用與界限，全國律師19卷7期，2015年7月。

24. 陳柏霖，攝影著作之原創性界定——兼評智慧財產法院102年度民著訴字第63號，2014年4月13日。

25. 陳家駿，淺談人工智慧相關法律議題——對法律人之影響，月旦法學教室第200期，2019年6月。

26. 黃心怡，從美國案例探討時事報導引用他人攝影與視聽著作之合理使用——兼評智慧財產法院101年度刑智上訴字第7號，華岡法粹第54期，2012年11月。

27. 黃心怡，論攝影著作之原創性，東吳法律學報第二十四卷第三期，2013年1月。

28. 馮震宇，論新著作權法合理使用之規定，萬國法律No.102，1998年12月。

29. 馮震宇，論網路科技發展對合理使用的影響與未來，法令月刊第51卷第10期，2000年10月。

30. 馮震宇，新聞攝影著作有著作權嗎？台灣法學雜誌235期，2013年11月1日。

31. 馮震宇，論文物藝術品攝影著作之保護與利用，月旦法學雜誌（No.249），2016年2月。

32. 馮震宇，谷阿莫錯在哪？著作權大鬥法　合理使用有前提，能力雜誌No.736，2017年6月。

33. 馮震宇，不只谷阿莫　Google也中箭　合理使用標準不一　著作權修法當解藥，能力雜誌No.749，2018年7月。

34. 馮震宇，新聞綜合平台？請付費　歐盟推翻網路通則　連結萬萬稅，能力雜誌No.757，2019年3月。

35. 葉奇鑫，當電腦也開始「創作」——人工智慧（AI）著作未來可能

之立法保護方式初探，慶祝智慧局20週年特刊，經濟部智慧財產局，2019年10月。

36. 蔡明誠，論著作之原創性與個性概念——以型錄著作問題為例，全國律師，5卷5期，2001年5月。

37. 蔡岳霖，使用科技產品為創作是否受著作權法保護——以我國法院針對著作原創性之見解為探討，科技法律透析第31卷第4期，2019年4月。

38. 蔡惠如，原創性概念於著作權訴訟之運作，智慧財產法律規範，2012年9月。

39. 劉孔中，學者南港版著作權法典——本土關照下的前瞻性建議，台灣法學雜誌249期，2014年6月1日。

40. 鄭菀鈴，新聞事件照片之利用——評智慧財產法院一〇一年度刑智上訴字第七號刑事判決，月旦法學雜誌（No.225），2014年2月。

41. 謝國廉，著作合理使用之判斷基準——評最高法院與高等法院「紫微斗數案」之判決，月旦法學雜誌（No.182），2010年7月。

42. 蕭雄淋，20年來智慧財產局之函釋與司法實務之相互關係，慶祝智慧局20週年特刊，經濟部智慧財產局，2019年10月。

43. 闕光威，對著作權保護範圍擴張的因應——合理使用實務與理論基礎之研究，智慧財產評論第5卷第2期，2007年10月。

（三）博碩士論文

1. 蔡惠如，著作權合理使用之價值創新與未來展望，國立交通大學科技管理研究所博士論文，2006年。

2. 王奕晴，新聞匯集網站與傳統報業之著作權爭議——以合理使用原則為核心，國立清華大學科技法律研究所碩士論文，2013年7月。

3. 方濟龍，磨課師製作數位教材的合理使用問題，國立雲林科技大學科技法律研究所碩士論文，2017年。

4. 田文惠，著作權法合理使用之研究兼論戲謔訪作，國立雲林科技大學科技法律研究所碩士論文，2017年。

5. 廖婉君，攝影著作權之研究，國立中正大學法律學系碩士論文，2016年7月。

（四）研討會簡報、出國報告

1. 幸秋妙，日本著作權法修正簡介——因應新興科技之新趨勢，2019智

慧財產局成立20週年暨著作權法回顧與前瞻研討會，2019年10月4日。

2. 胡心蘭，美國修法新趨勢，2019智慧財產局成立20週年暨著作權法回顧與前瞻研討會，2019年10月4日。

3. 章忠信，回顧著作權法20年之重要變革，2019智慧財產局成立20週年暨著作權法回顧與前瞻研討會，2019年10月4日。

4. 許曉芬，歐盟著作權指令修正簡介簡報，2019智慧財產局成立20週年暨著作權法回顧與前瞻研討會，2019年10月4日。

5. 葉奇鑫，人工智慧、大數據對於著作權法之衝擊及因應，2019智慧財產局成立20週年暨著作權法回顧與前瞻研討會，2019年10月4日。

6. 蔡惠如，創意的無限性與有限性——著作權實務案例分享，2019智慧財產局成立20週年暨著作權法回顧與前瞻研討會，2019年10月4日。

7. 蕭雄淋，20年來智慧財產局之函釋與司法實務之相互關係，2019智慧財產局成立20週年暨著作權法回顧與前瞻研討會，2019年10月4日。

8. 陳怡靜、辜德棻，出席澳洲雪梨「2019年第19屆著作權法律及實務研討會」出國報告，2019年12月17日。

（五）法院裁判

1. 最高法院81年度台上字第3063號民事判決。
2. 最高法院83年度台上字第5206號刑事判決。
3. 最高法院84年度台上字第419號刑事判決。
4. 最高法院87年度台上字第1413號民事判決。
5. 最高法院89年度台上字第2787號刑事判決。
6. 最高法院90年度台上字第2945號刑事判決。
7. 最高法院91年度台上字第4268號刑事判決。
8. 最高法院92年度台上字第205號刑事判決。
9. 最高法院92年度台上字第1350號刑事判決。
10. 最高法院92年度台上字第1424號刑事判決。
11. 最高法院92年度台上字第3344號刑事判決。
12. 最高法院92年度台上字第4911號刑事判決。
13. 最高法院93年度台上字第2176號刑事判決。
14. 最高法院94年度台上字第7127號刑事判決。
15. 最高法院96年度台上字第772號刑事判決。
16. 最高法院96年度台上字第3685號刑事判決。

17. 最高法院97年度台上字第3121號刑事判決。
18. 最高法院97年度台上字第6499號刑事判決。
19. 最高法院101年度台上字第5250號刑事判決。
20. 最高法院102年度台上字第548號民事判決。
21. 最高法院103年度台上字第1352號民事判決。
22. 最高法院103年度台上字第1544號民事判決。
23. 最高法院104年度台上字第1251號民事判決。
24. 最高法院105年度台上字第1850號民事判決。
25. 最高法院106年度台上字第54號民事判決。
26. 最高法院106年度台上字第215號民事判決。
27. 最高法院106年度台上字第290號民事判決。
28. 最高法院106年度台上字第775號民事判決。
29. 最高法院106年度台上字第2093號刑事判決。
30. 最高法院107年度台上字第148號民事裁定。
31. 臺灣高等法院83年度上更（一）字第788號刑事判決。
32. 臺灣高等法院83年度上訴字第2967號刑事判決。
33. 臺灣高等法院83年度上訴字第5996號刑事判決。
34. 臺灣高等法院87年度上訴字第3249號刑事判決。
35. 臺灣高等法院88年度上訴字第3207號刑事判決。
36. 臺灣高等法院91年度上訴字第1610號刑事判決。
37. 臺灣高等法院92年度上更（一）字第96號刑事判決。
38. 臺灣高等法院94年度智上字第53號民事判決。
39. 臺灣高等法院95年度智上字第47號民事判決。
40. 臺灣高等法院97年度智上易字第11號民事判決。
41. 臺灣高等法院103年度上國字第27號民事判決。
42. 臺灣高等法院104年度上字第103號民事判決。
43. 臺灣高等法院臺南分院92年度上訴字第1292號刑事判決。
44. 智慧財產法院97年度民著上易字第4號民事判決。
45. 智慧財產法院97年度民專上字第20號民事判決。
46. 智慧財產法院97年度刑智上易字第27號刑事判決。
47. 智慧財產法院97年度刑智上易字第70號刑事判決。
48. 智慧財產法院98年度民著上易字第3號民事判決。
49. 智慧財產法院98年度民著上字第5號民事判決。

50. 智慧財產法院98年度民著上字第16號民事判決。

51. 智慧財產法院99年度民著上易字第1號民事判決。

52. 智慧財產法院99年度刑智上易字第17號刑事判決。

53. 智慧財產法院100年度民著上易字第1號民事判決。

54. 智慧財產法院100年度民著上字第9號民事判決。

55. 智慧財產法院100年度刑智上易字第25號刑事判決。

56. 智慧財產法院101年度民公上字第6號民事判決。

57. 智慧財產法院101年度刑智上訴字第7號刑事判決。

58. 智慧財產法院101年度刑智上易字第18號刑事判決。

59. 智慧財產法院101年度刑智上易字第58號刑事判決。

60. 智慧財產法院102年度民著上字第2號民事判決。

61. 智慧財產法院102年度民著上字第10號刑事判決。

62. 智慧財產法院102年度民著上字第20號民事判決。

63. 智慧財產法院102年度刑智上易字第60號刑事判決。

64. 智慧財產法院103年度民著上更（一）字第2號民事判決。

65. 智慧財產法院103年度民著上字第13號民事判決。

66. 智慧財產法院103年度刑智上易字第19號刑事判決。

67. 智慧財產法院103年度刑智上易字第33號刑事判決。

68. 智慧財產法院103年度刑智上訴字第44號刑事判決。

69. 智慧財產法院103年度刑智上易字第99號刑事判決。

70. 智慧財產法院104年度民著上更（一）字第2號民事判決。

71. 智慧財產法院104年度民著上易字第4號民事判決。

72. 智慧財產法院104年度民著上字第5號民事判決。

73. 智慧財產法院104年度民著上易字第6號民事判決。

74. 智慧財產法院104年度刑智上易字第6號刑事判決。

75. 智慧財產法院104年度民著上字第7號民事判決。

76. 智慧財產法院104年度刑智上訴字第39號刑事判決。

77. 智慧財產法院104年度刑智上訴字第47號刑事判決。

78. 智慧財產法院104年度刑智上易字第56號刑事判決。

79. 智慧財產法院104年度刑智上易字第84號刑事判決。

80. 智慧財產法院104年度刑智上易字第90號刑事判決。

81. 智慧財產法院105年度民著上易字第2號民事判決。

82. 智慧財產法院105年度刑智上易字第5號刑事判決。

83. 智慧財產法院105年度民著上易字第7號民事判決。
84. 智慧財產法院105年度刑智上訴字第7號刑事判決。
85. 智慧財產法院105年度刑智上訴字第37號刑事判決。
86. 智慧財產法院105年度刑智上易字第57號刑事判決。
87. 智慧財產法院106年度刑智上易字第23號刑事判決。
88. 智慧財產法院106年度刑智上訴字第38號刑事判決。
89. 智慧財產法院107年度刑智上訴字第1號刑事判決。
90. 智慧財產法院107年度民著上字第16號民事判決。
91. 智慧財產法院107年度刑智上訴字第17號刑事判決。
92. 智慧財產法院107年度刑智上易字第45號刑事判決。
93. 智慧財產法院108年度刑智上易字第21號刑事判決。
94. 智慧財產法院98年度民著訴字第2號民事判決。
95. 智慧財產法院98年度民著訴字第5號民事判決。
96. 智慧財產法院98年度民著訴字第8號民事判決。
97. 智慧財產法院98年度民著訴字第44號民事判決。
98. 智慧財產法院98年度民著訴字第45號民事判決。
99. 智慧財產法院99年度民著訴字第36號民事判決。
100. 智慧財產法院99年度民著訴字第73號民事判決。
101. 智慧財產法院99年度民著訴字第78號民事判決。
102. 智慧財產法院100年度民著訴字第31號民事判決。
103. 智慧財產法院100年度民著訴字第33號民事判決。
104. 智慧財產法院100年度民著訴字第42號民事判決。
105. 智慧財產法院101年度民著訴字第26號民事判決。
106. 智慧財產法院102年度民營訴字第4號民事判決。
107. 智慧財產法院102年度民著訴字第11號民事判決。
108. 智慧財產法院102年度民著訴字第54號民事判決。
109. 智慧財產法院102年度民著訴字第63號民事判決。
110. 智慧財產法院102年度民著訴字第68號民事判決。
111. 智慧財產法院103年度民著訴字第5號民事判決。
112. 智慧財產法院103年度民著訴字第7號民事判決。
113. 智慧財產法院103年度民著訴字第29號民事判決。
114. 智慧財產法院103年度民著訴字第45號民事判決。
115. 智慧財產法院103年度民著訴字第57號民事判決。

116. 智慧財產法院103年度民著訴字第60號民事判決。

117. 智慧財產法院103年度民著訴字第78號民事判決。

118. 智慧財產法院104年度民著訴字第6號民事判決。

119. 智慧財產法院104年度民著訴字第33號民事判決。

120. 智慧財產法院104年度民著訴字第50號民事判決。

121. 智慧財產法院106年度民著訴字第5號民事判決。

122. 智慧財產法院106年度民著訴字第13號民事判決。

123. 智慧財產法院106年度民著訴字第29號民事判決。

124. 智慧財產法院106年度民著訴字第32號民事判決。

125. 智慧財產法院106年度民著訴字第47號民事判決。

126. 智慧財產法院106年度民著訴字第49號民事判決。

127. 智慧財產法院107年度民著訴字第13號民事判決。

128. 智慧財產法院108年度民著訴字第58號民事判決。

129. 智慧財產法院108年度民著訴字第61號民事判決。

130. 智慧財產法院108年度民著訴字第74號民事判決。

131. 智慧財產法院108年度民著訴字第98號民事判決。

132. 智慧財產法院108年度民著訴字第103號民事判決。

133. 臺灣臺北地方法院83年度自字第250號刑事判決。

134. 臺灣臺北地方法院87年度易字第4315號刑事判決。

135. 臺灣臺北地方法院90年度訴字第6157號民事判決。

136. 臺灣臺北地方法院92年度北小字第2558號民事判決。

137. 臺灣臺北地方法院95年度智簡上字第3號民事判決。

138. 臺灣臺北地方法院99年度訴字第1552號民事判決。

139. 臺灣臺北地方法院100年度智訴字第27號刑事判決。

140. 臺灣臺北地方法院104年度智易字第37號刑事判決。

141. 臺灣士林地方法院107年度聲判字第78號刑事裁定。

142. 臺灣士林地方法院108年度智易字第10號刑事判決。

143. 臺灣新北地方法院99年度智易字第60號刑事判決。

144. 臺灣新北地方法院108年度智易字第4號刑事判決。

145. 臺灣桃園地方法院100年度智易字第22號刑事判決。

146. 臺灣桃園地方法院103年度智易字第35號刑事判決。

147. 臺灣臺中地方法院105年度智訴字第19號刑事判決。

148. 臺灣臺中地方法院106年度智訴字第8號刑事判決。

（六）網路資料

1. Lawsnote七法法學資料庫：https://lawsnote.com/
2. 月旦法學知識庫：http://www.lawdata.com.tw/
3. 司法院法學資料檢索系統：https://law.judicial.gov.tw/default.aspx
4. 立法智庫整合檢索系統：https://lis.ly.gov.tw/lydbc/lydbkmout
5. 行政院網站：https://www.ey.gov.tw/
6. 法源法律網網站：https://www.lawbank.com.tw/
7. 經濟部智慧財產局網站：https://topic.tipo.gov.tw
8. 許哲銘編譯整理，歐盟理事會通過爭議不斷的歐盟數位單一市場著作權指令，資策會科技法律研究所，https://stli.iii.org.tw/article-detail.aspx?no=64&tp=1&i=92&d=8233&lv2=92
9. 章忠信，歐盟通過孤兒著作指令有利資訊數位化上線，著作權筆記，http://www.copyrightnote.org/ArticleContent.aspx?ID=54&aid=2248
10. 章忠信，獼猴自拍，誰有著作權，著作權筆記，http://www.copyrightnote.org/ArticleContent.aspx?ID=2&aid=2750
11. 章忠信，網路資訊的著作權，著作權筆記，http://www.copyrightnote.org/ArticleContent.aspx?ID=9&aid=2768
12. 章忠信，著作的合理使用，http://www.copyrightnote.org/ArticleContent.aspx?ID=9&aid=2512
13. 章忠信，未經授權改作之衍生著作可否享有著作權？著作權筆記，http://www.copyrightnote.org/ArticleContent.aspx? ID=9&aid=2604
14. 章忠信，侵害衍生著作會造成對原著作之侵害嗎？http://www.copyrightnote.org/ArticleContent.aspx?ID=3&aid=1342
15. 蕭雄淋，論著作財產權限制與合理使用之關係，http://blog.udn.com/2010hsiao/19722410

二、外文文獻

1. Folsom v. Marsh, 9 F. Cas. 342 (C.C.D.Mass.1841)
2. Roy Export Co. Establishment v. Columbia broadcasting System Inc.,503 F.Supp. 1137 (S.D.N.Y.1980), affd, 672 F. 2d 1095 (2d Cir.), cert. denied, 459 U.S. 826 (1982)
3. Sony Corp. of America v. Universal City Studios, Inc., 464 U.S. 417 (1984)

4. Harper & Row Publishers, Inc. v. Nation Enterprises, Inc., 471 U. S. 539, 105 S.Ct.2218,85 L.Ed.2d 588 (1985)

5. Maxton-Graham v. Burtchaell, 803 F.2d 1253 (2d Cir.1986), cert. denied, 481 U.S. 1059 (1987)

6. Feist Publications, Inc. v. Rural Telephone Service Company, Inc.,499 U.S.340 (1991)

7. Campbell v. Acuff-Rose Music , 510 U.S. 569 (1994)

8. American Geophysical Union v. Texaco Inc., 60 F.3d 913 (2d Cir.1994)

9. Los Angels News Service v. KCAL TV Channel 9, 108 F.3d 1119 (9th Cir.1997)

10. The Bridgeman Art Library, Ltd v. Corel Corporation, 36 F.Supp. 2d 191 (S.D.N.Y.1999)

11. Núñez v. Caribbean International News Corp., 235 F. 3d 18 (1st Cir.2000)

12. Incredible Techs., Inc. v. Virtual Techs., Inc., 400 F.3d 1007 (7th Cir.2005)

13. Perfect 10, Inc. v. Amazon.com, Inc., 487 F.3d 701 (9th Cir. 2007)

14. Warner Bros. Entertainment Inc. v. RDR Books , 575 F.Supp. 2d 513 (2008)

15. Schrock v. Learning Curve International, Inc.,586 F.3d 513 (7th Cir. 2009)

16. AV. ex rel Vanderhye v. iParadigms, LLC, 562 F. 3d 630 (4th Cir. 2009)

17. Salinger v. Colting. 641 F.Supp. 2d 250 (S.D.N.Y.2009)

18. Tetris Holding, LLC v. Xio Interactive, Inc., 863 F.Supp. 2d 394 (D.N.J.2012)

19. Authors Guild v. Google, Inc., 804 F. 3d 202 (2d Cir.2015)

20. Melvin B. Nimmer & David Nimmer, Nimmers on Copyright § 22.1(1999)

社會科學類　PF0291　Viewpoint59

攝影著作之合理使用：臺灣實務研究

作　　　者/郭玉健
責任編輯/尹懷君
圖文排版/楊家齊
封面設計/劉肇昇

發　行　人/宋政坤
法律顧問/毛國樑　律師
出版發行/秀威資訊科技股份有限公司
　　　　　114台北市內湖區瑞光路76巷65號1樓
　　　　　電話：+886-2-2796-3638　傳真：+886-2-2796-1377
　　　　　http://www.showwe.com.tw
劃撥帳號/19563868　戶名：秀威資訊科技股份有限公司
　　　　　讀者服務信箱：service@showwe.com.tw
展售門市/國家書店（松江門市）
　　　　　104台北市中山區松江路209號1樓
　　　　　電話：+886-2-2518-0207　傳真：+886-2-2518-0778
網路訂購/秀威網路書店：https://store.showwe.tw
　　　　　國家網路書店：https://www.govbooks.com.tw

2021年2月　BOD一版
定價：400元
版權所有　翻印必究
本書如有缺頁、破損或裝訂錯誤，請寄回更換

國家圖書館出版品預行編目

攝影著作之合理使用：臺灣實務研究 / 郭玉健
著. -- 一版. -- 臺北市：秀威資訊科技股份
有限公司, 2021.02
  面；　公分. -- (社會科學類；PF0291)
(Viewpoint ; 59)
  BOD版
  ISBN 978-986-326-884-0(平裝)

  1. 著作權法　2. 個案研究　3. 攝影

588.34   110000166

讀者回函卡

感謝您購買本書，為提升服務品質，請填妥以下資料，將讀者回函卡直接寄回或傳真本公司，收到您的寶貴意見後，我們會收藏記錄及檢討，謝謝！
如您需要了解本公司最新出版書目、購書優惠或企劃活動，歡迎您上網查詢或下載相關資料：http:// www.showwe.com.tw

您購買的書名：_____

出生日期：_____年_____月_____日

學歷：□高中 (含) 以下　　□大專　　□研究所 (含) 以上

職業：□製造業　□金融業　□資訊業　□軍警　□傳播業　□自由業
　　　□服務業　□公務員　□教職　　□學生　□家管　□其它____

購書地點：□網路書店　□實體書店　□書展　□郵購　□贈閱　□其他

您從何得知本書的消息？

　　□網路書店　□實體書店　□網路搜尋　□電子報　□書訊　□雜誌

　　□傳播媒體　□親友推薦　□網站推薦　□部落格　□其他_____

您對本書的評價：(請填代號　1.非常滿意　2.滿意　3.尚可　4.再改進)

　　封面設計____　版面編排____　內容____　文／譯筆____　價格____

讀完書後您覺得：

　　□很有收穫　□有收穫　□收穫不多　□沒收穫

對我們的建議：_____

_____

_____

_____

11466
台北市內湖區瑞光路 76 巷 65 號 1 樓

秀威資訊科技股份有限公司 　　　收

BOD 數位出版事業部

....

（請沿線對折寄回，謝謝！）

姓　　名：＿＿＿＿＿＿＿＿＿＿　年齡：＿＿＿＿　性別：□女　□男

郵遞區號：□□□□□

地　　址：＿＿＿＿＿＿＿＿＿＿＿＿＿＿＿＿＿＿＿＿＿＿＿＿＿＿

聯絡電話：(日)＿＿＿＿＿＿＿＿＿＿＿　(夜)＿＿＿＿＿＿＿＿＿＿＿＿

E-mail：＿＿＿＿＿＿＿＿＿＿＿＿＿＿＿＿＿＿＿＿＿＿＿＿＿＿＿